古典文獻研究輯刊

初 編

潘美月・杜潔祥 主編

第 40 冊

《徐霞客游記》研究——以文獻觀察爲重點

陳淑卿 著

國家圖書館出版品預行編目資料

《徐霞客游記》研究——以文獻觀察為重點／陳淑卿著 — 初版 — 台北縣永和市：花木蘭文化工作坊，2005〔民94〕

序 2 ＋ 目 3 ＋ 202 面；19×26 公分（古典文獻研究輯刊 初編；第 40 冊）

ISBN：986-81154-9-3（精裝）

1.（明）徐宏祖－傳記 2.徐霞客游記－研究與考訂

690　　　　　　　　　　　　　　　　　　　94018912

ISBN 986-81154-9-3

古典文獻研究輯刊

初　編　第四十冊　　　　　　ISBN：986-81154-9-3

《徐霞客游記》研究——以文獻觀察爲重點

作　　　者　陳淑卿
主　　　編　潘美月　杜潔祥
企劃出版　北京大學文化資源研究中心
出　　　版　花木蘭文化工作坊
發 行 所　花木蘭文化工作坊
發 行 人　高小娟
聯絡地址　台北縣永和市中正路五九五號七樓之三
　　　　　　電話：02-2923-1455／傳眞：02-2923-1452
電子信箱　sut81518@ms59.hinet.net
初　　　版　2005 年 12 月
定　　　價　初編 40 冊（精裝）新台幣 62,000 元

《徐霞客游記》研究——以文獻觀察爲重點

陳淑卿　著

作者簡介

陳淑卿，1956年生，東吳大學中文研究所碩士。愛好旅行、攝影與寫作，臺灣三千公尺以上的「百岳」已攀登68座，常遊偏遠地區，發表旅行見聞與心得於報章、雜誌、刊物。悠遊自在，保有純真的赤子之心，個性樂觀豁達，待人隨和親切，秉持真、善、美與慈愛的心，來看待眾生萬物與有情世界。

提　要

　　自明末清初以迄於今，學術界研究《徐霞客游記》的大有人在，且多推崇他對地理學和地質學方面精細透闢的偉大貢獻。不過，時代遞嬗久遠、事物變化非常，所謂「師古者，師其意，不師其跡。」我以業餘登山人的現代經驗、理念，及實際前往當地考察、探訪、對照《徐霞客游記》部分行蹤，以另一個角度切入，對徐霞客的志趣、胸襟、格調、技能、觀念等的文獻資料觀察探討，是寫作本書的主要動機和目的。

　　《徐霞客游記》是明末儒生徐弘祖（號霞客），他從萬曆四十一年（癸丑，1613）三月，首篇〈游天台山日記〉開始，至崇禎十二年（己卯，1639）九月，最後一篇〈滇游日記十三〉為止，共計長達二十六年，以日記體裁，記述了許多名勝、古蹟、水流、地貌、溶洞、人文、社會，以及政治、經濟、宗教、民俗等，約六十多萬字的旅遊文獻。除文學價值外，也具有很真實的歷史與文獻價值。

　　「《徐霞客游記》研究——以文獻觀察為重點」，全文共計八章二十二節。第一章緒論，解釋「文獻」一詞的涵義，及研究目的、動機與前人的研究成果等。

　　第二章探討徐霞客家世與生平。他是宋代南州高士的後裔，承襲歷代閥閱門第，由於科舉考試落榜，乃矢志問奇於名山大川。他天性至孝，於長程旅遊之前，大手筆製成「晴山堂帖」以光耀門楣，又大力製作「秋圃晨機圖」以壽母，深得士林敬重。

　　第三章考述《徐霞客游記》的傳本。此書傳本雖多，但以上海古籍出版社褚紹唐、吳應壽整理本，與雲南人民出版社朱惠榮注釋本較為通行，而以後者最為完善。

　　第四章敘述徐霞客旅遊行蹤，「馳騁數萬里，躑躅三十年」及「以性靈遊，以軀命遊」的思想與風格。

　　第五章專述《徐霞客游記》中多項史料文獻，以山水、政治、經濟、社會、宗教、文化、明代邊區狀況等為研究、觀察重點。

　　第六章討論徐霞客寫遊記的方法與態度，他善於套用冷僻古字及採取駢儷與散文交互運用手法，描寫山水景觀，並非「以不爭文章之工也」。

　　第七章探析古今士林對《徐霞客游記》一書的評價，及筆者個人讀《游記》的心得與體會。

　　第八章結論，綜述此文的重點及心得。

目

錄

劉 序

　　淑卿，是我的同事，也是我的學生。

　　民國八十年（1991），我從東吳大學轉任到臺北市立師範學院（今改制為臺北市立教育大學）語文教育系任教，淑卿已在該校任職。我擔任系主任及應用語言文學研究所所長，淑卿調到語文教育系擔任行政工作，協助我處理日常行政業務。後來，她考取東吳大學中國文學研究所，碩士論文口試，我擔任口試委員。所以，她先是我的同事，後來又是我的學生。

　　淑卿是個勤奮好學的學生。她生長在一個傳統保守家庭，父親認為一個女孩子不需要太高的學歷，所以她在國中畢業後，便以半工半讀的方式，在臺北商業專科學校附設補校完成了高中、專科學業，並考取公職及國語日報社作文班講師。其後，一方面在北市師院工作，一方面先後在國立空中大學及東吳大學中國文學研究所完成了文學士及文學碩士學位。

　　淑卿喜歡登山活動，參加「汪旺」及「哈哈」兩個著名的登山隊。工作之餘，登遍了海內外的名山，並常在《中華登山雜誌》上發表紀遊之作。由於這種喜好，所以就以《徐霞客游記》做為碩士論文的研究題目。

　　歷來研究《徐霞客游記》的著作很多，但是從文獻角度從事研究的，則殊為罕見。淑卿為了寫論文，還特地到大陸沿著徐宏祖的遊蹤，身履其境。所以這篇論文，有很多資料，都是第一手資料；所附的照片，也是親自拍攝，彌足珍貴。

　　這篇論文，起初由我擔任指導教授。後來由於太忙，辭去了東吳大學講座教授，所以懇請丁教授原基博士指導。丁教授也是我教過的傑出青年學者，她曾擔任東吳大學中國文學研究所教授兼主任秘書，現在是東吳大學教授兼圖書館館長，學術與行政能力均優。這篇論文由丁教授悉心指導，自有許多可貴參考的地方。

　　在這篇論文梓行前，很高興能寫這篇序。

劉兆祐

民國九十四年（2005）十月六日
於臺北陽明山中國文化大學中國文學系

自 序

　　人們想去旅行的原因很多，也許是希望從忙碌的生活中，空出一段喘息的時間；也許是想從工作或家庭的壓力下，挪出一個緩衝的空檔，不論是哪一種情況，都會造成旅人出門的動機。如果再深入觀察，還能看到許多人在表面說得出來的理由底下，潛藏著一份改變自己和追求另一種生活方式的渴求。在某種程度上，每個人都在利用旅行的刺激，改變自己平時的生活節奏、生活內容、生活環境，離開原來的居住地，來促成個人的轉變。

　　臺灣是個多山的美麗寶島，我是個業餘登山人，海拔三千公尺以上的「百岳」大山，十餘年來，已攀登了近七十座。中國大陸名山大川，徐霞客當時走過的地方，我也都無心插柳的親身踏旅過。國內外數十次的邊遠地區、高難度行程，在旅行中所感受到的，不僅是外在世界的瞬息變化，讓自己看個人和這個世界的角度不同，心靈於無形中獲得洗濯提升，就連體能也擴大到了極限。旅程結束時，就會有一些自己意想不到的收穫。明代徐霞客為我國偉大的登山家和旅行家，他的名著《徐霞客游記》令我十分嚮往，以往讀它，只是侷限在欣賞如何「高而為鳥，險而為猿，下而為魚。」的攀登技術而已，直到恩師劉兆祐教授，耳提面命，指導我應從《徐霞客游記》研究領域，擴大視野，多角度觀察其文獻內涵。因此，我一而再、再而三的鑽研《游記》全文，了解《游記》全貌，乃以《游記》原文為藍本，忠實而客觀的整理出徐霞客的家世、生平、遊蹤，及山水、史事、經濟、文化、宗教、社會等各方面的文獻，列敘於本書各章節。

　　在學術研究的道路上彷彿苦行僧，挑燈夜讀、埋首鑽研資料的日子裡，備極艱辛。本書得以如期完成，首先要感謝恩師劉兆祐教授的悉心指導。在訂定「《徐霞客游記》研究—以文獻觀察為重點」書名之後，積極閱讀相關書籍、蒐集材料並著手書寫。從章節綱目的審核，內容綱要的擬定，資料的蒐集、剪裁，撰文時的字斟句酌，全賴恩師仔細審閱，斟酌損益、祛疑存真的細心指點。又蒙精通國學的長輩孫先松老師關懷，時賜南針與解析；丁原基教授撥冗逐字逐句、嚴謹縝密的審閱，更是銘感五內。

　　此外，特別感謝師長、同仁、同學、朋友、家人的殷殷關切與時時鼓勵，尤其是古國順教授、施隆民教授、張錦郎教授、鄧天德教授、陳源在教授、葉鍵得

教授、劉醇鑫教授、張曉生教授、林淑玲館長、張金年老師與葉滄吉老師，以及方美芬同學的慷慨贈書並協助查閱資料。需感謝的人很多，在此一併致上最高的敬意與謝意。

　　明朱之臣〈水經注刪敘〉言「讀之古香光氣，如在見聞。」我想到道元禪師的名句「身著襤褸，心如錦緞。」閱讀古籍文學，就像身上雖然穿著破舊的藍衫，整個心卻是綢緞所織成的，柔軟、細緻有光澤。

　　拙作蒙獲輯刊出版，希望對文獻學之研究盡棉薄之力，實為最大的喜樂。謹致上最高的崇敬與感恩，並賀出版順利成功。

陳淑卿謹識於臺北市
中華民國九十四年六月

第一章　緒　論

　　《徐霞客游記》是明代一部獨具創意的山水旅遊文獻。中國地大物博，山川奧秘壯麗，人文薈萃，自然環境恢宏優美，古人譽之為「錦繡神州」〔註1〕，所以才孕育出中國偉大豪邁、豐盈靈慧的優美文化！古語讚譽中華：

　　　　覆載之內，日月所臨，華夏居土中，生物受氣正，人性和而才慧，地

　　產厚而類繁，所以誕生聖賢，繼施法教〔註2〕。

數千年來，中國文化的承傳與發展，完全是依賴古聖先賢們各種智慧結晶的豐富「文獻」資料，該資料提供後代子孫鑽研考證、融會貫通的機會，才使得中華文化綿延擴展創新滋長與發揚光大。「文獻」一詞，引自《論語·八佾篇》：

　　　　子曰：「夏禮，吾能言之，杞不足徵也。殷禮，吾能言之，宋不足徵

　　也。文獻不足故也。足，則吾能徵之矣〔註3〕！」

這是孔子批判夏的後裔「杞」國和殷的後裔「宋」國，沒有用文字把祖先的禮儀典章記錄下來。因為文獻不足，孔子雖然能講解，而不能確證，唯有「文獻」足，才可以有根據可循！元馬端臨在其所著《文獻通考》序文中說：

　　　　古者人習於禮，故家國之祭祀，其品節儀文，祝史有司皆能知之；然

　　其義，則非儒宗講師，不能明也，周衰禮廢，而其儀亡矣〔註4〕。

這段話正足以呼應孔子闡明「文獻」，對啓發後世研究發展、興國利民之重要性。

〔註1〕形容國土壯麗華美，用色絲織成的絲織品叫錦，刺成的叫繡，形容鮮豔華美的景物。
　　　　「錦繡神州」喻山河國土的美好，有如人間仙境之地。
〔註2〕元馬端臨《文獻通考》卷三百二十四〈四裔考一〉，（台北：新興書局印行，民國54年），頁2547。
〔註3〕謝冰瑩等編譯《四書讀本》，（台北：三民書局印行，民國75年4月修訂十版），頁71～72。
〔註4〕同註2，〈自序〉，頁6。

　　後來一般學者對「文獻」一詞的解釋，大部分是依據宋理學家朱熹的四書注釋演繹而來，言簡而意賅，很難詮釋清楚「文獻」的精義。馬端臨《文獻通考・序》中說：

　　　凡敘事，則本之經史，而參之以歷代會要以及百家傳記之書，信而有
　　證者從之，乖異傳疑者不錄，所謂文也；凡論事，則先取當時僚臣之奏疏，
　　次及近代諸儒之評論，以至名流之燕談，稗官之紀錄，凡一話一言，可以
　　訂典故之得失，證史傳之是非者，則採而錄之，所謂獻也〔註5〕。

吾人認為這個解釋最精確、最明白，也最能令後學領悟「文獻」的精義。所以我個人就把《徐霞客游記》歸類為「名流燕談、稗官記錄」之「獻」！

　　下面分成三節來探討，第一節研究動機與目的，第二節前人研究的成果，第三節從《游記》寫作的趨向從事研究。

第一節　研究動機與目的

　　徐霞客本名宏祖，為明末博覽群書的士人，他主要注重於地理、風俗等資料的蒐集和實地考察。所以，嚴格說起來，他並非通儒，而其著作《徐霞客游記》之所以能望重士林，為明、清以來，被學界推崇備至，成為一代「顯學」，被研究、被引證，甚至把這本書與《水經注》相提並論〔註6〕，實有其時代背景與特殊成就所形成：

一、清楊名時推崇其書說：「案頭置此，如朝夕晤名山水於几席間〔註7〕。」錢謙
　　益〔註8〕更譽之為「徐霞客千古奇人，《游記》乃千古奇書〔註9〕。」其被列
　　入清朝《四庫全書》史部地理類，更足以證明《徐霞客游記》為「地輿」之
　　重要文獻。

─────────────

〔註5〕馬端臨《文獻通考・自序》，（台北：新興書局印行，民國54年），頁3。

〔註6〕段江麗《奇人奇書──徐霞客游記》，（昆明：雲南人民出版社，2002年1月），頁85。

〔註7〕楊名時校刊序一，見朱惠榮《徐霞客游記校注》，（昆明：雲南人民出版社，1999年
　　　4月第3次印刷），頁1357。

〔註8〕錢謙益（1582～1664年），清常熟人。字受之，號牧齋，晚年自號蒙叟，又號東澗遺
　　　老。明萬曆三十八年進士，受編修，累官至禮部侍郎。福王立，諸事馬士英，為禮
　　　部尚書。順治三年，清兵定江南，謙益迎降，命以禮部侍郎兼管秘書院事。旋歸鄉
　　　里，以著述自娛。為文博贍，語悉朝典，詩尤擅長，與吳偉業、龔鼎孳稱江左三大
　　　家。家父藏書，其樓曰絳雲樓。晚年歸心釋教。嘗輯明人詩為《列朝詩集》，著《初
　　　學》、《有學》二集。乾隆三十四年，以其詩文語涉誹謗，詔令毀版。著有〈徐霞客
　　　傳〉。

〔註9〕同註7，錢謙益〈囑毛子晉刻游記書〉，頁1282。

二、中國最原始的地理文獻，首推〈禹貢〉〔註 10〕，其次則為《山海經》，這兩本
　　書究竟何人所作？人言言殊！沒有可靠資料能以證明，並有傳聞，係後人偽托
　　大禹所作之說。據屈萬里先生著《尚書釋義・禹貢》考證：

　　　　　進獻方物曰貢，……本篇言梁州貢鐵、鏤。以五國社會進化之情形言
　　　之，此事非西周以前所應有。故知本篇當亦東周時之作品，然篇中不言四
　　　岳、五岳，言六府不言五行；且鄒衍大九州之說，必當在本篇傳世之後。
　　　以此證之，本篇之著成時代，疑在春秋之世也〔註 11〕。

故〈禹貢〉為後人偽托所作之說，殆無疑義。

　　〈禹貢〉文辭古樸簡約，記載的山川景物，大多屬概略的目測推論，而且年代
久遠，地形地貌變化很大，極多繆誤不實。《山海經》據《四庫全書》則謂是晉郭璞
所注；至於司馬遷《史記・河渠書》、班固《漢書・地理志》，及其他各家所寫或所
注圖經等，雖然都是談山論水，但只是點出山水名稱，隨筆簡略帶過而已，沒有地
形地貌、河川流域的實質闡述。

　　一直到魏晉時代，「老莊告退，而山水方滋〔註 12〕。」山水文學乃大為蓬勃流
行。因魏晉南北朝以後， 一般士大夫與文人，性喜漫遊名山大川、登峰攬勝，沒有
人是運用智慧，以科學精神研究山形地貌與河川源流，及大自然的成因、結構、方
位等，並務實的記錄下來，而成為有益予後世「窺天地之奧秘而達造化之權」〔註 13〕
的研究文獻。只是用最華麗精煉的辭藻，寫水以漣漪、盪漾、澎湃等，著意於形；
寫山則以巍峨、險峭、幽深等，著意於勢；或抒情、或寫意，極盡「情必極貌以寫
物」〔註 14〕辭賦格局的典型方式寫作。舉數例為證，郭景純〈山海經圖讚〉：

　　　　　「水玉」讚：水玉冰鱗，潛映洞川，赤松是服，靈蛻垂煙，吐納六氣，
　　　升降九天〔註 15〕。

〔註 10〕〈禹貢〉，儒家經典之一《尚書》中的一篇。舊時列於虞、夏書中，認為是虞、夏時的
　　　　著作，甚至有人認為是大禹的手筆。它用自然分區的方法，把當時全國分為九州，
　　　　對黃河流域的山嶺、河流、澤藪，記述較詳；長江、淮河等南方諸流域的記述則相
　　　　對粗略。它把夏禹治水的傳說發展成為一篇珍貴的古代地理記載，是我國最早的一
　　　　部科學價值很高的地理著作。
〔註 11〕屈萬里《尚書釋義》，(台北：中國文化大學出版部印行，民國 69 年 8 月)，頁 52～66。
〔註 12〕南朝梁劉勰《文心雕龍註・明詩篇》，(台北：綜合出版社印行，民國 75 年)，頁 67。
〔註 13〕明李時珍撰，見清紀昀等總纂《欽定四庫全書・本草綱目》卷一下，(台北：臺灣商務
　　　　印書館印行，民國 75 年)，頁 18。
〔註 14〕同註 12，頁 67。
〔註 15〕郭景純〈山海經圖讚〉，見劉勰《文心雕龍註》，(台北：綜合出版社印行，民國 75 年)，
　　　　頁 174。

又撰：

> 「華山」讚：華嶽靈峻，削成四方，爰有神女，是抱玉漿，其誰游之，龍駕雲裳〔註16〕。

王粲〈登樓賦〉：

> 挾清漳之通浦兮，倚曲沮之長洲，背墳衍之廣陸兮，臨皋隰之沃流〔註17〕。

孫綽〈游天台山賦〉：

> 夫其峻極之狀，嘉祥之美，窮山海之瑰富，盡人神之壯麗矣〔註18〕！

鮑照〈登大雷岸與妹書〉：

> 東顧五洲之隔，西眺九派之分，窺地門之絕景，望天際之孤雲〔註19〕。

吳均〈與朱元思書〉：

> 急湍甚箭，猛浪若奔，……千百成峰……泉水激石〔註20〕。

旅遊家謝靈運有〈過始靈墅〉〔註21〕等短篇山水詩，〈七里瀨〉〔註22〕：「石淺水潺緩，日落山照耀。」〈登江中孤嶼〉〔註23〕：「孤嶼媚中川，雲日相輝映。」〈初發石首城〉〔註24〕：「越海凌三山，游湘歷九嶷。」

以上列舉的這些例子，只是那些名士們即興式的描寫山水勝景，用詞精美，然而對山川形勢卻缺乏實際具體的述說。

當時，只有北魏酈道元是唯一例外的詞賦家，他依據《水經》，用注釋的手法撰寫古代水道河流源頭、流向，《水經注》全文共約三十餘萬字，由於中國地理環境廣大遼闊，雖然，有許多不是他親身經歷，僅參考古籍圖經論述，而因訛以致傳訛，繆誤甚多！但他的著作，確是中國古代第一部承先啟後、研究地理歷史的重要文獻，也開啟了後世山水文學的寫作先河。

唐柳宗元的「永州八記」，世人譽之為有系統的山水文獻，吾人則持保留態度。雖然，「永州八記」的文字精潔而意境清遠，其寫山水的動靜和形象，則多為影射他自己各種不如意的遭遇與抑鬱心情。在被流放期間，對現實產生孤寂不滿而已，談

〔註16〕南朝梁劉勰《文心雕龍註》，（台北：綜合出版社印行，民國75年），頁175。
〔註17〕周啓成等編《昭明文選》第十一卷，（台北：三民書局印行，民國86年），頁431。
〔註18〕同上，頁435。
〔註19〕于非《古代風景散文譯釋》，（遼寧：黑龍江人民出版社，1982年），頁1。
〔註20〕同上，頁15。
〔註21〕周啓成等編《昭明文選》第二十六卷，（台北：三民書局印行，民國86年），頁1148。
〔註22〕同上，頁1151。
〔註23〕同上，頁1152。
〔註24〕同上，頁1156。

不上是山水文獻！

　　宋蘇軾也有多篇描寫山水的文章，其中唯有〈石鐘山記〉〔註25〕一篇，不是單純的寫景著物，而是《水經注》的描寫，啓發他好奇觀察研究當地地質特殊的成因，有列爲「文獻」的條件，他文中說：「……大石當中流……空中而多竅，與風水相吞吐，有窾坎鏜鞳之聲……。」這是蘇軾探究了《水經注》之後，其所質疑的眞象終於大白。所以，他在文中承認：「古人之不余欺也。」同時，文中還表明「事不目見耳聞，而臆斷其有無，可乎？」又揶揄古人，對傳聞不切實求證說：「蓋歎酈元之簡，而笑李渤〔註26〕之陋也。」蘇軾這篇文章，質疑酈道元「微風鼓浪，水石相博」與李渤「扣石響騰，餘韻徐歇」有關石鐘山之說的眞實性，對徐霞客旅遊求眞、求實的精神，當有很大的影響！

　　徐霞客生於明萬曆十四年（丙戌，1586），卒於崇禎十四年（辛巳，1641），得年五十六歲。那時正當明朝末年，政治腐敗、官場貪污橫行，內憂外患、社會動盪紛亂。霞客本出生於世代書香官宦家庭，但他賦性高傲倔強，在參加科舉考試落第後，便不再順應時俗，摒棄研讀四書五經，及當代一切仕進必備的誥律典制之類的書籍，轉而鑽研古代史籍、輿地、圖經、方志等。對遨遊山水，產生了極濃厚的興趣，一心只想徜徉山水、探幽攬勝。他曾經發出豪語：「丈夫當朝碧海而暮蒼梧，乃以一隅自限耶〔註27〕？」

　　霞客自萬曆三十五年（丁未，1607），第一次別母出游，至崇禎十三年（庚辰，1640）因病返回原籍，長達三十多年的旅遊探險生涯，均以日記方式，記錄游蹤。文字不重辭藻的雕琢，而內容對山脈山稜走向、熔岩地貌成因，水文伏流潛通、物產、民俗、動植物，以及社會政治經濟等，多有細膩觀察、深刻體會。不過，頗多旅遊資料，缺乏記載，也許因戰亂失落，甚爲可惜！只有他後期的旅遊西南半壁的尋奇日記，客觀深入探討眞理，所謂「必造其境，必窮其奧。」對名稱，必追索其由來；對錯誤，必考求其正確，這才是他眞正踏實窮理、求證的智慧表現。《四庫全書總目提要》說：「此書於山水脈絡，剖析詳明，尤爲有資考證，是亦山經之別乘，

〔註25〕于非《古代風景散文譯釋》，（遼寧‧黑龍江人民出版社，1982年），頁 82～83。

〔註26〕唐李渤，字濬之，魏橫野將軍、申國公發之後裔。爲人孤操自將，不苟合於世。人咸謂之沽激。屢以言斥，而侃直少衰，守節者尚之。元和初年，戶部侍郎李巽、諫議大夫韋況交章薦之，詔以右拾遺召。見歐陽修、宋祁《新唐書》卷一百一十八，列傳四十三〈李渤〉，（台北：鼎文書局印行，民國68年），頁 4280～4286。

〔註27〕明徐宏祖撰，褚紹唐、吳應壽整理《徐霞客游記》，（上海：上海古籍出版社，1987年10月），頁 1191。

興記之外篇矣〔註28〕！」足以推崇其山水文獻的重要性。

清葉廷甲在刻刊本作〈序〉說：

> 其所經歷之山川，靡不辨其源委脈絡，而一一詳記之，至土風民俗物產，亦隨地附見焉。是豈獨為山人逸士濟勝之資？凡以民物為己任而有政教之責者，周覽是書，於裁成輔相左右宜民之道，不無少補焉〔註29〕。

錢謙益〔註30〕肯定《徐霞客游記》的價值說：

> 思欲傳之不朽。幸為鑒定流通，使此等奇人奇書，不沒於後世，則汲古之功偉矣〔註31〕。

自明末清初以迄於今，學術界研究《徐霞客游記》的大有人在，且多推崇他對地理學和地質學，有精細透闢的偉大貢獻。不過，時代遞嬗久遠、事物變化非常，所謂「師古者，師其意，不師其跡〔註32〕。」筆者以業餘登山人的現代經驗、理念，及翔實地觀察、對照《徐霞客游記》部分行蹤，從另一個角度切入，對徐霞客的志趣、胸襟、格調、技能、觀念等作觀察探討，是寫作本文的主要動機和目的。

第二節　前人研究的成果

前人研究的成果有學人專題研究成果、早期綜合性研究成果及近期綜合性研究成果。從三方面來探討，分述如下：

一、學人專題的研究成果

下面分為（一）關於山形地貌方面的研究成果，（二）關於水文方面，（三）關

〔註28〕清永瑢、紀昀《四庫全書總目提要》卷七十一，（台北：臺灣商務印書館印行，民國72年），頁531。

〔註29〕葉廷甲〈序〉，見朱惠榮《徐霞客游記校注》，（昆明：雲南人民出版社，1999年），頁1363。

〔註30〕錢謙益，字受之，號牧齋、蒙叟，又號尚湖，或稱錢後人，聚沙居士、聾驂道人、沒口居士，後稱牧翁、東澗遺老、絳雲老人、敬他老人，又署峨眉老衲，又題石渠舊史，學者稱虞山先生。清·江南常熟（當時又名虞山或海虞今江蘇省常熟縣）人。生於明神宗萬曆十年壬午（1582年）9月26日，公少佻浪，能文章，讀書十行俱下。萬曆二十八年，進士第三人及第，授翰林院編修，官禮部右侍郎，後坐事削籍南歸。福王時，官禮部尚書。入清官禮部右侍郎，管祕書院事，充修《明史》副總裁。任職僅六個月，即告病歸鄉。卒於康熙三年（甲辰，1664）5月24日，享年八十三。

〔註31〕同註29，錢謙益〈囑毛子晉刻游記書〉，頁1282～1283。

〔註32〕元馬端臨《文獻通考·乾隆序》，（台北：新興書局印行，民國54年），頁2。

於民情風俗的研究，（四）《游記》上有關宗教的研究，（五）兩岸學者研究成果比較等五方面來探討：

（一）關於山形地貌方面的研究成果，最具代表性者，計有：

1、徐兆奎〈徐霞客名山游記選注〉〔註33〕。

2、唐錫仁、楊文衡〈徐霞客及其游記研究〉〔註34〕。

3、黃強等〈徐霞客江右信江紅色盆地丹霞地貌考察研究〉〔註35〕。

4、楊載田〈徐霞客閩游與福建丹霞風景名勝及其開發〉〔註36〕。

5、陶犁〈徐霞客與雲南喀斯特旅游資源〉〔註37〕，這篇最是言之有物，敘述徐霞客仔細分析雲南喀斯特旅遊資源的特徵和類型，以及徐霞客對雲南許多碳酸鹽岩風景區，進行考察、記錄，推崇徐霞客對雲南喀斯特的研究和貢獻是前無古人的。

6、侯沖〈徐霞客《雞足山志》初考〉〔註38〕，結論認為《雞足山志》初考中所記載的靈跡和景緻，影響了後代《雞足山志》對雞足山景觀的記述。

（二）關於水文方面，除各家學者對遊記研究，多有就〈盤江考〉等專著略有著墨外，最具體論述的，以段江麗撰《奇人奇書－徐霞客游記》〔註39〕較為充實，從黃河、長江、珠江、瀾滄江、怒江、金沙江等逐條論述，並對湖泊、沼澤、溫泉、鹽泉等，也多有涉獵。

（三）關於民情風俗的研究，計有：

1、呂洪年〈徐霞客「浙游記」所涉的民情風俗〉〔註40〕，認為「在行文的三言兩語中，涵義深刻、語言簡練，蘊含著豐富的社會生活內容〔註41〕。」

2、戈春源〈試論「徐霞客游記」的民俗學價值〉〔註42〕，敘述徐霞客根據

〔註33〕徐兆奎《徐霞客名山游記選注》，（北京：中國旅游出版社，1985 年 2 月）。

〔註34〕唐錫仁、楊文衡等撰《徐霞客及其游記研究》，（中國社會科學社，1987 年 8 月）。

〔註35〕黃強、舒曉波、王軍等撰〈徐霞客江右信江紅色盆地丹霞地貌考察研究〉，《江西科學》第二十卷第 2 期，（2002 年 6 月），頁 105。

〔註36〕楊載田〈徐霞客閩游與福建丹霞風景名勝及其開發〉，《熱帶地理》第二十一卷第 1 期，（2001 年 3 月），頁 46～50。

〔註37〕陶犁〈徐霞客與雲南喀斯特旅游資源〉，《雲南教育學院學報》第十一卷 2 期，（1995 年 4 月）。

〔註38〕侯沖〈徐霞客《雞足山志》初考〉，《民族藝術研究》1995 年第 1 期，頁 55～60。

〔註39〕段江麗《奇人奇書－徐霞客游記》，（昆明：雲南人民出版社，2002 年 1 月）。

〔註40〕呂洪年〈徐霞客「浙游記」所涉的民情風俗〉，《浙江大學學報》第三十一卷第 4 期，（2001 年 7 月）。

〔註41〕同上，（2001 年 7 月），頁 88。

〔註42〕戈春源〈試論《徐霞客游記》的民俗學價值〉，《鐵道師院學報》第 16 卷 2 期（蘇州

親身經歷，於書中留下了大量古代中國，特別是西南地區少數民族民俗風
情的記載。

3、劉惕之〈徐霞客滇游與雲南少數民族〉〔註43〕，說徐霞客「對雲南少數
民族的記述，總結了明代雲南少數民族的分布規律、聚落結構及民俗特點
〔註44〕。」

（四）《游記》上有關宗教的研究，陳有康著〈徐霞客與佛教〉〔註45〕篇中，敘述
徐霞客對佛教的理解和接受，及佛教對他旅遊的幫助，說他《游記》「字面
上有明顯的佛教痕跡，在這種情況下，作者自覺地以佛家之眼來觀物，以佛
家之心來造境，乃至以佛家之語來表述，所以佛教影響有明顯的蹤跡可尋。」
〔註46〕結論並推論「徐霞客與佛教的關係，指出他相信佛教，有一定的佛學
造詣，佛教對他的旅行和創作都起了積極作用〔註47〕。」

郭武著〈從《徐霞客游記》看明代雲南的道教〉〔註48〕一篇，首先引用陳函
輝撰〈徐霞客墓誌銘〉，形容霞客「見者已目為餐霞中人」〔註49〕。並解釋
說：「餐霞一詞，素為道教神仙家用語，指以呼吸吐納之功吸取自然之靈氣。
餐霞中人，也因此多指道教修練之士，徐霞客目為餐霞中人，其生活環境中
的道教氛圍可想而知〔註50〕。」肯定的說《游記》中「記載了大量的明代大
理道教的活動情況〔註51〕。」並且說「明代以來，中國的儒釋道三教已普遍
融合，地處西南邊陲的雲南也是如此〔註52〕。」

（五）兩岸學者研究成果比較，前人專案研究《徐霞客游記》中，有關山川形勢、

鐵道師範學院人文社會分院，1999 年 4 月），頁 74～77。

〔註43〕劉惕之〈徐霞客滇游與雲南少數民族〉，《衡陽師專學報》第十六卷第 1 期（1995 年），
頁 85～89。

〔註44〕同上，頁 85。

〔註45〕陳友康〈徐霞客與佛教〉，《雲南藝術探索》1995 年第 1 期。

〔註46〕同上，頁 45。

〔註47〕同上，頁 45～46。

〔註48〕郭武〈從《徐霞客游記》看明代雲南的道教〉，《雲南民族學院學報》（哲學社會科學
版）1994 年 4 月。

〔註49〕餐霞，服食日霞，道家修練之術。《漢書》五七下〈司馬相如傳·大人賦〉：「呼吸沆
瀣兮餐朝霞。」「朝霞者，日始欲出赤黃氣也。」《文選》南朝宋·顏延年（延之）〈五
君詠·嵇中散〉：「中散不偶世，本是餐霞人。」見明徐宏祖撰，褚紹唐、吳應壽整
理《徐霞客游記》，（上海：上海古籍出版社，1987 年 10 月），頁 1191。

〔註50〕同註 48，頁 80。

〔註51〕同上，頁 81。

〔註52〕同上，頁 80。

經濟活動、社會狀況等，以大陸學者專篇最多。據朱惠榮教授指出：「從中
國徐霞客研究會成立至今，發表的論文不少於千餘篇，徐學研究到現在，發
表文章超過一千篇，出版著作、資料和《徐霞客游記》今存的各種版本，超
過一百種〔註53〕。」

　　上列各項，全係大陸各地學者研究的成果，由於古籍書刊資料，多在大陸出版，
此間取得不易。臺灣學者研究則分外吃力。目前為止，吾人所見者，有王文進〈以南
朝「山水詩」到「徐霞客游記」的觀察〉〔註54〕，方麗娜〈徐霞客游記之文學特色研
究〉〔註55〕，傅貴〈千古奇人---徐霞客〉〔註56〕，蕭璠〈徐霞客旅游途中所見到的環
境破壞〉〔註57〕，蕭之華〈談徐宏祖及其徐霞客游記〉〔註58〕，陳勝崑〈在好山好水
間作學問〉，〔註59〕守白〈明末奇人徐霞客〉〔註60〕，祝秀俠〈千古奇人徐霞客〉〔註
61〕，華振之〈談徐霞客和他的游記〉〔註62〕。近年僅見的只有政治大學中文研究所
梁秀鴻的一份碩士論文《徐霞客游記之文學研究》〔註63〕，兩岸相較，此間對《徐霞
客游記》的研究，顯然貧乏與落後很多。

二、清中葉前綜合性研究成果

　　《徐霞客游記》手稿，經季夢良轉給王忠紉，再經錢謙益著人刊刻出版後，傳

〔註53〕朱惠榮《徐霞客與徐霞客游記》，（北京：中華書局（文化尋根叢書），2003 年），頁
　　　　8。
〔註54〕王文進〈以南朝「山水詩」到「徐霞客游記」的觀察〉，《中外文學》（26：6 二 306，
　　　　民國 86 年 11 月），頁 75～82。
〔註55〕方麗娜〈徐霞客游記之文學特色研究〉，《臺南師院學報》二十六期，（民國 82 年 6
　　　　月），頁 139～158。
〔註56〕傅貴〈千古奇人－徐霞客〉，《歷史月刊》六十二期，（民國 82 年 3 月），頁 105～109。
〔註57〕蕭璠〈徐霞客旅游途中所見到的環境破壞〉，《歷史月刊》二十二期，（民國 78 年 11
　　　　月），頁 106～110。
〔註58〕蕭之華〈風雨一杯酒，江山萬里心——談徐宏祖及其「徐霞客游記」〉，《文藝月刊》
　　　　第 246 期，（民國 78 年 12 月），頁 66～72。
〔註59〕陳勝崑〈徐霞客在好山好水間作學問〉，《綜合月刊》第 158 期，（民國 71 年 1 月），
　　　　頁 152～156。
〔註60〕守白〈明末奇人徐霞客〉，《中國文選》第 106 期，（民國 65 年 2 月），頁 50～53。
〔註61〕祝秀俠〈千古奇人徐霞客〉，《中國文選》第 106 期，（民國 65 年 2 月），頁 80～88。
〔註62〕華振之〈談徐霞客和他的游記〉，《新文藝：中國古典文學名著欣賞》202 期，（民國
　　　　62 年 1 月），頁 77～104。
〔註63〕梁秀鴻《徐霞客游記之文學研究》，（台北：國立政治大學中文研究所碩士論文，民
　　　　國 75 年 5 月）。

遍士林。與他相交的親友，對其著作都衆口一辭，讚譽爲「千古奇人，千古奇書」
〔註64〕。那些溢美之辭，多是言之無物，算不上是對《游記》的研究，套用徐霞客
〈游白岳山日記〉內文幾句：

> 背倚玉屏，前臨香爐峰，峰突起數十丈，如覆鐘，未游台，蕩者或奇
> 之〔註65〕。

也就是說，徐霞客的《游記》，對山川景觀只是「秉筆直書」，描寫其常態與現狀而
已。對那些終日皓首窮經、案牘勞形，沒有登峰攬勝過的人士而言，自然敬之爲「奇
人、奇書」了。

至於，眞正對《徐霞客游記》有研究心得的，還是以霞客之孫徐建極爲首。他
在〈雞山志目〉後記說：

> 徐子曰：志圖經者，有山川之一款；志山川者，又有圖經之全例，不
> 相假也。茲帙首眞形，次名勝，次化宇，漸由天而人；次古德，次護法，
> 則純乎人矣；勝事天之餘，藝苑人之餘，故又次焉。此編次之大意也〔註66〕。

《四庫全書》所收錄，也就是根據徐本爲主。

三、清中葉後綜合性研究成果

自滿清中葉以來，直到目前，學者研究《徐霞客游記》的論著極多，不勝枚舉。
茲僅選擇數篇有代表性的著作，摘要說明：

（一）丁文江所著《明徐霞客先生宏祖年譜》〔註67〕。首先，從其五世祖徐經排列
其家族，下至霞客三代孫建極、建樞、建棟等。列表標明，而對霞客本身，
則自萬曆十四年（丙戌，1586）出生，歷經泰昌、天啓，至崇禎十四年（辛
巳，1641）卒於家爲止。研究後說：「《游記》爲先生一生精力所聚，惜今本
頗殘缺〔註68〕！」言下之意，感慨遺憾不已。

（二）劉虎如選注《徐霞客游記》〔註69〕，其研究成果說霞客對中國山脈學說的
貢獻（見序九頁），對中國河流之貢獻（見序十二頁），結論中推崇其堅毅、

〔註64〕錢謙益〈囑毛子晉刻游記書〉，見朱惠榮《徐霞客游記校注》，（昆明：雲南人民出版
社，1999年4月第3次印刷），頁1282。

〔註65〕明徐宏祖撰，褚紹唐、吳應壽整理《徐霞客游記》，（上海：上海古籍出版社，1987年
10月）。

〔註66〕同註64，頁1217。

〔註67〕丁文江《明徐霞客先生宏祖年譜》，（台北：臺灣商務印書館印行，民國67年5月）。

〔註68〕同上，頁59。

〔註69〕劉虎如選注《徐霞客游記》，（台北：臺灣商務印書館印行，民國57年1月）。

辛勞、仔細。謂：

　　　　霞客一生，馳騖數萬里，躑躅三十年，遇有名勝之區，無不披奇抉奧。
一山一水，亦必尋其源而探其脈，故身無暇晷，路有確程。凡沿革方隅，
土宜物異，一一詳記中〔註70〕。（按與史夏隆〈序〉用辭雷同）

（三）吳應壽《徐霞客游記導讀》〔註71〕，研究《徐霞客游記》的寫作技巧，認爲
　　　是深刻的受了宋范成大和陸游兩人作品的影響。前者的《吳船錄》，後者的
　　　《入蜀記》，都是以日記體裁抒情寫景〔註72〕。認爲霞客：

　　　　《西游記》的内容十分豐富，沿途考察山川、城邑、地貌、民情風俗、
民族關係、古蹟、邊疆情況，特別是對西南地區的岩溶地貌的考察，不僅
在我國，而且在世界上，都是最早系統研究岩溶地貌的珍貴文獻〔註73〕。
　　　肯定了霞客在内容上寫實的風格，超越了范、陸兩位前人的讚美之言。

（四）褚紹唐、吳應壽整理的《徐霞客游記》，是研究徐霞客旅遊有關文獻最爲完整
　　　的書籍，内容廣泛包括徐霞客畫像、手跡、圖片、詩文、書牘、傳誌、石刻、
　　　舊序、校勘、年譜等，應有盡有，爲目前研究徐學最主要的參考資料。但該
　　　書以「上海古籍出版社」具名的「前言」，洋洋灑灑萬餘字，說徐霞客「在
　　　政治思想領域，代表勞動人民或新興市民階層利益，反映了手工業、商業發
　　　展要求的先進知識份子〔註74〕。」又引用馬克思理論，說霞客「終於證明了
　　　自己的現實性和力量〔註75〕。」最後還捧徐霞客「生動地體現了社會主義制
　　　度爲科學文化事業開闢了廣闊道路〔註76〕。」云云。筆者質疑？這些「政治」
　　　語言，與明末失意科場而寄情山水，且役使僕從負擔勞務的徐霞客思想與行
　　　爲，似乎有些格格不入，而褚、吳兩位學人，是否認同該項論點？而反常的
　　　不在作品的「前言」具名，殊難理解！

（五）朱惠榮著《徐霞客游記校注》〔註77〕，這也是近年來研究《徐霞客游記》最
　　　充實的出版品。不但校注《游記》本文，也附錄了徐霞客遺詩遺文、題贈、

〔註70〕同上，頁 16。
〔註71〕吳應壽《徐霞客游記導讀》，（成都：巴蜀書社，1988 年）。
〔註72〕同上，頁 5。
〔註73〕同上，頁 6。
〔註74〕明徐宏祖撰，褚紹唐、吳應壽整理《徐霞客游記》，（上海：上海古籍出版社，1987 年
　　　　10 月），頁 2。
〔註75〕同上，頁 9。
〔註76〕同上，頁 24。
〔註77〕朱惠榮《徐霞客游記校注》，（昆明：雲南人民出版社，1999 年 4 月第 3 次印刷）。

書牘、傳誌、晴山堂石刻、舊序、校勘等。他另在後記中說其他學者們：

> 他們都談論徐霞客，希望從《徐霞客游記》中發掘有關自己專業的
> 東西，並提出許多涉及到的字詞、內容、歷史背景、地理沿革等要求解
> 釋〔註78〕。

朱惠榮在增訂本〈跋〉中又說：

> 有條件用《四庫全書》所收的《徐霞客游記》校對，得以增補、訂正
> 其他版本脫漏和訛誤的內容，解決了一些長期無法弄清的問題，有助於深
> 入了解徐霞客在旅途中的生活和思想〔註79〕。

朱惠榮《徐霞客游記校注》，無論其〈前言〉後〈跋〉及內容分類評數，均係純學術
性研究討論，故朱惠榮教授與丁文江、吳應壽、褚紹唐、劉虎如等諸位前輩們認真、
嚴謹的研究精神與態度，值得後學們學習與尊崇。

第三節　從《游記》寫作的趨向從事研究

《徐霞客游記》最早皆為手抄本，有季夢良本、徐建極（霞客之孫）本、乾隆
刻本，各版本增減變化不一，難窺其全貌。本文根據《四庫全書》、雲南人民出版社
朱惠榮教授校注本，上海古籍出版社之褚紹唐、吳應壽整理《徐霞客游記》〔註80〕，
及丁文江所訂《明徐霞客先生宏祖年譜》等書為主軸，除研析其家世生平思想外，
並把《徐霞客游記》的文獻資料，劃分成三個階段，來作觀察、研析。

第一個階段，從徐霞客二十二歲（丁未，1607）開始出遊，至福建九鯉湖時期
（庚申，1620）為止，是他青春期所具有過人的毅力，和富於冒險精神的特質表現，
也是他年輕氣盛，最不理性而極端情緒化的偏執時期。吳國華為徐霞客所作的〈壙
志銘〉，有這樣的描寫：

> 探奇測幽，至廢寢食，窮下上，高而為鳥，險而為猿，下而為魚，不
> 憚以身命殉〔註81〕。

楊名時〔註82〕〈序一〉，也說霞客：

〔註78〕同上，頁 1381。

〔註79〕同上，頁 1383。

〔註80〕明徐宏祖撰，褚紹唐、吳應壽整理《徐霞客游記》，（上海：上海古籍出版社，1987 年
10 月）。

〔註81〕吳國華〈壙誌銘〉，見朱惠榮《徐霞客游記校注》，（昆明：雲南人民出版社，1999 年 4
月第 3 次印刷），頁 1285。

〔註82〕楊名時，字賓實，江南江陰人。康熙三十年進士，改庶吉士。李光地為考官，深器

升降於危崖絕壑，搜探於蛇龍窟宅，亙古人迹未到之區，不惜捐軀

命〔註83〕！

錢謙益作〈徐霞客傳〉，謂其遊天台、雁蕩兩山時，冒險犯難，「其與人爭奇逐勝，欲賭身命〔註84〕。」這種只爲一巖一壑，甘以身命魯莽冒險的行爲，充分表露了他倔強孤傲的性格，不過他這種寧折不屈的韌性，也奠定他後來遨遊西南半壁「徒步於豺嗥虎嘯、魑魅縱橫之鄉〔註85〕。」的基礎！

第二個階段，是從天啓三年（癸亥，1623），徐霞客正當三十八歲壯年，遊中原中嶽嵩山、西嶽華山開始，至崇禎六年（癸酉，1633），遊山西五台山及北嶽恆山。這一個時期，霞客雖然輕杖芒鞋、探幽凌險如故，可是他對登山旅遊的經驗，已經大致成熟。對於旅遊探險的部分「前置作業」，也已經累積了相當的經驗，加強了許多。華振之先生說：

他每到一處，在尋幽探險之前，必先讀當地志書，對山川形勢、名勝

古蹟，瞭然於胸，然後才去游〔註86〕。

這一個時期，霞客所記遊的嵩山、華山、黃山、衡山等，歷朝歷代許多名士，都有記述和描寫，也有非常雋永回味的可讀性。曾有〈導言〉批評霞客：

十七篇前期作品還偏重在搜奇訪勝，不如《西遊記》內容豐富，特別

在地質地貌、山川源流方面的記述甚少，在地理學上的貢獻，不如《西遊

記》之大〔註87〕。

吾人認爲此種說法，確非以偏概全之論，錢謙益稱其「文字質直，不事雕飾。」但就他那十七篇遊歷日記，雖不如古人文采華麗，霞客對各地山脈水文及宗教寺廟方面的描述，內容豐富，尤其對碑刻拓片、歷史文物的考證，眞正「秉筆直書」。情節的生動、描寫的細緻，都遠遠超過了前人很多！對文獻價值而言，是值得研究和肯定的！

之，從受經學。……曾任雲南巡撫、陝西考官、貴州布政史、兵部尚書、雲貴總督
等要職。卒，贈太子太傅，賜祭葬，謚文定。見趙爾巽、繆荃孫、李家駒、吳廷燮
等編《清史稿》卷二百九十〈列傳〉七十七，（台北：鼎文書局印行，民國 70 年 9
月），頁 10265～10268。

〔註83〕同註81，楊名時〈序〉，頁 1357。

〔註84〕同註81，錢謙益〈徐霞客傳〉，頁 1293。

〔註85〕陳繼儒〈答徐霞客〉，見朱惠榮《徐霞客游記校注》，（昆明：雲南人民出版社，1994
年 4 月第三次印刷），頁 1280。

〔註86〕華振之〈談徐霞客和他的游記〉，《新文藝·中國古典文學名著欣賞》202 期，（民國
62 年 1 月），頁 83。

〔註87〕吳應壽《徐霞客游記導讀》，（成都：巴蜀書社，1988 年），頁 3。

第三個階段，起自崇禎九年（丙子，1636），至崇禎十三年（庚辰，1640）是霞客旅遊探險，最成熟也最有成就的階段。那時他已年過五十，父母雙亡，兩子均已成婚，長孫建樞也已三歲，祖產豐盈，衣食無虞，自認孑然一身，無論如何旅遊、如何探險，都可以無拘無束、自由自在。所以，陳函輝在〈徐霞客墓誌銘〉裡說：

遂再拜辭兩尊人墓下，不計程，亦不計年，旅泊巖栖，游行無礙〔註88〕。

於是，他從此開啓了浪跡西南半壁、任意遨遊的行程！

探幽冒險，原本是霞客的天性，此後他對登峰履險，已不是單純的「凌絕壁，冒叢箐，攀援下上」〔註89〕而已。《游記》中，除了好奇心（非科學性知識），深入考據山勢走向，探證河川源頭，以及熔岩洞穴，特殊地質探究其形象、方位之外，並且對當地的人文社會、民情政治，都爲後世留下了極爲精闕翔實的歷史文獻，其遊滇〈隨筆〉二則，所寫「普名勝」及沐母宋夫人大義滅親事件，就是顯著的例證。

我們絕對承認，徐霞客的確是亙古以來傑出的大旅行家，他飽讀詩書和圖籍、經史的文學素養，以別具一格的日記體裁寫遊記，文筆清暢樸實，細膩生動、敘述翔實。在文學領域上，也有其可供欣賞的崇高地位；但我們不能盲從附會傳說，硬把他套成研究地質學、地理學的科學家！平心而論這份推崇，未免過譽了！

最初，因爲他原是以「欲問奇於名山大川」〔註90〕爲取向，他當時的旅遊思想，就在於那個「奇」字，也就是由於「好奇心」窮探究竟，霞客以現場實地觀察所得，對照圖經方志，逐條研究；這原是登山探險者，自身「定位」應具有的常態動作，不過他缺乏現代儀器工具作參考，全憑經驗、目測和推想，否則就更爲仔細了！尤其是當他發現〈禹貢〉記載，「導江於岷」之說的錯誤，更給了他極大探究眞相的鼓勵。他不再相信任何古籍、圖經的記載，於是霞客遇水就探尋源頭、流向，登山必記錄山形、地貌，探熔洞、巖穴，則測量深淺、結構。經歷了地熱景觀、氣象變化，就仔細記錄觀察所得。這些文獻確是啓迪了後代科學家進一步研究探勘的契機！

對於徐霞客來說，他沒有接受科學知識的薰陶，只是「好奇心」驅使的偶然發現，也無科學學術上的論證，所以不能算是他研發科學的成就！也不能強加「科學家」的桂冠在他頭上。

由於上述各項觀點，對〈《徐霞客游記》研究——以文獻觀察爲重點〉論文的寫作趨向與方法上，首先從徐霞客的家世生平談起，至於《徐霞客游記》研究——

〔註88〕陳函輝〈徐霞客墓誌銘〉，見朱惠榮《徐霞客游記校注》，（昆明：雲南人民出版社，1999 年 4 月第 3 次印刷），頁 1288。

〔註89〕同上，錢謙益〈徐霞客傳〉，頁 1293。

〔註90〕同上，陳函輝〈徐霞客墓誌銘〉，頁 1287。

以文獻觀察爲重點）探討他的寫作方法及寫作態度，必須根據徐霞客的年譜，對照他的行程，探討他的思維和觀點，仔細羅列探討！其次再研究《徐霞客游記》的內容體制及版本。重點當爲《徐霞客游記》所記載的史料文獻，包括山水、史事、經濟、文物、宗教、傳說與社會文化等，最後討論《徐霞客游記》文獻的價值，與前人正負兩面的研究與批判。

　　《徐霞客游記》除旅遊探險、景觀物產、風土民情、政經宗教古蹟等，予以翔實記錄描述外，內容甚多「訂典故之得失，證史傳之是非〔註91〕。」之處甚多，爲其他旅遊作品所無。故在結論上，綜合說明本論文最主要的創見，及展望本文主題對未來山水文獻之考據提供參考。就其「文獻」的特質，作廣泛深入觀察，雖不敢自詡，謂「誠考據之資，可以羽翼經史，裨益治道〔註92〕。」但區區一得之見，權供有志於研究旅遊文獻者之參考與旁證。

〔註91〕元馬端臨《文獻通考·自序》，（台北：新興書局印行，民國54年），頁3。
〔註92〕同上，頁2。

第二章　徐霞客的家世與生平

　　徐霞客生長在一個環境優渥的家庭，雖不是代代仕宦世家，但也是詩書傳家的閥閱門第。霞客性好讀書、研究奇情異聞，並且能身體力行，親身去體驗感受，探奇於名山大川之間，也因此孕育霞客豁達樂觀、積極進取、堅忍卓絕的個性與風範。下面分兩節來探討：第一節徐霞客的家世，第二節徐霞客的生平。

第一節　徐霞客的家世

　　俗語說：「祖上有德，福蔭子孫。」霞客出生於書香門第，藏書豐碩，隨手可閱讀查詢相關書籍與知識，常識的獲得極為容易。又因母親王孺人開明，知子莫若母的薰陶下，霞客能順母意，從容成行、了無牽掛地去雲遊四海，尋幽訪勝。下面分三部分來研析：江陰梧塍里徐氏族系考、萬卷樓藏書、家庭倫常及婚姻狀況。

一、江陰梧塍里徐氏族系考

　　徐霞客出生於江陰梧塍里徐氏望族，所有研究《徐霞客游記》的學者們，對其身世，均根據《梧塍徐氏宗譜》記載所作的闡述。陳函輝〈徐霞客墓誌銘〉中說：

> 其先代蓋南州高士之後，宋開封尹錮者，扈蹕南渡，諸子姓散居荊溪、雲間、琴川，迨十一承事，始卜居澄江之梧塍里，子孫俱誓不仕元[註1]。

按宋朝開封尹，相當於現代國家的國都首長，徐家當然為榮華富貴的豪門。

　　關於霞客歷代先祖的興衰榮替，不在本文討論範圍之內，但須從足以影響霞客

〔註 1〕陳函輝〈徐霞客墓誌銘〉，見明徐宏祖撰，褚紹唐、吳應壽整理《徐霞客游記》，（上海：上海古籍出版社，1987 年 10 月），頁 1286。

思想、性格、觀念、行爲的五代祖徐元獻談起，較能讓吾人對霞客的生平，得以作進一步的研究瞭解。

丁文江《明徐霞客先生宏祖年譜》記載：

> 元獻乃武進張亨父弟子，成化庚子經魁，其弟元壽，築有萬卷樓，藏書甚豐，元獻之子經，即先生高祖，弘治十一年經魁……未幾敏政總裁會試，江陰富人徐經賄其家僮，得試題，事露……乃坐以事敗，至廢錮終身，抑鬱以死。……先生曾祖名洽，經之次子，……祖名衍芳，洽之長子……故先生自祖父以上，四世均有文名……高祖經以富人名，沒後，其夫人楊氏復善持家……母王氏均能以勤儉治生，家產復裕……〔註2〕。

由上述各節觀察，霞客曾祖徐經，因行賄醜聞而被「廢錮終身」，無論眞僞，其大好的仕進前程，就此斷送，終於「抑鬱而死」，大大影響了徐家後代仕進的進取心。不過，徐族家產豐盈、富甲一方，仍然是梧塍里詩書傳家最有名望的氏族。

二、萬卷樓藏書

徐霞客太祖元獻之弟元壽，所築萬卷樓藏書之豐，當然還是承襲其歷代先祖徐麒、景南、景州、徐頤等，累積遺留下來的各類書冊匯集而成，其搜羅類別之奇，容納範圍之廣，只能以「浩瀚」兩字來形容。錢鶴灘〈萬卷樓記〉特別推崇爲：

> 茲樓也，儲川岳之精，瀉鬼神之秘，究古今之奧，煥斗牛之纏，知不可以金谷、平泉視也〔註3〕。

可見萬卷樓藏書的規模，當然是匯集了古今諸子百家、圖經方志、勘輿星象、神話誌異等，包羅萬象，相當於現代的一座私人圖書館了。

古代大多文士，對生涯規劃的唯一選擇，是「學而優則仕」，江陰梧塍里徐氏望族，自然也不例外，這不得不提霞客的九世祖徐麒，以「布衣」〔註4〕的身分，竟能奉皇帝的徵詔，出使西蜀撫羌，可能與其「南州高士之後」〔註5〕的盛名有關，

〔註2〕丁文江《明徐霞客先生宏祖年譜》，（台北：臺灣商務印書館印行，民國67年5月），頁3～4。

〔註3〕段江麗《奇人奇書—徐霞客游記》，（昆明：雲南人民出版社，2002年1月），頁7。

〔註4〕指棉麻織品的衣服，即布製衣服，謂衣著儉樸。《漢書》七二〈王吉傳〉：「去位家居，亦布衣疏食。」亦指庶人之服。《戰國冊》〈趙〉二：「天下之卿相人臣，乃至布衣之士，莫不高賢大王之行義。」中國古代用來作爲「平民」的代稱，義同「白丁」。

〔註5〕明徐宏祖撰，褚紹唐、吳應壽整理《徐霞客游記》，（上海：上海古籍出版社，1987年10月），頁1190。

胡廣〔註6〕〈心遠先生渝蜀圖序〉云：

> 一時巡守諸臣，端居廣屋之上，夫孰知推甘歷苦，與眾庶同命？乃下
> 詔簡材渝蜀，先生遂以白衣乘傳，披巖剔險，播揚麻光，凡可以展聖仁昭
> 盛德者，孜孜無遺焉〔註7〕！

陳敬宗（於文淵閣參修《永樂大典》者）〈明故徐徵君墓誌銘〉，也記載其撫羌事謂：

> 洪武中，有推舉其學行者。奉詔羌蜀，憑歷險阻，昭宣德意，眾庶安
> 理，夷、夏交會〔註8〕。

羌亂平息後，他便功成身退，上章辭歸，因為他本來家財豐盈，其二子景南、景州
又「所積甚厚」，刻意承襲「南州高士」的門風，乃「峻謝塵軌，獨闢一室於故宅之
側，外襲花木，中列書史，自署曰心遠〔註9〕。」他這種急流勇退、韜光養晦的「高
士」風格和詩書傳家，教育後代的思想和心態，確實庇蔭了後代子孫。

　　徐麒之孫徐頤，官至中書舍人，頤弟士亨也官守荊門。這是徐氏族裔聲勢最喧
赫的極盛時期。頤也「教子甚嚴：不侈服，不重肉；館於後圃，左右圖籍，不令與
闤市相接〔註10〕。」並且禮聘當時名士錢鶴灘、張亨父等多人為塾師，頤子元獻，
才華出眾，雖然鄉試曾高中第三名，但於參加會試時，竟意外落榜，失望懊惱、憤
鬱交集之餘，以二十九歲的英年，不幸早逝！李東陽〔註11〕〈明故中書舍人徐君墓
銘〉〔註12〕，曾觸及頤子元獻之死謂：「元獻既劬書得疾，齎志以死〔註13〕。」〈墓
銘〉撰寫的對象雖然是徐頤，但附筆特提元獻，確具無限的哀悼和遺憾！

　　其後元獻之子徐經，其才華文章能與當時的才子唐寅齊名，但他在鄉試時，

〔註6〕胡廣，公元1370～1418年。明·吉水人。字光大。建文二年廷試第一。成祖即位，
　　　　歷官文淵閣大學士。胡廣性情縝密，帝前所言及所治職務，出未嘗告人。時人比之
　　　　東漢胡廣。
〔註7〕同註5，頁1212。
〔註8〕同註5，陳敬宗（於文淵閣參修《永樂大典》者）〈明故徐徵君墓誌銘〉，頁1213。
〔註9〕同註5，頁1214。
〔註10〕同註5，頁1226。
〔註11〕李東陽，公元1447～1516年，明茶陵人。字賓之，號西涯。天順八年進士。歷仕英
　　　　宗、憲宗、孝宗、武宗四朝，官至少師、大學士，武宗朝太監劉謹專朝政，依若其
　　　　間，不敢立異。以臺閣大臣地位，主持詩壇，為茶陵詩派領袖。其論詩附和嚴羽，
　　　　宗法杜甫，而以音調、法度為主。為文典雅流麗，書法擅長篆隸。卒謐文正。著有
　　　　《懷麓堂集》。
〔註12〕明徐宏祖撰，褚紹唐、吳應壽整理《徐霞客游記》，（上海：上海古籍出版社，1987年
　　　　10月），頁1225。
〔註13〕同上，李東陽〈明故中書舍人徐君墓銘〉，頁1226。

因行賄醜聞，而遭「廢錮」。這種穢行當然為士林所不恥。即使後來傳說並無其事，獲得平反；但時移勢易，徐氏族裔的仕進之路，此後便日見坎坷了！

霞客曾祖父徐洽，由「博士子弟補國子監生，『每試輒最』，可是七次參加會試都榜上無名，……後來捐資進入鴻臚序班，官至鴻臚主簿〔註14〕。」

至於霞客祖父衍芳，雖然是「博綜典故，出入風雅，以古文詞為通人所賞識〔註15〕。」也是「研精靜慮以求科名，結果『屢試數奇』〔註16〕。」最後同樣是名落孫山，而霞客之父有勉，也只是一介布衣。丁文江《明徐霞客先生宏祖年譜‧序》上說：「先生自祖父以上，四世均有文名〔註17〕。」這些當然都是蒙萬卷樓藏書的遺澤所賜！

三、家庭倫常及婚姻狀況

徐氏世代書香詩禮傳家、忠孝齊家之教，恪遵祖訓、家族倫常、長幼有序。尤其是分家析產，不但從無紛爭糾葛，而且兄友弟恭、相互禮讓，以霞客祖父衍芳為例：

> 其父（洽）科場失意，寄厚望於衍芳，特築書屋令他誦讀其中。兄弟分家時，徐衍芳雖為長子，卻主動放棄祖屋而出居湖庄書屋，研精靜慮以求科名〔註18〕。

徐衍芳這份胸襟和氣度，不但凸顯出「南州高士」的傳統風範，而且也提供給後代子孫很好的學習楷模！

霞客之父徐有勉，便具有其祖衍芳開闊豁達、風雅淡泊之高風，陳繼儒〔註19〕〈豫庵徐公配王孺人傳〉謂：

> 十九罹父喪。兄弟六人，闔產析之，公得中堂，堅讓於伯氏，而自處東偏之庳屋數椽〔註20〕。

〔註14〕段江麗《奇人奇書－徐霞客游記》，（昆明：雲南人民出版社，2002年1月），頁8。

〔註15〕同上，頁8。

〔註16〕同上，頁9。

〔註17〕丁文江《明徐霞客先生宏祖年譜》，（台北：臺灣商務印書館印行，民國67年5月），頁3。

〔註18〕同註14，頁8～9。

〔註19〕陳繼儒，公元1558～1639年。明華亭人，字仲醇，號眉公，又號麋公。絕意仕途，隱居崑山，專心著述。工詩善文，短翰小詞，皆極有風致。又工書，法蘇、米，間作山水梅竹。著有《眉公全集》、《晚香堂小品》。

〔註20〕明徐宏祖撰，褚紹唐、吳應壽整理《徐霞客游記》，（上海：上海古籍出版社，1987年

這正是褒揚徐有勉友悌的高潔情操，他雖然拈得正室，卻堅決讓與伯兄，而自甘居住於東邊偏僻的幾間陋室。徐氏家族，自徐經、洽、衍芳，家道已經逐漸中落，但由於徐有勉妻王氏（霞客之母），主持中饋有方，夫婦兩人艱苦創業，卒能使家道中興。所以陳繼儒在文中續讚：「薙草驅礫，始有居；節腹約口，始有廥廩〔註21〕。」董其昌〔註22〕為文〈明故徐豫庵隱君暨配王孺人合葬墓誌銘〉〔註23〕，亦盛讚徐有勉夫婦友悌勤勞：

> 　　與伯季六人，以射覆法析產。公一再得正室，乃牢讓與伯兄，而自處東偏之曠土。是時家已中落，與王孺人拮据脩息，竟復舊觀〔註24〕。

這幾句是代表時人對王孺人辛勞持家，尤其推崇備至之詞。張大復〈秋圃晨機圖記〉云：「吾竊有窺於振之，而知其母異人也〔註25〕。」李維楨〈秋圃晨機圖引〉謂孺人：

> 　　內外家政，一切受成，處置井井，靡所不當；而性故好蓺植、好紡績：十畝之間，五畝之宅，環籬種苴，抽條引蔓，布絲成幃。凌晨起，取紡車置蓬下，豆實垂垂，機聲軋軋，數十年如一日也。克勤克儉，是為家法〔註26〕。

凡此類對王孺人賢德讚頌之誌、銘、記，撰述繁多，不勝枚舉。不過，對徐氏歷代婚姻狀況，則著墨少之又少。按中國數千年來，男性「大沙文主義」根深蒂固，皇室三宮六院、七十二偏妃，固不待說。一般權貴富紳，三妻四妾更是常態！徐氏家族，累世富貴，這種封建專制的傳統陋習，當然沒有例外。遠者無須辭費，即以霞客之父而論，在與王孺人劬勞勤苦、家道中興後，便納妾某氏，而生霞客之弟宏禔；析產後與妾及宏禔另居冶坊橋之別墅〔註27〕。

---

　　　　　10 月），頁 1256。
〔註21〕同上，頁 1256。
〔註22〕董其昌，公元 1555～1636 年。明松江華亭人。字玄宰，號香光。萬曆十七年進士，累官至南京禮部尚書，踰年告歸。卒諡文敏。工詩文，尤精書畫。書法初學宋・米芾，後能自成一家。畫則集宋、元諸家之長，瀟灑生動。著有《畫禪室隨筆容臺文集》。
〔註23〕同註 20，頁 1253。
〔註24〕同註 20，頁 1253。
〔註25〕同註 20，頁 1238。
〔註26〕明徐宏祖撰，褚紹唐、吳應壽整理《徐霞客游記》，（上海：上海古籍出版社，1987 年10 月），頁 1239。
〔註27〕丁文江《明徐霞客先生宏祖年譜》，（台北：臺灣商務印書館印行，民國 67 年 5 月），頁 7。

至於霞客的婚姻，更為複雜，娶妻許氏，生長子徐屺，許氏於萬曆四十五年過世（霞客三十二歲，中年喪妻），但在次年（萬曆四十六年），就繼娶羅氏為妻，又另納金氏、周氏兩女為妾〔註28〕。所以，霞客對於女性的需求與愛慕，還是一如常人，在他的《游記》文中，便偶有提及；如：《徐霞客游記》之〈浙游日記〉，他遊西湖靈隱寺，遇見甚多婦女遊客，他情不自禁的記述：「獨此寺麗婦兩三接踵而至，流香轉艷〔註29〕。」所謂「流香轉艷」，還是點出他有「好色」的情懷！

崇禎十一年（1638 年）十月二十七日，〈游滇日記四〉記錄，他於遊覽「雲濤洞」後，去寧安途中，寫著：

> 入北城門。見有二女郎，辮髮雙垂肩後，手執紈扇，嫣然在前，後有一老婦隨之，攜牲盒紙錠，將掃墓郊外。南中所見婦女，纖足姣好，無逾此者〔註30〕。

這段文字的描述，足見其終年奔走於荒山野嶺，接觸到的無非村婦和僧道，而乍入城市，即對美女艷婦，有怦然心動的感覺！而遍讀其遊記、詩、文、書、牘及隨筆等，都並無一字一句，關懷眷顧其嬌妻美妾之詞，豈非薄悻？

尤其他「不計程、亦不計年。」作西南萬里遠遊之時，似乎對妻妾兒女，了無牽掛。正足以代表古代士大夫，對家庭觀念封建、專橫、漠然的思想與行為！

第二節　徐霞客的生平

徐霞客的生平概分下列七點來探討：一、承襲「閥閱」〔註31〕門第餘蔭，二、科舉落第仕途無望，三、思想、理念與時代背景，四、由寄情山水到蒐奇探源的心路歷程，五、旅遊、探奇的性向與風格，六、大手筆刻製「晴山堂帖」與「秋圃晨機圖」，七、官、學、遊各界人士交往關係。

一、承襲「閥閱」門第餘蔭

關於徐霞客的家世門第，在第一節已有簡略概括的敘述，他出生於這麼一個世

〔註28〕同上，頁 10～11。
〔註29〕同註 26，頁 96。
〔註30〕同註 26，頁 781。
〔註31〕閥閱本作「伐閱」，指功績和經歷，也指世家門第。《後漢書》二十六〈韋彪傳〉上議：「士宜以才行為先，不可純以閥閱。」又指世官門前旌表功績的柱子：在門左曰閥，在門右曰閱。

代顯赫，而富甲一方的豪門，按古代士大夫家族子弟，都具有一份牢不可破的責任意識，便是所謂「克紹箕裘」！承襲先代「學而優則仕」爲惟一的願望和出路。

霞客家族當然也不例外，循著這條傳統途徑前進，不過徐氏族裔，官運似乎不太順遂。其太祖徐經，因涉嫌行賄「廢錮」後，賚志以歿。其曾祖徐洽，以及其祖父徐衍芳，雖全力競逐科場，但都未博得功名。據學者段江麗考證：

> 徐洽穎敏有文，由博士子弟補國子監生，"每試輒最"，可是七次參加會試，都榜上無名。……科場失意，寄厚望於衍芳，特築書屋令他誦讀其中。……結果卻像父親一樣"累試數奇"〔註32〕。

衍芳名落孫山，霞客之父徐有勉可能鑒於其祖其父，科場失意，並不熱中謀求仕進。由於其妻王氏精明幹練、才德卓具，家業得以中興，而王孺人對霞客特別鍾愛，也特別關注後代子孫的功名與出路，但不強求在仕途上發展。據董其昌〈明故徐豫庵隱君暨配王孺人合葬墓誌銘〉內載：

> 孺人有兩孫，以學成列黌序。孺人嘗同仲子之子卯孫晶之曰：「民生於勤，勤則不匱。今里媼之織者無數，而吾家特以精好聞。學猶是矣〔註33〕！」

霞客長兄宏祚兩子亮采、亮工，已讀書有成，亮采爲貢生、亮工成進士（後出任吳堡縣令）。由此可見，王孺人對霞客只要求學業精進，並鼓勵子孫從事耕織，勤儉持家即可矣！

霞客不但家產豐盈，根本不須其操持生計，而且其祖先留傳的「萬卷樓」和「湖庄書屋」，藏書千萬冊，所要精研的朱子百家、所要考證的典章文物，均可隨時隨意、垂手可得。其承襲閥越門第餘蔭之優越條件，與一般苦讀經史的平民子弟，取得參考書籍之難易，相差眞有天壤之別！

二、科舉落第

徐霞客天資聰慧，幼年修習儒業的方式及範圍，與其他讀書人並無二致。陳函輝爲他作〈墓誌銘〉稱其：「童時出就師塾，矢口即成誦，搦管即成章〔註34〕。」表示他逐漸成長後，對科舉考試應用的時文，應該可以通過鄉試中舉的，但還是落第了，所以陳函輝〈墓誌銘〉中，又稱霞客：

> 特好奇書，侈博覽古今史籍及輿地誌、山海圖經以及一切沖舉高蹈之

〔註32〕段江麗《奇人奇書─徐霞客游記》，（昆明：雲南人民出版社，2002 年 1 月），頁 8～9。

〔註33〕明徐宏祖撰，褚紹唐、吳應壽整理《徐霞客游記》，（上海：上海古籍出版社，1987 年 10 月），頁 1254。

〔註34〕同上，頁 1191。

蹟，每私覆經書下潛玩，神栩栩動。特恐違兩尊人意，俯就鉛槧，應帖藻

芹之業，雅非其所好〔註35〕。

這一段〈銘〉詞，足以證明徐有勉及王氏孺人，在傳統願望上，依然是「望子成龍」，

希望霞客能中鄉舉、貢生而進士，往仕途發展。而霞客也為「特恐違兩尊人意」，勉

強的「俯就鉛槧」，參加鄉試，雖然落第，但也遂了他「應帖藻芹之業，雅非其所好。」

的心願！

　　霞客參加鄉試，是哪一年？有關文獻，並無明確記載。根據丁文江先生所著《明

徐霞客先生宏祖年譜》，也引證陳函輝〈墓誌銘〉：「特恐違兩尊人意，勉就鉛槧〔註

36〕。」應於萬曆二十八年（庚子，1600）時霞客年十五歲，他參加鄉試落第，由此

推論，可能即為十五歲至十八歲之間。

　　按明朝當時對儒生的鄉試，並無特別的限制，其曾祖徐洽曾經七次參加鄉試都

落榜，但歷朝歷代「屢試屢奇」的士人，而最後還能上榜的，在當時也不乏其人，

例如：

　　　　張璁，字秉用，永嘉人，舉於鄉七試不第……正德十六年登第，年四

　　十七矣〔註37〕！

霞客鄉試落第之後，自覺仕途無望，而且家庭豐衣足食、生活無憂，即無意再參加

鄉試；且興趣在遊山玩水，對山海圖經、輿地誌等最喜閱覽。所以陳函輝〈墓誌銘〉，

對其一生的生涯規劃，有極精闢簡約的描寫：

　　　　嘗讀《陶水監傳》，輒笑曰：「為是松風可聽耳。若觀青天而攀白日，

　　夫何遠之有？」及觀嚴夫子「州有九、涉其八；岳有五，登其四」，又撫

　　掌曰：「丈夫當朝碧海而暮蒼梧，乃以一隅自限耶〔註38〕？」

古代許多富家子弟，進不得仕途為官，退又不事稼穡，飽食終日，無所事事，便不

免流連於歌臺舞榭場所，沉淪於聲色犬馬之娛，所謂「紈袴子弟」淪落為「敗家子」

者流，於焉形成。

　　霞客母王孺人勤勉達觀、具卓識、有遠見，深知霞客才具，難以在仕途上有發

展。雖然霞客天性純厚仁孝，但常與志趣相投的朋友聚會，飲宴酬唱，往往流連終

〔註35〕同上，頁1191。

〔註36〕丁文江《明徐霞客先生宏祖年譜》，（台北：臺灣商務印書館印行，民國67年5月），
　　　　頁7。

〔註37〕朱拙存《歷代名人傳》，（台南：經緯書局印行，民國48年），頁1037。

〔註38〕陳函輝〈徐霞客墓誌銘〉，見明徐宏祖撰，褚紹唐、吳應壽整理《徐霞客游記》，（上
　　　　海：上海古籍出版社，1987年10月），頁1191。

日,甚至通宵達旦。(陳函輝〈墓誌銘〉續敘其「遇酒人詞客,與親故過從,觴詠流連,動輒達旦〔註39〕。」)王孺人看在眼內,當然有所警惕,好在霞客對「裘馬少年之習,秉心恥之〔註40〕。」而且志在「欲問奇於名山大川」〔註41〕,其母乘機鼓勵他說:

> 志在四方,男子事也。即《語》稱"遊必有方",不過稽遠近,計歲月,往返如期,豈令兒以藩中雉、轅下駒坐困爲〔註42〕?

因此,徐霞客從鄉試落第,仕途無望,到自由自在遨遊於名山大川,成爲一代旅遊巨擘,其母異於常人的開明豁達、鼓勵支持,實爲重要因素之一。

三、思想、理念與時代背景

徐霞客生於明萬曆十四年(丙戌,1586),卒於崇禎十四年(辛巳,1641),經歷萬曆(崇禎朱翊鈞)、泰昌(光宗朱常洛)、天啓(熹宗朱由校)、崇禎(思宗朱由儉),共四個朝代,這也是明王朝滅亡之前,朝政極端腐敗,社會糜爛的時代。早在憲宗成化(1465～1486)年間,吏部侍郎王竑上書皇帝,即曾扼要指出明王朝腐朽之象:

> 嬖倖亂政,功罪不明,委任不專,法令不行,圉婢空虛……此人心所以日惰,士氣所以不振也〔註43〕。

此後,明朝歷代皇帝,不但未加警惕,革新改善,反而更讓「嬖倖」之臣,濫權亂政。徐霞客生於這種亂世,眼見當時「閹豎」〔註44〕橫行,政治腐敗;霞客雖認同於「東林黨」〔註45〕人顧憲成〔註46〕、高攀龍等「諷議朝政、裁量人物」的批評立

〔註39〕同上,頁1191。
〔註40〕同上,頁1191。
〔註41〕同上,頁1191。
〔註42〕明徐宏祖撰,褚紹唐、吳應壽整理《徐霞客游記》,(上海:上海古籍出版社,1987年10月),頁1191。
〔註43〕朱拙存《中國歷代名人傳》,(台南:經緯書局印行,民國48年),頁983。
〔註44〕同上,頁984。「閹豎」:太監的賤稱。豎,供奔走役使的人。
〔註45〕宋楊時建東林書院於無錫,明萬曆年間,顧憲成等重行修葺,與高攀龍輩講學其中,寖假諷議朝政、裁量人物,士大夫聞風嚮附,遂有東林之稱。
〔註46〕顧憲成,公元1550～1612年。明無錫人。字叔時,萬曆進士,累官至吏部文選郎中,以耿直著稱。後因事被斥,與高攀龍等講學東林書院,學者稱爲涇陽先生。講習之餘,諷議朝政,評量人物,朝士慕其風者,多遙相應和,世稱東林黨。卒諡端文。著有《小心齋箚記》、《涇皋藏稿》、《顧端成遺書》。

場，但在學術思想上，可能受姚江學派「知行合一」〔註47〕的影響更大更深。

　　明朝建政的一切規章典制，仍然是沿襲宋代朱（熹）、程（灝）、司馬光等理學之制，盛行「格物致知」的八股科舉制度，即使是對時政不滿的楊慎〔註48〕，及「東林黨」顧憲成、高攀龍諸人，仍然脫離不了朱程學說的桎梏。例如楊慎：

　　　　嘉靖三年，帝納張璁桂萼言，招為翰林學士，慎協同列三十六人上言：
　　　　臣等與張、桂學術不同，議論亦異，臣等所執者，程灝朱熹之說也；璁等
　　　　所執者，冷褒段猶之餘也〔註49〕。

「東林黨」人創建「東林書院」講學，以靜為主，操履篤實，《中國歷代名人傳》介紹高攀龍謂：

　　　　少讀書，輒有志程朱之學，……四川僉事張世則所著「大學初義」，
　　　　詆程朱句請頒天下，攀龍抗疏力詆其謬〔註50〕。

而且那些對朱程舊理學抱殘守缺的士人，卻對王守仁新思想反撲，極盡詆譭之能事。如桂萼謂：

　　　　守仁事不師古，言不稱師，欲立異以為高，則非朱熹格物致知之論，
　　　　知眾論之不予，則為朱熹晚年定論之書；號召門徒，互相唱和，其美者樂
　　　　其任意，庸鄙者借其虛聲，傳習轉訛，背謬彌甚〔註51〕。

霞客處在這新舊兩大思想衝激之間，雖然與東林黨人友善，也非常肯定東林黨人批判時政的態度，但他的思想與理念，還是傾向於王守仁的「知行合一」學說，並未受東林黨人思想的影響。節錄王安庭撰〈徐霞客思想淵源新論〉中要點：

〔註47〕明王守仁所創之學派，亦稱「姚江學派」，其學說以致良知即知行合一為主。
〔註48〕楊慎，公元1488～1559年。明四川成都人。字用修，號升庵，明武宗正德六年殿試進士第一，授翰林修撰，人稱「楊狀元」、「楊太守」嘉靖時充經筵講官。父廷和為首輔，以議禮忤世宗，乞休去。慎執前議力諫，兩受廷杖，謫戍雲南永昌衛。楊慎在滇三十五年（1524～1559），足跡遍及雲南主要地區，著述甚多，保存了不少有關雲南的詩文和歷史資料。雲南人民懷念他，至今還有不少關於他的傳說和遺物。楊慎在雲南住得較久的地方要算昆明高嶢，其住處名為「碧嶢精舍」或「海莊」，後人於此建祠紀念，即「楊太守祠」，在今徐霞客小學與譜賢寺之間，居高臨下，背山面水，憩覽甚適。近年經過整修，譜賢寺併入，建立楊升庵紀念館與徐霞客紀念館，為雲南省級重點文物保護單位。楊慎謫居多暇，書無所不覽，好學窮理，老而彌篤。記誦之博、著作之富，為明代第一。論理學極詆陸九淵、王守仁，論經學極詆鄭玄，好博務欲勝人，甚至依託杜撰。著有《升庵集》八十一卷、《外集》一百卷、《遺集》二十六卷集雜著多種，其《丹鉛雜錄》、《續錄》、《餘錄》等尤著稱。
〔註49〕朱拙存《中國歷代名人傳》，（台南：經緯書局印行，民國48年），頁1024。
〔註50〕同上，頁1045。
〔註51〕同上，頁1033。

　　指認徐霞客受了東林黨人新思潮的影響，并「一步一腳印地體現了新思潮的主張」，完全是無中生有，毫無疑義！徐霞客與東林黨人中的某些人曾有過較為密切的交往，而東林黨人在思想方面卻從來沒有提出個什麼「新思潮」？霞客又怎能受他們的影響呢？如果說：東林黨人的思想上有一點新意的話，那就是他們反對權奸反閹黨的政治思想。而在這一方面，徐霞客只有同情而沒有參與；故指認徐霞客體現了東林黨人「新思潮」的說法，不僅不符合徐霞客思想的實際，而且也歪曲了東林黨人的思想〔註52〕。

與霞客同一時代，許多進步的知識份子，病詬朱程理學尚空談、不務實者，大有人在。以徐光啓〔註53〕為例，雖然也是順應當時的文化傳統，熟讀四書五經、勤修不務實際的朱程理學，出鄉試、會試、殿試而成進士入仕。但是，徐光啓接受了王守仁「知行合一」重務實、明是非、經世致用的學說，從義大利人利馬竇學天文、曆算、火器、修正曆法，中國人之研精西學者，自光啓始〔註54〕！

　　另一位宋應星，〔註55〕撰寫了《天工開物》〔註56〕的名著，詳記冶鑄、錘鍛、燔石、膏液、五金、丹青等一百多種物料，所製造的源流及方法，從事科學的研究，當時最為特殊〔註57〕。其他如李時珍〔註58〕，雖然也是一個布衣，而其所著《本草

〔註52〕王安庭〈徐霞客思想淵源新論〉，《山西師大學報》，（社會科學版，第24卷第2期，1997年4月），頁42～45。

〔註53〕徐光啓，公元1562～1633年。明、上海人。字子先，號玄扈。萬曆三十二年進士。崇禎初，官至禮部尚書兼東閣大學士，入參機務。早年從羅馬耶穌會士利馬竇等學習研究西方科學知識的人物之一。對曆治、鹽屯、農業、火攻、漕河等皆有研究。曾與利馬竇合譯《幾何原本》前六卷；又撰《農政全書》六十卷，其中《水利》九卷，兼參西法。

〔註54〕朱拙存《中國歷代名人傳》，（台南：經緯書局印行，民國48年），頁1724。

〔註55〕宋應星，公元1587～？年。明奉新人，字長庚。萬曆四十三年舉人，曾任江西分宜教諭、福建長汀府推官、安徽亳州知洲等職。崇禎十七年辭官回鄉，約去世於清順治年間。著有《天工開物》，詳細記錄各地工農業生產技術，是我國科學技術史上的一部重要著作。

〔註56〕明宋應星《天工開物》共有三卷，上卷〈乃粒〉至〈甘嗜〉六篇，中卷〈陶埏〉至〈殺青〉七篇，下卷〈五金〉至〈珠玉〉五篇，共十八篇。講述農業、紡織、製糖、冶鑄、造舟車、紙墨、釀酒、造火藥、兵器等工藝的源流和方法。多經過作者的實踐或目睹，表現了我國勞動人民，在科技工藝方面的智慧和創造。

〔註57〕同註54，頁1259。

〔註58〕李時珍，公元1518～1593年。明蘄州人。字東璧，號瀕湖。曾任楚王府奉祠正。一生致力整理我國醫藥文獻，重實踐、主革新。上山採藥，深入民間。參考有關文獻八百餘種，好讀醫書，窮蒐博採，芟繁補缺，訂正訛誤，歷時二十七年。稿凡三易，寫成《本草綱目》五十二卷。先後增補1892種藥草，對醫學上的貢獻卓著。

綱目》〔註 59〕、《奇經八脈考》、《瀕湖脈學》等〔註 60〕，對中國醫藥學術，有極鉅大的貢獻。

　　徐霞客儘管愛結交東林黨人黃道周、文震孟等人，但在思想與理念方面，從他的言行方面觀察，證明他是王守仁「知行合一」的忠實履行者！霞客在〈致陳繼儒書〉中，有如下幾句：

　　　　往返難以時計，死生不能自保。嘗恨上無以窮天文之杳渺，下無以研
　　性命之深微，中無以砥世俗之紛杳，惟此高深之間，可以目摭而足析〔註 61〕。

所謂「高深之間」，是為「知」；所謂「目摭、足析」是為「行」。所以霞客後來在西南半壁之行，探熔洞、窮水源。「馳騖數萬里，躑躅三十年。遇名勝，必披奇抉奧；一山川，必尋源探脈；身無曠晷，路有確程〔註 62〕。」才是霞客真正作「知行合一」的實踐。

四、由寄情山水到蒐奇探源的心路歷程

　　徐霞客出身閥閱門第、家產豐饒，從不為衣食生活擔憂，且自幼「特好奇書，喜博覽古今史籍，及輿地誌，山海圖經。」〔註 63〕所以，他在鄉試落榜後，不再存有往仕途方向發展的企盼；而決心往最有興趣，登山玩水的方面調劑生活。潘耒〈序〉：

　　　　文人達士，多喜言遊。遊、未易言也：無出塵之胸襟，不能賞會山水；
　　無濟勝之支體，不能搜剔幽祕；無閒曠之歲月，不能稱性逍遙〔註 64〕。

以現代人的說法，凡旅遊探險，首先要具備知識和興趣，其次要有強健的體能，更重要的是要有經濟能力和閒暇的時間。而徐霞客便具備了這些優越的條件，所以他在〈游嵩山日記〉裡，開頭就講：「余髫年蓄五岳志，而玄岳出五岳上，慕尤切。」

〔註 59〕明李時珍《本草綱目》共記載藥物 1892 種，蒐集古代醫家和民間流傳的方劑一萬一
　　　　千餘則，並附有一千一百餘幅藥物型態插圖，極為豐富、系統地總結了我國明朝以
　　　　前的藥物學經驗，是我國藥物學、植物學的寶貴遺產。現已譯成了日、英、法、俄、
　　　　拉丁等多種文字。見張紹堂《本草綱目》，（台北：臺灣商務印書館印行，民國 57 年）。
〔註 60〕朱拙存《中國歷代名人傳》，（台南：經緯書局印行，民國 48 年），頁 1724。
〔註 61〕明徐宏祖撰，諸紹唐、吳應壽整理《徐霞客游記》，（上海：上海古籍出版社，1987 年
　　　　10 月），頁 1147。
〔註 62〕同上，頁 1266。
〔註 63〕丁文江《明徐霞客先生宏祖年譜》，（台北：臺灣商務印書館印行，民國 67 年 5 月），
　　　　頁 7。
〔註 64〕同註 61，頁 1268。

這就表示霞客不但有興趣「蓄志五岳」，而且對資料的收集和研讀也很深入，按「玄岳」即是北嶽恆山〔註65〕。恆山海拔二千零一十七公尺，高出五岳之首的泰山（一千五百二十四公尺），將達五百公尺左右，所以他才說「出五岳上，慕尤切。」

　　霞客了解北嶽是五岳最高的一座山。最初也不過是「欲問奇於名山大川」，〔註66〕消閒遣興而已；並沒有把遨遊山水，當作學問去研究、當作事業去追求。這一觀點，從陳函輝所撰〈徐霞客先生墓誌銘〉中幾句文辭，得到證明，他說：

　　　　霞客工詩，工古文詞，更長於游記。……而霞客自怡筍籃，雅不欲以

　　示人〔註67〕。

因為霞客既「工詩，工古文詞」，而又「雅不欲以示人。」所以他的《游記》，是文字質直、不事雕琢，隨便記錄一下「遊」蹤而已。清楊名時〈序〉說：

　　　　大抵霞客之記，皆據景直書，不憚委悉煩密，非有意於描摹點綴，記

　　興抒懷，與古人游記爭文章之工也〔註68〕。

錢謙益雖然推崇《游記》為「世間真文字、大文字、奇文字。」但他略帶譏嘲的說：「又多載米鹽瑣屑，如甲乙帳簿〔註69〕。」

　　由上述各點來觀察，徐霞客旅遊確非做學問研究，也非做事業追求。但近代許多學者卻多推崇他不是單純的旅行家，而是地球物理的科學家。例如，吳承學說他：「毫無政治和宗教或其他功利的目的，純粹是為了科學考察〔註70〕。」白屯先生說：「徐霞客是優秀的地理學家〔註71〕。」吳應壽說徐霞客：「是我國明代著名的旅行家和地理學家〔註72〕。」孫迎春說：「他是我國明代傑出的地理學家，他一生從事科學考察的結晶---《徐霞客游記》〔註73〕。」另外還有一種對徐霞客旅遊，作非常牽強附會的無稽之論，說明代：

　　　　由於生產力和科學技術的不斷發展，要求對自然條件、自然資源，進

　　行詳細深入、了解探索其發展規律，以便進一步發展生產，適應時代要求。

〔註65〕即五岳之一的恆山，主峰在今山西省大同市東南渾源縣境內。

〔註66〕明徐宏祖撰，褚紹唐、吳應壽整理《徐霞客游記》，（上海：上海古籍出版社，1987年10月），頁1191。

〔註67〕同上，頁1198。

〔註68〕同上，頁1273。

〔註69〕同上，頁1186。

〔註70〕吳承學《晚明小品研究》，（江蘇：江蘇古籍出版社，1978年7月），頁259。

〔註71〕白屯〈徐霞客地學哲學思想述評〉，《自然辯證法研究》第7期，（1995年）。

〔註72〕吳應壽《徐霞客游記導讀》，（成都：巴蜀書社，1993年），頁1。

〔註73〕孫迎春《徐霞客學術思想探微》，（台北：學海書局印行，1999年1月）。

徐霞客"愈復厭棄塵俗，欲問奇於名山大川。"正是他適應時代要求的鴻圖壯志的圓滿實現〔註74〕。

這項說法，可能是許正文先生接受上海古籍出版社《徐霞客游記》的〈前言〉現代「唯物論」者，把徐霞客「社會主義」人格化了！

諸如此類異口同聲讚許徐霞客者，不勝枚舉，不過對這一過份的恭維不以爲然者，也大有人在，而以守白先生的一段話最具代表性，他論徐霞客：

> 他膽大心細，又能冒險犯難，加上他飽讀書史的學養，以及周密敏銳的觀察，正確生動的描述，自然造成他游記的不凡成就了。……徐霞客已成了在無意中闖入地理學界的奇才，是不以專家自認的專家〔註75〕。

劉振東教授的說法較爲中肯：

> 首先，在徐霞客的性格和行爲中，表現了對自主人格的強制追求。……對個人胸懷情趣的無拘無畏的執著，……其次，徐霞客之游，實質上是一種高層次的文化追求〔註76〕。

又對徐霞客旅遊的心路歷程，作了持平之論：

> 徐霞客之游，目的就是在「游」的本身，既不是爲「立德」，亦不是爲「立功」、「立言」。……正因爲如此，游——親自歷覽祖國的名山大川，就成爲其人生目的的終極歸趨和生命價值的體現。爲此他專心篤志，涉難歷險、窮畢生之歲月，殫全部之心力，直至付出整個生命而無恨無悔〔註77〕。

霞客書讀得很多，從他那句「余髫年蓄五岳志」，可能即是從謝靈運的詩句：「束髮懷耿介，逐物遂推遷〔註78〕。」得來的靈感！所以，徐霞客由寄情山水，到蒐奇探源的心路歷程，是從最初尋幽訪勝、逐漸深入，而獲致綿延與擴大了山川透視的奧秘！

五、旅遊、探奇的性向與風格

潘耒〈序〉中謂：

> 途窮不憂，行誤不悔。……不避風雨，不憚虎狼，不計程期，不求伴

〔註74〕許正文〈論徐霞客及其游記〉，《陰山學刊》，（1997年1期）。

〔註75〕守白〈明末奇人徐霞客〉，《中國文選》，第106期（民國65年2月），頁50～53。

〔註76〕劉振東〈人格追求、文化追求與審美追求的實錄〉，《齊魯學刊》，（1998年6期）。

〔註77〕劉振東〈人格追求、文化追求與審美追求的實錄〉，《齊魯學刊》，（1998年6期）。

〔註78〕汪中選注《詩品注・鍾嶸品謝靈運康樂詩〈過始寧墅〉》，（台北：正中書局印行，民國86年），頁119。

侶。以性靈游，以軀命游〔註79〕。

這段文辭，把徐霞客窮其一生，獻身旅遊探險的性向和風格，充分的表達出來。

所謂「以性靈遊」，潘耒無疑是根據鍾嶸《詩品》評〈晉步兵阮籍詩〉演譯而來：

而詠懷之作，可以陶性靈、發幽思，言在耳目之內，情寄八荒之表〔註80〕。

也引用唐杜甫詩句〈解悶〉十二首之第七首，前兩句：「陶冶性靈存底物，新詩改罷自長吟〔註81〕。」稱頌霞客於棄絕往仕途發展後，決心承續徐氏閥閱門第的「高士」遺風，悠遊林泉，淡泊塵俗，以「性靈」遊山玩水，尋幽訪勝，從他的遺稿中，選摘數則便可以領略到他「以性靈遊」的性向！例如：他初登天台山，形容所見景色：

而四山回映，琪花玉樹，玲瓏彌望。……停足仙筏橋，觀石梁臥虹，飛瀑噴雪，幾不欲臥。……峰縈水映，木秀石奇，意甚樂之〔註82〕。

在〈游武彝山日記〉中，他寫道：

抵六曲，右為仙掌巖、天遊峰，左為晚對峰、響聲巖。迴望隱屏、天遊之間，危梯飛閣懸其上，不勝神往〔註83〕！

他形容廬山：

……山從絕頂平剖，列為五枝，憑空下墜者萬仞，外無重岡疊嶂之蔽。……峰峰各奇不少讓，真雄曠之極觀也〔註84〕！

霞客遊福建仙游縣九鯉湖，寫道：

湖不勝浩蕩，而澄碧一泓，於萬山之上，圍青漾翠，造物之醞靈亦異矣！……晚坐祠前，新月正懸峰頂，俯挹平湖，神情俱朗；靜中潝潝，時觸雷漈聲〔註85〕。

霞客這種種賞景抒懷的心境，正是潘耒〈序〉所謂「無出塵之胸襟，不能賞會山水」，以「性靈」攬勝的寫照。

霞客於崇禎九年，萬里遐征黔滇時，已高齡五十一歲，旅遊時陶冶性靈、發抒幽思的性向，更為成熟深刻，他為土司〔註86〕木增作〈山中逸趣跋〉〔註87〕，特別

〔註79〕明徐宏祖撰，褚紹唐、吳應壽整理《徐霞客游記》，（上海：上海古籍出版社，1987年10月），頁1268。

〔註80〕鍾嶸《詩品注》（台北：正中書局印行，民國86年2月），頁88。

〔註81〕清浦起龍《讀杜心解》，（台北：古新書局印行，民國65年），頁853。

〔註82〕同註79，頁2～3。

〔註83〕明徐宏祖撰，褚紹唐、吳應壽整理《徐霞客游記》，（上海：上海古籍出版社，1987年10月），頁19。

〔註84〕同上，頁27。

〔註85〕同上，頁34～35。

〔註86〕土司，元明清時，分封境內各少數民族首領的世襲官職。

凸顯出他「以性靈遊」的極致！他特別在「逸」字上著墨：

> 熟知其體靜而神自逸，其跡定而天自逸。……伊尹逸於耕，太公逸於釣，□傅逸於奕，陶侃逸於甋。逸不可疏，……逸為出岫之卷舒，氣斷而飛絮者，逸為天半之璚玉。……宏祖偏覓山於天下而□乃得逸於山中〔註88〕。

這是霞客把旅遊探奇「以性靈遊」的性向，完全反射在「逸趣」、「逸興」、「逸品」、「逸韻」之上！而不是把「逸」單單作「失、奔、逃、縱」的僵化解釋。

至於「以軀命遊」這一風格，則有待商榷，古人云：「死有重於泰山，或輕於鴻毛〔註89〕。」就是說為公理而死、為正義而死，死得其時、死得其所。古往今來，忠臣烈士，例證甚多！如其摯友黃道周於李自成陷京師，福王監國於南京，詔為吏部尚書，南京破，從唐王於衢州，拜英武殿大學士，自往江西，徵集義旅，與清師戰於婺源。兵敗被執，至南京，卒被害。

黃道周死事之烈就重於泰山，而一些士庶人等，往往在一些微不足道的因素之下，草率殞命，死得毫無價值，就是輕於鴻毛！

黃道周殉國難，時為1646年，霞客已早於1641年亡故，惜乎其不能將他自己只為一丘一壑而「以軀命遊」的生命價值，與黃道周的壯烈成仁作一番衡量，孰重孰輕？

徐霞客身受儒教傳統薰陶，把「父母在、不遠遊」的教條，雖奉為圭臬，但有時在情緒化的激變下，也會把教條棄之不顧。例如：萬歷十一年，他初遊天台山和雁蕩山、尋訪雁湖，登上絕頂已無路，不但無意原路回返，以策安全，反而不顧老母在堂、魯莽涉險，他在日記上寫著：

> 俯瞰南面石壁下有一級，逐脫奴足布四條，懸崖垂空，先下一奴，余次從之。意可得攀援之路。及下，僅容足，無餘地；望巖下斗深百丈，欲謀復上，而上巖亦嵌空三丈餘，不能飛陟。持布上試，布為突石所勒，忽中斷；復續懸之，竭力騰挽，得復登上巖〔註90〕。

霞客魯莽粗率任性、一意孤行「以軀命遊」的行為，這種風格殊不可取！《論語·

〔註87〕同註83，頁1138。
〔註88〕同註83，頁1138～1139。
〔註89〕漢班固《漢書》卷六十二〈司馬遷傳〉第三十二：「人固有一死，死有重於泰山，或輕於鴻毛。」，（台北：鼎文書局印行，民國68年2月二版），頁2732。
〔註90〕明徐宏祖撰，褚紹唐、吳應壽整理《徐霞客游記》，（上海：上海古籍出版社，1987年10月），頁9。

述而篇》:「子曰:暴虎馮河,死而無悔者,無不與也。必也臨事而懼,好謀而成者也〔註91〕!」霞客既有老母在堂,萬一不幸遇難,其後果較「不遠遊」嚴重得太多了!

以現代登山者攀岩技術而言,最起碼的「六分繩」〔註92〕,都很難不被岩石磨損,而霞客只取用僕從們的幾條纏腳布,連接起來攀岩。「爲岩石所勒中斷」,那是當然的結果,不過因爲他運氣佳「得復登山巖」。從他這次歷險來觀察,霞客對初次登山探險的常識與準備,太過貧乏;尤其是不顧安全、輕率涉險的行徑爲旅遊登山的大忌!

六、刻製「晴山堂帖」與「秋圃晨機圖」

陳函輝〈霞客徐先生墓誌銘〉中,有段重要的敘述:

　　　　追念所先,誠敬更篤,與仲昭勒遺文,梓遺集,復拭遺像裝潢之,時

　致禮:先代墓碑在風雨中,皆甃而亭焉。辦祭田,倡族人享祀〔註93〕。

這段文字,是記載徐霞客與族兄徐仲昭,爲彰顯其歷代先世顯赫風光,乃多方搜求遺墨詩文,以及紳宦名士的題贈書、誌、贊、序等多項文件。如:元朝末年無錫名士「雲林堂」主倪瓚〔註94〕,爲其先祖徐麒,字本中,寫的〈題書屋圖〉,開啓了後學們多篇詩賦的頌揚。楊維禎寫〈本中書室圖與雲林子賦〉;明朝常州人自號「青丘子」的名士高啓(字季迪,著有《大全集》、《鳧藻集》),也爲圖書室作詩;明初重臣宋濂〔註95〕〈送徐生〉詩;俞貞木作〈岷江雲送徐心遠〉五言詩。此外,有俞

〔註91〕謝冰瑩等編譯《四書讀本》,(台北:三民書局印行,民國75年4月修訂十版),頁110。

〔註92〕即登山繩、攀登繩。材質是中間一條尼龍繩,加上許多細尼龍繩交纏而成,最外層有布紋狀(防滑材質)的保護,可防滑、防斷裂。標準登山繩的圓周半徑0.8公分,拉力很強,可承受1～2噸的重量。

〔註93〕明徐宏祖撰,褚紹唐、吳應壽整理《徐霞客游記》,(上海:上海古籍出版社,1987年10月),頁1197。

〔註94〕倪瓚,公元1301～1374年。元末畫家,江蘇無錫人。字元鎮,號雲林,善化山水,多爲水墨之作。早年以董源爲師,晚年自成風格,以幽遠簡淡爲宗。對後人水墨畫頗有影響。與黃公望、王蒙、吳鎮,並稱爲元末四大家。家有清必閣,藏法書名畫甚多。

〔註95〕宋濂,公元1310～1381年,明金華潛溪人,後遷浦江。字景濂,號潛溪。明太祖朱元璋起兵,與劉基等同被徵,累官至翰林學士。明開國之典章制度,多參與制訂。善文章,爲明初一大家。洪武二年修元史,充總裁官。洪武十三年太祖殺丞相胡惟庸,宋濂因被牽涉,貶置茂州,中途病死於夔州。正德中追諡文憲。著有《宋學士全集》。

和、楊基、宋廣、宋克、陳壁、鄭沂、王達、解縉、梁時、林誌、王羽、陳繼、楊榮、胡儼等多人送徐麒詩。比較突出的有胡廣〈心遠先生論蜀圖序〉；陳敬宗〈明故徐徵君墓誌銘〉，都是特別推崇霞客的九世祖徐麒，以布衣應詔，出使西蜀、撫羌成功的事蹟！

王直作〈敕書樓贊〉，因徐麒之子景南、景州二人，捐糧賑災，獲皇帝「差大行持敕旌其義，……爲構重閣，襲而藏焉〔註96〕。」

更收集到張洪、黃暘，爲景南〈梅雪軒序〉及〈梅雪軒記〉，引起雷溪平、樓宏、張思安、楊士奇、劉素、林復、高廷禮、曾棨、沈度、金幼孜、羅汝敬、錢習禮等達官名士，寫詩辭唱和的墨寶。

另外，他們還搜羅有文淵閣大學士李東陽〈壽中書舍人徐君六十序〉，及〈明故中書舍人徐君墓銘〉兩篇（按：「徐君」即霞客先祖徐頤）。祝允明〔註97〕及顧鼎臣〈中翰徐公贊〉各一篇；更難得的是詩文清曠兼工書畫的文徵明〔註98〕〈內翰徐公像贊〉（按：「內翰」係指霞客高祖徐經），稱讚徐氏家族：

> 大江之南，莫不歸其仁，而百年以來，亦僅乎其有逢〔註99〕。

錢塘倪岳〈賀經元徐尙賢序〉及王徽、吳綏等的題詩；吳寬（字原搏，長洲人，侍讀學士，教授太子嚴格認真，後遷吏部侍郎。）撰〈明故鄉貢進士徐君墓誌銘〉（按：徐君爲徐元獻），又華亭錢福與徐經等〈早起聯句〉，通通爲之石刻，充實在「晴山堂」內，稱之爲「晴山堂帖」。

所謂「晴山堂」者，係徐霞客於明朝泰昌元年，到福建仙游縣「九鯉湖」，遊罷返家，爲母所建的新居。據丁文江《明徐霞客先生宏祖年譜》說：

> 是年（按：泰昌元年）先生母王孺人病疽幾殆；癒後，先生爲作晴山堂，
>
> 取「晴轉南山」義也〔註100〕。

〔註96〕同註93，頁1215。

〔註97〕祝允明，公元1460～1526年。明長洲人。字希哲，號枝山，又號枝子生。弘治五年舉人，官興寧知縣，遷應天通判。博學善文，工書，其狂草下筆縱橫，於似無規則中見功力。玩世不恭，不問生產。有《祝氏集略》三十卷、《懷星堂集》三十卷。

〔註98〕文徵明，公元1470～1559年。明長洲人，初名璧，以字行，後更字徵仲，號衡山居士。以歲貢生薦試吏部，任翰林院待詔，後辭官歸。詩文書畫皆工，而畫尤爲著名，最善山水，兼工花卉、蘭竹、人物等，稱「吳門派」。與沈周、唐寅、仇英合稱「明四大家」。著有《莆田集》。

〔註99〕明徐宏祖撰，諸紹唐、吳應壽整理《徐霞客游記》，（上海：上海古籍出版社，1987年10月），頁1229。

〔註100〕丁文江《明徐霞客先生宏祖年譜》，（台北：臺灣商務印書館發行，民國67年5月），頁13。

徐霞客素以事親至孝見稱，天啓四年，其母王孺人適八十歲高壽，霞客爲表彰母德，乞請陳繼儒作〈壽江陰徐太君王孺人八十敘〉，刻石收藏於「晴山堂帖」，並請「蘇州張靈石、無錫陳伯符，爲王孺人繪秋圃晨機圖〔註101〕。」

　　徐霞客爲了充實「晴山堂帖」內涵，到處乞請名人高士和友好們，爲「秋圃晨機圖」作記、作賦、作詩，計有張大復〈秋圃晨機圖記〉、李維禎〈秋圃晨機圖引〉、陳錫仁〈晴山堂記〉，李流芳、范允臨各作〈爲振之兄題晴山堂卷〉；夏樹芳、楊汝成、黃克纘〈秋圃晨機圖賦〉各一篇，高攀龍、文震孟、孫愼行、張育葵、姜逢元、米萬鐘、張夔、林釬、劉若宰、何喬遠、曹學佺、鄭之玄、文安之、曾處卿、何楷、周延儒、蔣英、黃景昉、謝得溥、方拱乾、朱大受等多位名家，爲〈秋圃晨機圖〉吟誦奉讚徐母；當然「晴山堂帖」石刻，更少不了董其昌撰並書的〈明故徐豫庵隱君暨配王孺人合葬墓誌銘〉、陳繼儒〈豫庵徐公配王孺人傳〉、王思任〈徐氏三可傳〉、陳仁錫〈王孺人墓誌銘〉、何喬遠撰而由張之純跋的〈名宦張侯廟紀序〉（按：張侯廟爲霞客出資重建）。丁文江《年譜》記載：

　　　　先生奉母命置祭田，並重修名宦張宗璉廟於君山〔註102〕。

徐霞客著作不多，僅有一部不算完整的《徐霞客游記》及一份石刻的「晴山堂帖」。其中有相當多的資料和文獻，留傳給後世的學人研究賞析！

七、官、學、遊各界人士交往關係

　　陳繼儒〈壽江陰徐太君王孺人八十敘〉中，讚譽霞客：「詩文沉雄典麗，而不屑謁豪貴，博名高〔註103〕。」王思任〈徐氏三可傳〉：「宏祖頎而黑，揖羞官，口羞阿堵〔註104〕。」就是推崇他以沉雄的詩文交友，不媚俗逐流，不攀附權貴，不貪取財貨。

　　一般研究徐霞客與官、學兩界人士交往關係的學者，大都說他與東林黨人士交往密切。例如：段江麗《奇人奇書－徐霞客游記》：

　　　　成人後與東林巨子高攀龍、繆昌期結爲忘年之交，另與東林志士或同
　　　　情東林黨的人士如錢謙益、文震孟、黃道周、陳仁錫、孫愼行、姜逢元、

〔註101〕同上，頁15。
〔註102〕丁文江《明徐霞客先生宏祖年譜》，（台北：臺灣商務印書館印行，民國67年5月），頁16。
〔註103〕明徐宏祖撰，諸紹唐、吳應壽整理《徐霞客游記》，（上海：上海古籍出版社，1987年10月），頁1236。
〔註104〕同上，頁1259。

李流芳、曹學佺等都有深厚的友誼〔註105〕。

王聖寶〈試論徐霞客的叛逆精神〉：

> 他千方百計同東林黨人結交，將他們引爲朋友、引爲知己、引爲同
> 志。……徐霞客至少與黃道周、文震孟、繆昌期、高攀龍、鄭鄤、周廷儒、
> 錢謙益等東林黨人交往過〔註106〕。

這些都是犯了「人云亦云」的毛病，他們所根據的，都是陳函輝撰〈霞客徐先生墓
誌銘〉中謂：「顧先生平生至交，若眉公、明卿、西溪諸君子〔註107〕。」以及爲「秋
圃晨機圖」題詩作賦，列名於「晴山堂帖」中的名士，都說成是他的好友！按眉公
即陳繼儒；霞客於天啓四年（時年三十九歲），爲母八十壽辰，請「閩人王琦海紹介，
見陳繼儒（眉公）乞壽文，於是始識眉公〔註108〕。」而其他名人，還是丁文江先生
在《年譜》中剖析的明白：

> 先生之交游，大半與文（按：即文震孟）陳（按：即陳仁錫）有關，蓋先
> 生出世家，然少年喪父，且爲布衣，又「不屑謁豪貴，博高名。」即陳眉
> 公亦於天啓甲子後始相識，唯文震孟之祖文徵明與先生高曾祖往來，故爲
> 世交。陳與先生之岳羅濟之爲姻親，故交甚早，亦甚密。先生友人中，如
> 黃道周、鄭鄤、文安之、鄭之玄、謝得浦、黃景昉等，均天啓二年進士，
> 殆皆由於文陳二人之介紹，又因黃道周故，而多識閩人，如：張燮、林釪、
> 何楷、劉履丁（即介紹先生於錢牧齋者）皆漳州（龍溪）人；黃克瓚、張
> 瑞圖、何喬遠、鄭之玄，皆泉州（晉江）人，曾楚卿，莆田人；曹學佺，
> 侯官人；陳函輝亦黃道周弟子，……先生之叔日升，又爲漳州推官，故先
> 生入閩，得遍識當時名士。其餘如楊汝成、何楷，均天啓五年乙丑進士，
> 與日升同榜。劉若宰，曾宦於閩，朱大受、方拱乾，皆劉之同年。周廷儒
> 與先生族兄仲昭幼年同塾；繆昌期、夏樹芳、許學夷、張育葵，皆先生同
> 邑。高攀龍與繆爲至友，至於李維楨、范允臨、孫慎行、沈應奎、李流芳、
> 姜逢元、陳繼儒、張大復、王思任、米萬鍾，皆以詩文書畫負盛名，雖以

〔註105〕段江麗《奇人奇書——徐霞客游記》，（昆明：雲南人民出版社，2002年1月），頁
22。

〔註106〕王聖寶〈試論徐霞客的叛逆精神〉，《安徽師大學報》，（哲學社會科學報，第25卷，
1997年），第2期。

〔註107〕明徐宏祖撰，諸紹唐、吳應壽整理《徐霞客游記》，（上海：上海古籍出版社，1987
年10月），頁1190。

〔註108〕丁文江《明徐霞客先生宏祖年譜》，（台北：臺灣商務印書館印行，民國67年5月），
頁15。

友自居，而實則先生之前輩也〔註109〕。

所謂「相識滿天下，知交有幾人？」正是霞客在官、學兩界交遊關係的寫照，如：高攀龍乃是在東林書院講學的一代大儒，天啓朝累官左都御史；孫愼行累官禮部尚書；文震孟爲禮部侍郎兼東閣大學士入閣預政。他們都忙於講學與國政，顯然不可能與霞客交往密切！其中唯有黃道周，爲官剛正嚴峻、不畏權倖，因守制賦閒在家期間，感念霞客「徒步三千里，訪之墓下」〔註110〕的虔誠，相與詩文酬酢，結爲至交。

　　霞客曾於崇禎四年，持黃道周贈詩，訪文震孟於清瑤嶼，文震孟爲霞客贈詩寫跋，推崇徐霞客說：

　　　　霞客生平無他事，無他嗜，日逞逞遊行天下名山。……嘗徒步萬里，訪石齋於墓廬。……沽酒對飲，且飲且題詩，詩成而酒未盡；文不加點，沉鬱激壯，遂成絕調〔註111〕。

由上述各點看來，這些無非都是一些客套應酬語言而已！另有滇人唐大來，名泰，工詩翰。陳繼儒曾寄書介紹徐霞客，後來霞客遊滇，唐大來不但在經濟上幫助徐霞客，而且有多篇歌、曲、詩、賦贈送以勗勉霞客，唐大來可說是霞客後期旅遊中所結識，最爲知己的文上朋友〔註112〕。

　　霞客西行途中，除顧僕外的唯一同伴，只有靜聞和尙，但靜聞和尙體弱多病，根本無法陪霞客登山探勝。可以說，霞客除攜顧僕同行外，也會僱用當地土著作爲嚮導，絕無長期志同道合的遊伴參與！

〔註109〕丁文江《明徐霞客先生宏祖年譜》，（台北：臺灣商務印書館印行，民國 67 年 5 月），頁 28～29。

〔註110〕明徐宏祖撰，褚紹唐、吳應壽整理《徐霞客游記》，（上海：上海古籍出版社，1987 年 10 月），頁 1163。

〔註111〕同上，頁 1162

〔註112〕同註 109，頁 43～44。

第三章 《徐霞客游記》的傳本

　　《徐霞客游記》文，版本散佚各地，其體例和版本也紛亂雜沓，其中，以各家抄本最多，也最爲混亂。徐氏手稿，首經王忠紉「一一手校，略爲敘次」〔註 1〕；再經季夢良〔註2〕「遍蒐遺帙，補忠紉之所未補〔註3〕。」由於明朝末年，戰亂頻仍，徐氏遺稿大多散佚，各家傳本有同有異，可惜手上資料不全，難窺全貌。本章僅就現有蒐得之多種資料與文獻，分列抄本與印本兩個系統予以說明。第一節敘述抄本，第二節敘述印本。

第一節　抄　本

　　《徐霞客游記》的抄本多至近三十種：

一、明季夢良整理本

　　《徐霞客游記》季夢良序說：

> 　　崇禎丙子秋，霞客爲海外遊，以織別余而去。去五年始歸。歸而兩足
> 俱廢。噫嘻！博望之槎既返，章亥之步亦窮。今而後，惟有臥游而已。余
> 時就榻前與談游事，每丙夜不倦。既而出篋中稿示余曰：「余日必有記，
> 但散亂無緒，子爲我理而輯之。」余謝不敏。霞客堅欲授余，余方欲任其
> 事，未幾，而霞客遂成天游！夫霞客之事畢矣，而余事霞客之事，猶未畢

〔註 1〕明徐宏祖撰，褚紹唐、吳應壽整理《徐霞客游記》，（上海：上海古籍出版社，1987 年
　　　　10 月），頁 1。
〔註 2〕季夢良，字會明，是徐氏家庭教師，也是徐霞客的好朋友。霞客親自把整理《游記》
　　　　的事託付給季夢良，季氏也圓滿地完成這項莊嚴使命。
〔註 3〕同註 1，頁 1。

也。迨其後，紀盡爲王忠紉先生攜去，余謂可以謝其事矣。忠紉之任福州，仍促家君攜歸。家君復出以示余曰：「非吾師不能成先君之志也。」啓篋而視，一一經忠紉手較，略爲敘次。余復閱一過，其間猶多殘闕焉。遍搜遺帙，補忠紉之所未補，因地分集，錄成一篇，俟名公刪定，付之梓人，以不朽霞客。余不敢謂千秋知己，亦以見一時相與之情云爾〔註4〕。

王忠紉是霞客的好友，霞客西遊離家，途經無錫還特地去探望王忠紉，王忠紉也是第一位整理《徐霞客游記》的人。他的工作主要是「一一手較，略爲序次。」今本《游記》中，還偶有「忠紉曰」的說明。

《徐霞客西游記》作爲完整著作的形象是經季會明之手形成的，季會明是整理《徐霞客游記》的第一位功臣。季序寫於「壬午年臘月望日」，形成季會明整理本的時間是崇禎十五年（1642）歲末，距霞客逝世僅一年多。可惜季會明整理本早已亡佚不傳。

二、明末據季本殘抄本

北京圖書館典藏《徐霞客西游記》。共五冊，九百三十八面，共計有二十八萬多字，每冊都有提綱。

首列季夢良序。季本殘抄本的內容和結構，都符合季序所說。版式規格整齊，每天日期頂格開頭，突出日記體的形象，對各綜合性專條都另行排列，與日記正文區別明顯。其中錯訛甚多，甚至有錯別字，也有刪削，顯然不是修改的痕跡，而是拙劣的抄寫所致，該書應是根據季夢良整理本的重抄本。

三、明李寄訂正本

李寄，字介立。光緒《江陰縣志》記載：李寄的母親周氏，徐霞客之妾，方孕而嫡嫁之，以育於李氏，故名李寄；又以介兩姓，歷兩朝，故自命介立。李寄四處搜求佚文，把已缺失的補入，可見其尋訪《徐霞客游記》缺佚的苦心。李寄還進行文字校改、訂正；同時也做了許多不適當的刪削、綜合、改並。李寄整理《徐霞客游記》確實是功勞很大，但由於他與徐家的特殊關係，使他自己不便留下有關整理工作的片言隻字說明，李寄本也因此難以辨識。陳泓說出了眞諦，陳泓強調李寄本「爲諸本之祖」，「嗣后諸人所指爲原本者，皆系李本。。」

四、清徐建極抄本

先後爲鄧之誠、譚其驤先生所藏。近年譚其驤又交給鄧之誠的家屬鄧珂，書名

〔註4〕明徐宏祖撰，褚紹唐、吳應壽整理《徐霞客游記》，（上海：上海古籍出版社，1987年10月），頁1。

簡略爲《游記》，今存第六、八各一冊，第九、十冊分上、下兩冊，共計六冊，每冊首頁前面署有「孫建極錄」四個字。

　　此抄本的結構與文字特點都與季夢良序吻合，各冊的內容、序號都和《徐霞客西游記》銜接。徐建極爲徐屺之子，霞客之孫，號范中，生於明崇禎七年（1634），卒於清康熙三十二年（1693）。徐建極抄書事，繆諗《廩彥范中公傳》中記載：

　　　　方公構訟之明年，適山左木齋劉公督學江南。劉公博學嗜奇，曾讀牧
　　翁《初學集》，見《霞客傳》，心艷之。至是特訪其后人，索記游之書，公
　　抄書並持所藏大理石以獻。劉悅甚，許復公故業，方將優其家，而劉忽丁
　　內艱去矣〔註5〕。

據鄔秋龍考證，奏銷案發生在清順治十八年，而徐建極在案發的次年，即清康熙元年（1662）完成此抄本〔註6〕。

五、清曹駿甫藏抄本

　　季會明在〈滇游日記一〉注說明：「全集今唯義興庠友曹駿甫處有之。駿甫亦好游，慕霞客之高，聞變，詣吊，已葬，拜墓而去。后又來，欲求遺書校錄，爲刊刻計。予依以原稿付去，逾一年而返趨，云已謄錄。今其集必全。」見第七百一十頁。其實，曹駿甫本僅此節錄。史夏隆在〈序〉中也提到：「今所存《游記》四冊，同里曹生學游購爲枕秘，余累索不得。至丙午而得之，方快披閱，而草涂蕪冗，殊難爲觀，須經抄訂，方可成書。」奚又溥序也說：該本「涂抹刪改，非復廬山面目。」這是早期用徐霞客原稿抄錄的一種，共四冊，較雜亂。康熙五年（丙午，1666）歸史夏隆，史氏「遂于甲子年清和月，率其子拜授原書。」康熙二十三年（1684）爲李寄所得。

六、清史夏隆抄訂本

　　據史夏隆序，史氏得曹駿甫本，先錄其四分之一，二十年後，又「日限一篇，凡九閱月而告竣。」史氏自認爲這是「抄訂」，霞客之書「五十年後，予爲脫稿。」則已形成了史夏隆本。史夏隆本的質量內容大致上與曹駿甫本相近似。楊名時序二指出其內容「字多訛誤，其刪減易置處，輒于實境不符，文意不協調。用嘆天下之率意改竄文字，而致失作者之本來，如宜興史氏者，爲可鑒也。」

七、清劉南開抄本

〔註5〕呂錫生主編《徐霞客家傳》，（吉林：吉林文史出版社，1988年），頁240。
〔註6〕鄭祖安、蔣明宏等編《徐霞客與山水文化》，（上海：上海文化出版社，1994年），頁
　　24。

根據楊名時的序（一）提到：「己丑仲夏，將赴淮浦，舟中無事，展閱外舅南開先生所抄《徐霞客游記》。抵寓後，既終卷。」劉南開本於途中船上就看完，抄一遍也僅需兩個月，足見其份量不大。在楊名時的序二中，也提到劉南開本「出于宜興史氏」。

八、清楊名時抄本

據楊名時序（一），康熙四十八年（己丑，1709），楊名時據劉南開本「手錄而存之，凡兩閱月而畢。」但由於底本係據史夏隆本抄錄，刪削太多，反而份量單薄。這是楊名時的第一次抄本，楊名時對此本很不滿意，今此本已亡佚不傳。

又楊名時〈重錄徐霞客游記序〉載：己丑「重陽抵家，復得友人所藏原本校之。」「爰亟爲改正添入，再手謄一過，以復其舊。」楊名時本二所據，應即李寄整理本。楊本二形成的時間，在清康熙四十八年（己丑，1709）九月至康熙四十九年（庚寅，1710）二月寫成第二篇序言時。楊名時字賓實，號凝齋，諡文定，是霞客的同鄉，也是抄錄過《徐霞客游記》兩個本子的第一人。楊名時曾官雲南巡撫、雲貴總督，後至禮部尙書，久居滇灊，對西南邊疆情況熟悉。所以，楊名時整理本流傳廣，對後世的影響大。可惜，楊名時整理本只保留楊名時本人寫的序，〈滇游日記〉卷首有提綱，每記有總評、附錄，還附有《雞山志》中諸詩及黃石齋等人詩。此本亦亡佚失傳。

九、清史夏隆序本

史序本列目十冊，裝訂爲八冊，上海圖書館典藏。第一冊首爲史夏隆〈序〉、陳函輝〈墓誌銘〉，以下的名山遊記均以地域來排序。史序本末尾附有徐霞客的題詩，僅較楊天賜本少〈慈母篇〉，有〈錢牧齋囑刻游記書〉而無錢〈傳〉。有的一日分在兩省，出現兩次。〈滇黔游〉有提綱。除季會明批語外，無其他人的批語文字。文字訛脫極多，滿篇可見改補的痕跡。

十、清奚又溥抄本

奚又溥爲徐霞客「同里後學」，「壬午冬，從先生之曾孫覯霞所，乃得綜觀其書，袖歸手錄，五越月，始告竣。」覯霞及徐曾起，爲徐建極之子，徐霞客的曾孫。奚又溥從覯霞處借得的書，是經過季會明整理，又經過李寄補缺整理的本子，而不是徐霞客的原稿。奚本雖已亡佚不存，但陳泓在〈諸本異同考略〉中，則保存了詳細的目錄。陳泓在〈諸本異同考略〉中提到：「此依李本，雖稍有刪改，然較諸他本差勝。」「此本余所見者視諸本稍微完善，然視李本當已有刪削。」因之，可據以窺見與李寄本相近似的面貌。奚本共十冊，無總目。首列〈徐霞客傳〉，並附〈囑仲昭刻

游記書〉，後有奚又溥〈序〉。

十一、清靖江楊天賜抄本

　　此本共十二冊。第一冊爲〈名山游記〉，第二冊以後都是西游部份，第四冊以後爲日記，第十二冊爲徐霞客詩〈賦得孤雲獨往還〉五首、〈題小香山梅花堂詩〉五首、〈游桃花澗〉一首，婁子柔〈慈母篇〉，黃道周詩〈七言古〉一首，陳仁錫、文震孟〈跋〉、〈挽詩〉二首，黃道周〈獄中答書〉、〈遺奠霞客書〉，文湛持〈書〉，錢謙益〈傳〉，陳函輝〈墓誌銘〉等。今本《徐霞客游記》的基本輪廓已經大致形成。這應是李寄整理的痕跡，陳泓說：「疑亦從李本錄出。」是可信的。末附楊天賜〈跋〉，多稱之爲「楊天賜本」，此本今也亡佚不傳。

十二、清據奚氏抄本增補本

　　據陳泓《諸本異同考略》，此本前後編次俱同奚本，但最後增入詩文一冊，其中〈哭靜聞禪侶〉詩六首，並附崇禎《江陰縣志‧仙釋傳》內的〈靜聞事略〉等，及唐大來古今體詩共三十首，皆楊天賜本所無，黃石齋〈七言古詩一首〉又增加了項煜跋和鄭鄤的跋。此本爲草紙，用繩頭小楷書寫，但訛字極多。

　　又據陳泓《諸本異同考略》，此本從奚氏原本錄出後，又以諸刪本點竄於上而成。末卷所載詩文，除與楊天賜本、奚氏增補本相同外，又增周挹齋〈重建君山張侯廟記〉、張元春〈秋圃晨機圖記〉、李本寧〈秋圃晨機圖引〉、王季重〈徐氏三可傳〉、〈徐氏家傳〉、吳國華〈徐霞客先生壙志銘〉等，附錄已經擴及到晴山堂石刻的部份內容。

十三、清文淵閣四庫全書本

　　《四庫全書總目提要》載：「《徐霞客游記》十二卷，兩江總督采進本。」近年，臺灣影印出版了文淵閣四庫全書，共十二卷，每卷又分上、下卷。僅有楊名時序一，但不能認爲是楊據史本抄錄的第一種本子，因爲文字順暢、內容完整，與通常描述的史夏隆本形象差距甚大。無提綱、總評、附錄。《四庫全書》本不但對〈西南游日記〉的前半大量刪減，對滇黔兩省的內容也做部份刪除，刪減小字注文、綜述性的條文和一些被認爲是行程中不重要的情節。因此，文字風格方面，滇黔兩省與前面各省比較一致。此木今藏臺北國立故宮博物院。

十四、抄本

　　北京大學圖書館藏。共八冊，布套兩函，原書抄謄工整，單面九行，每行二十四字，原未分卷。第一冊爲總目、楊名時〈徐霞客游記序〉和〈重錄徐霞客游記序〉，之後各冊分篇細緻，是各版本中分篇最多的。止於崇禎十二年（1639）九月十四日，無附錄。整理者的「當刪」、「以下不寫」、「接前寫」、「另分一卷」、「款式照上卷寫」、

「另分一卷作卷五下」、「以下照原書逐日另寫」、「另頁者接連寫」等眉批和夾籤隨處可見，用行書寫的增改刪削的內容，勾勒滿篇。這是重編後準備再交抄工書寫的底本，一紙條上有「周鋐」章，不知整理者是否為周鋐？

十五、抄本

　　北京圖書館藏。共十冊，分十二卷四十二篇，每面九行，每行二十三或二十四字。西南游部份浙江、江西合為一篇、湖廣一篇、廣西六篇、貴州一篇、雲南十六篇。此本錯漏甚多，刪削處也不少。文句、詳略與四庫本相近，也有部份四庫本刪而此本未刪的，但內容都沒超出乾隆刻本。此本形成的時間不詳，封面有「乙酉除夕得于文祿堂，季方」字樣，印章有「越季方」、「史天」、「霞門后學」等。每冊首頁寫有「番禺蔡乃煌捐」，書末有「京師廣東學堂書藏」印章，反映了該書流傳的情況。

十六、抄本

　　上海圖書館藏。共十冊，不分卷，各冊皆稱「游名山記」。按月分目，時間整齊，但份量不一。黔、滇有提綱，但提綱分得較小，繫於各目之下。第十冊末頁有署名「改亭淪子」的題記：

> 霞客徐君所著游記卷帙甚煩（繁），熟聞而未見，茲於乾隆癸卯歲三
> 月二十有三日，偶向書賈問及，遂獲此抄本，大愜素志。

此係清乾隆四十八年（癸卯，1783）購得，成書時間當比此更早。後來，曾為民國年間著名藏書家葉景葵收藏。卷首葉景葵題記說「此本確依楊本傳抄」，「按史序本原文當是原稿所有，而楊抄本節去之，然則楊抄本決非真面目矣。」

十七、楊名寧抄本

　　華東師大圖書館藏，共十冊，各冊都有提綱。第十冊末附〈雞山志目〉、〈雞山志略〉、〈名剎碑記〉、〈麗江紀略〉、〈法王緣起〉等篇。〔註7〕楊名寧為楊名時的堂弟，楊名時叔父楊履謙的兒子，曾任山西徐溝縣知縣等官。

十八、徐渾然抄本

　　南京圖書館藏。共六冊，每單面十行，每行三十字，編有頁碼，共三百七十七頁，約二十二萬多字。蠹蟲曾經修補過。篇首順序為〈錢牧齋先生撰霞客公傳〉並附〈囑從曾祖仲昭刻游記書〉，楊名時的〈徐霞客游記序〉和〈重錄徐霞客游記序〉，奚又浦〈徐霞客游記序〉，並署「曾侄孫渾然最初氏手錄」，這是徐氏家族的藏本，且形成時間比較早，但卻是一本殘本，廣西、貴州全無，雲南也缺一部份。

〔註7〕褚紹唐《徐霞客滇游歸程及〈游記〉源流考》，載《徐霞客研究文集》，（江蘇：江蘇教育出版社，1986年）。

十九、舊抄本

臺北國家圖書館藏。不分卷，十二冊。每半葉十行，行二十字。有朱、墨兩色批校。首爲楊名時〈徐霞客先生游記序〉及〈重錄徐霞客游記序〉。次爲〈撰霞客公傳（刊入）〉及〈附囑從曾祖仲昭刻游記書"○○頓首"〉塗去名諱，兩篇皆應爲錢謙益所作。共十二冊，各冊又以天干爲序編列，不分卷。其後有〈雞山志目錄〉及遊觀詩多頁，末尾有奚又浦文一篇。中央研究院傅斯年圖書館亦藏有一部。不分卷，十二冊。

二十、清初抄本

臺北國家圖書館藏。不分卷，十二冊。全幅高二十八‧四公分，寬十八‧七公分。每半葉九行，行二十字。卷前有清康熙四十八年（1709）楊名時〈徐霞客先生游記序〉。序後有〈撰霞客公傳刊入〉，附〈囑從曾祖仲昭刻游記書〉。卷末有清奚又溥〈跋〉。書中有朱墨筆批校。鈐有「及時齋」（朱文長方）、「汪魚亭藏閱書」（朱文方印）、「國立中央圖書館收藏」（朱文長方）等印記。

二十一、舊抄本

臺北中央研究院歷史語言研究所藏。不分卷，十二冊。

二十二、韵石山房藏抄本

中國科學院圖書館藏。共四冊。首頁有「韵石山房」印章。首列〈徐霞客傳〉并附〈囑仲昭刻游記書〉，皆未注明作者姓名，後爲楊名時兩篇〈序〉，不分卷。第四冊爲西南滇游日記八至十四，其中八、十至十三有提綱，十二附〈永昌志〉、〈近騰諸夷說略〉、十四附〈雞山志目錄〉、〈法王緣起〉。

二十三、知不足齋抄本

北京圖書館藏。共五冊，不分卷。每面十行，每行二十二字。首爲〈徐霞客傳〉，但未落錢謙益之名，附〈囑仲昭刻游記書〉，落款「謙益頓首」。以後爲楊名時的兩篇序、奚又浦序、史夏隆序。這是一殘本，但卻是經過名家之手的本子。第四冊書口有「知不足齋抄本」的字樣。首頁有「吳騫之印」、「直閣」、「吳重喜印」、「曾在越元方家」等印。由鮑廷博〔註8〕校，吳騫〔註9〕、唐翰題跋。鮑廷博和吳騫兩人都是著名的藏書家。該書首頁有嘉慶二年（丁巳，1797）吳騫題記。

此本成書應在清乾隆三十二年（1767）以前。卷首還有清嘉慶十四年（己巳，

〔註 8〕鮑廷博，號淥飲，安徽歙縣人，後寓居桐鄉烏鎮，曾校刊知不足齋叢書三十集。著名藏書家。

〔註 9〕吳騫，號兔床，浙江海寧人。著名藏書家。

1809）唐翰題記：

> 以后寄與前記數頁錯裝，致不可讀，故槎翁以為有缺文也。今得嘉慶十三年葉君廷甲補梓刻本校正書于冊首。目錄次序抄本與刻本先后不同，注存之以俟考〔註10〕。

二十四、殘抄本

上海圖書館藏。依目次為十二冊，今缺貴州及滇四、滇五兩冊。每單面十一行，每行二十四字。第十冊有〈雞山志目〉、〈溯江紀源〉、〈盤江考〉、〈隨筆〉二則及霞客諸詩，黃石齋、唐大來諸詩，陳函輝〈墓志〉、周延儒〈君山廟記〉、婁堅〈慈母篇〉、文震孟〈致徐霞客書〉、黃石齋〈答徐霞客書〉、〈與霞客長君書〉等。〈盤江考〉在最後，證明比陳泓本稍早。偶有提鋼，如滇六。曾被蟲蛀過，也曾修補過，有十餘字不清楚。

二十五、求是齋殘抄黔游記

上海圖書館藏。無封面，僅一冊，每面十行，每行十八字，共七十一頁。全為貴州，起止時間及內容與今本同，有多處錯字。首頁作「徐霞客游記卷五」，與楊名時本分卷同，應係從楊本貴州部份抄出。有小字提綱，同徐建瓲本。有「求是齋」陰文方章。有破損，雖經修復，少數字仍看不到。

二十六、夏氏抄本

凡十冊。首有錢〈傳〉及〈囑仲昭書〉、楊名時兩序、奚序、史序，後為〈天台山記〉至〈閩后游日記〉。其提綱、段落等與奚本同。無〈雞山志目〉等，至〈滇游記十四〉止。卷末無詩、書，亦與奚本同，但〈西南游記〉內缺抄一本，且訛字極多。分兩套，裝訂華美，字畫亦佳。

二十七、梧塍徐氏抄本

其本數、篇目俱同奚本，但分提綱之四為八，每本都有「游名山記」四字。首載錢〈傳〉，次為楊名時前、後兩序。〈黔游記〉以下，則較各本殊多缺略。陳泓說：「此本不知何人所定，予從云焯借得之于徐氏，故云徐本。」

二十八、趙氏抄本

趙日宣家所藏，係其所抄。無序、無目、無提綱、篇篇刪動。陳泓感歎道：「已去其十之四，略存影響而已，不可復謂之《游記》也。余見此本最後，《游記》之厄，亦至此而極。」

〔註10〕朱惠榮《徐霞客與徐霞客游記》，（北京：中華書局，2003年1月），頁283～284。

二十九、陳泓抄本

上海圖書館藏，用印好的羊箋紙寫，每面十行，每行二十八字。書口有「徐霞客游記卷首閩廣」等字樣，蟲蛀厲害，現已修復。分十卷，加卷首、卷末，每卷一冊，共十二冊。綜合性記述的條目低一格排，首行低兩格，各條間空一格眉目清晰。各專篇分別附在相應的地區後，第一次將〈盤江考〉附於滇東考察結束後。經過這一整理，完整的《徐霞客游記體》的形象更加突出。卷末爲「附錄」，刪棄諸本龐雜的資料，突出了徐霞客的詩作並有石齋詩帖四份、大來詩帖二份。黃石齋書、陳函輝〈徐霞客墓志銘〉、錢謙益〈徐霞客君傳〉仍存。書末新增陳泓〈徐霞客游記諸本編次略〉並附各家序跋，對《徐霞客游記》早期的版本情況留下可貴的資料。陳泓整理《徐霞客游記》，其嚴謹求實的精神值得爲後人學習的典範。

乾隆年間陳泓整理《徐霞客游記》花的功夫大，陳泓本的很多優點影響著後世，特別是被徐鎭刻本所吸收。但此本是否即陳泓整理的原本尚值得懷疑。

三十、無名氏抄本

1998 年 7 月，南京博物院王少華在原江蘇省文化局局長周邨家中發現，其有收藏《霞客游記》抄本。無有關記錄，故曰無名氏抄本〔註 11〕。此本未見。

第二節 印 本

《徐霞客游記》印本的出現，比抄本晚了近一個半世紀。從此以後，各種印本也不絕於世。《徐霞客游記》印本的種數比抄本少，但印數大增，流傳更廣了。現分述如下：

一、清徐鎭〔註 12〕刊本

北京圖書館藏。分爲十冊，每冊又分上、下。不分卷。首爲清乾隆四十一年（丙申，1776）徐鎭〈序〉、〈例言〉七條，《游記》目次，校刊姓氏列名達四十人。以下爲楊名時〈錄徐霞客游記序〉、〈重錄徐霞客游記序〉，陳泓〈書手抄徐霞客游記后〉。乾隆時錢謙益著作被列爲禁書，故不敢列名。墓志僅陳函輝〈徐霞客墓志銘〉，但附〈介立公小傳〉，以後爲陳泓〈諸本異同考略〉、徐鎭〈辨訛〉。徐鎭利用徐建極抄本作爲〈黔游〉、〈滇游〉的底本。此外，又用楊名時、陳泓編定且影響最大的本子進行校對，保證該書的品質。

〔註 11〕朱鈞侃、倪紹祥等編《徐學概論》，（江蘇：江蘇教育出版社，1999 年），頁 225。
〔註 12〕徐鎭，字筠峪，爲霞客族孫，飽讀徐家私藏有關徐霞客的資料。

　　清乾隆四十一年（1776）徐鎮完成《徐霞客游記》的刊行印行，在此書的傳播上可說是一大功臣。徐鎮本刪去所有的提綱，對陳泓等的一些按語作過省改，少數整理者的按語也被刪去，如：曹宸采按語、楊名時按語，乾隆刻本印刷過多次，也有些微的變化。初印本封面有「乾隆丙申較刊」、「辨訛嗣出」字樣，目錄末項雖列「辨訛」，但全書尚無此篇。後來的印本才在書末加入「辨訛」的全文。

二、清徐鎮刊葉廷甲〔註13〕印本

　　北京圖書館藏。葉廷甲〈序〉記載：

> 　　嘉慶十一年冬，筠峪徐氏以所梓行《游記》之板歸余。廷甲生平無他嗜好，見書之有益于學術治道者，每不惜重價得之，遂積至萬有余卷，丹鉛甲乙，日不暇已。乃借楊文定公手录暨陳君体靜所校本，與徐本悉心讎勘。……楊本每記有總評，陳本每記有旁批，此又無從增補者。惟是霞客有遺詩數十首，石齋黃公嘆爲詞意高妙，忍令其秘藏而弗彰乎？又一切名人巨公題贈諸作，俱足以考見霞客之素履，又安可不傳信于來茲乎？十三年春，延梓人于家，訛者削改，朽者重鐫，又增輯〈補編〉一卷附于后，庶幾霞客之精神面目，更可傳播于宇內也〔註14〕。

此本印於清嘉慶十三年（戊辰，1808），用的是原本徐鎮的板片，因此不可能作大幅度的更改。首頁換了，有「嘉慶戊辰校補」、「水心齋葉氏藏板」字樣。葉本板片有過改動。雲南省圖書館典藏有葉廷甲本，是 1955 年晉寧縣人民政府移交的方樹梅學山樓藏書，目錄分上下，裝訂時上下合爲一冊。

三、商務印書館丁文江校本

　　丁文江整理本，商務印書館於 1928 年出版。主要據葉廷甲本，但編爲二十卷，每冊上、下各爲一冊。頁碼分卷編，無全書總頁碼，不易翻閱檢視。丁文江本具有較高的學術價值，是新中國建立前最後一部影響較大的版本。1986 年商務印書館重印該本，16 開，全一冊，不再附圖。前加〈重印說明〉及王成祖《徐霞客游記》丁文江編本讀后感〉，末附方豪〈徐霞客先生年譜訂誤〉。

四、清活字排印版

　　十卷，補編一卷，共十二冊。有葉廷甲序。

五、清咸豐印本

〔註13〕葉廷甲，字保堂，別號云樵，又號云樵樵史，江陰人，爲著名藏書家。有水心齋收藏，並刊刻大量文獻資料。
〔註14〕朱惠榮《徐霞客與徐霞客游記》，（北京：中華書局，2003 年 1 月），頁289。

卷首加徐霞客像，有清咸豐二年（壬子，1852）承培元題識：「囑葉君欽之補梓游記簡端，而葉君又囑元題而識之。」此可能仍爲葉廷甲後人用原板印刷。後來，胡適在上海購得。

六、清瘦影山房活字本

清光緒七年（辛巳，1881）瘦影山房據葉本排印。正文十二卷，外編、補編各一卷，共十四卷，裝訂成十二冊。亦有裝訂爲十冊。

七、清圖書集成局銅活字排印本

共八冊，清光緒二十四年（戊戌，1898）魯迅在杭州買到的即此本。

八、清集成圖書公司排印本

分八冊，合爲一函。清光緒三十四年（1908）印。

九、中華圖書館印本

雲南大學圖書館藏。目錄爲十冊，每冊分上、下。實分爲八冊，合爲一函。每面十六行，每行三十六字。末爲「外編」與「新增補編」。卷首有名山圖畫十二幅，但其中黎平銅鼓山、隨州大洪山與《徐霞客游記》內容無涉。

十、掃葉山房石印本

雲南大學圖書館藏。上海掃葉山房 1924 年出版。書名作《徐霞客游記大觀》。共十二冊，分十二卷，每卷一冊，分裝兩函。「外編」、「補編」與葉本同。有「楊本作×」夾注多處。

十一、沈松泉標點本

1924 年群眾圖書公司出版。

十二、莫厘樵子標點本

共四冊，不分卷，三十二開本。上海大中華書局 1928 年鉛印。

十三、萬有文庫本

十卷，每卷分上、下，共六冊，三十二開本。1928 年上海商務印書館出版，1934 年再版。依丁文江本新增潘耒序和《徐霞客年譜》，其他大部份都和葉本相同。

十四、劉虎如選注本

一冊，三十二開本，1929 年商務印書館出版，1930 年再版，1947 年三版。有劉虎如序，包括〈游名山記〉十七篇及〈游太華山日記〉、〈昆明西山〉、〈盤江考〉、〈江源考〉。此本是《徐霞客游記》的第一個選注本。

十五、啟智書局排印本

1933 年上海啓智書局鉛印。

十六、國學基本叢書本

1933 年商務印書館出版。共十卷，精裝一冊，三十二開本。後又重印，有六冊本。

十七、鮑廎生標點本

1934 年上海新文化書社排印。

十八、游記叢書本

1935 年大連圖書供應社出版。

十九、世界書局本

1936 年上海世界書局出版。

二十、國學基本叢書簡編本

十卷，三冊。1936 年商務印書館出版。以後多次印刷，1938 年由長沙商務印書館出第四版。

二十一、方豪選注本

一冊。1946 年臺北中國文化服務社出版。

民國年間所出《徐霞客游記》，有些版本重印過多次，以上僅注出所見本子的時間，其他不及一一詳述。

第四章　徐霞客的旅遊行蹤

從徐霞客的生平、年譜來看，徐霞客一生的旅遊行蹤，可以三個階段來區分：由清新脫俗的「性靈遊」，及興之所至、輕率涉險、不計「軀命遊」的形成期，逐漸累積經驗的成長期，最後達到萬里遐征窮根探源的成就期。

第一節　興之所至的形成期

徐霞客攀登荒山絕嶺的初發思想，只是單純的「欲問奇於名山大川」，並沒有其他的想法。因此，初期的登山，毫無周全準備、也無完整計劃，只為了好奇與滿足自己個人的愛好與慾望而已！其形成期旅遊的思想是以「性靈遊」為導向，而行動卻以「軀命遊」為實踐，及興之所至的漫遊名山。略述如下：

一、「餐霞中人」的內心世界「以性靈遊」為導向

中國社會自隋唐以迄明清，歷朝歷代的各個階層與知識份子，多半接受了儒釋道的傳統思想。徐霞客也不例外，自幼飽讀詩書，在功名無望之後，由於「外侮疊來，視之如白衣蒼狗，愈復厭棄塵俗。欲問奇於名山大川〔註1〕。」這份超塵出世的心境，一方面是他胸襟開闊，不屑計較市井之間的恩怨情仇；另一方面是他的內心世界，原是以「餐霞中人」自期自許。因為霞客父親常對朋友們說：「次子宏祖眉宇之間有煙霞之氣〔註2〕。」

所以，陳函輝在〈墓誌銘〉上強調霞客「生而修幹瑞眉，雙顴峰起，綠睛炯炯，

〔註1〕明徐宏祖撰，褚紹唐、吳應壽整理《徐霞客游記》，（上海：上海古籍出版社，1987年10月），頁1191。
〔註2〕段江麗《奇人奇書－徐霞客游記》，（昆明：雲南人民出版社，2002年1月），頁11。

十二時不瞑，見者已目爲餐霞中人〔註3〕。」因之，霞客傲然的說：「若覬青天而攀白日，夫何遠之有？」以及「當朝碧海而暮蒼梧〔註4〕。」幾句豪壯之語，便是從莊子〈逍遙游〉中「摶扶搖羊角而上者九萬里，絕雲氣，負青天。」和「若夫乘天地之正，而御六氣之辯，以游無窮者〔註5〕。」引申而來！

　　陳函輝〈徐霞客墓誌銘〉，除敍說霞客博覽萬卷外，還「益搜古人逸事，與丹臺石室之藏，靡不旁覽〔註6〕。」所以他對「各方風土之異，靈怪窟宅之渺，崖壑梯磴之所見聞〔註7〕。」非常瞭解嚮往。丁文江《明徐霞客宏祖先生年譜》，亦引據陳函輝〈徐霞客墓誌銘〉說：

> 萬曆丁未，（1608 年，霞客年二十三歲）始泛舟太湖，登眺東西洞庭
> 兩山，訪靈威丈人遺跡〔註8〕。

但是，霞客自己並未留下文字記錄，無從推論他當時的感覺與心得。按：洞庭西山，亦稱「苞山」或「包山」〔註9〕；據說包山下有洞穴，潛行水底，無所不通，號爲地脈。《水經注》：「太湖有苞山，……山有石穴，南通洞庭，深遠莫之所極〔註10〕。」郭景純之〈江賦〉：「爰有苞山洞庭，巴陵地道，潛達旁通，幽岫窈窕。金精玉英瑱其里，瑤珠怪石琗其表〔註11〕。」陶弘景〔註12〕《眞誥》卷十一，也曾論及句曲之山（即今之茅山），與太湖洞庭西山下洞穴的關係謂：

> 此山洞虛内觀，内有靈府，洞庭四開，穴岫長連，古人謂爲金壇之虛
> 台，天后之便闕，清虛之東窗，林屋之隔沓。眾洞相通，陰路所適，七塗

〔註 3〕同註 1，頁 1191。

〔註 4〕同註 1，頁 1191。

〔註 5〕葉玉麟編譯《莊子新釋‧逍遙游》，（台北：大夏出版社印行，民國 77 年 6 月），頁 5～6。

〔註 6〕明徐宏祖撰，褚紹唐、吳應壽整理《徐霞客游記》，（上海：上海古籍出版社，1987 年10 月），頁 1191。

〔註 7〕同上，頁 1193。

〔註 8〕丁文江《明徐霞客先生宏祖年譜》，（台北：臺灣商務印書館印行，民國 67 年 5 月），頁 8。

〔註 9〕山名，一名苞山，又名夫椒山。《昭明文選》郭景純（璞）〈江賦〉：「爰有包山洞庭，巴陵地道。」即今江蘇蘇州市西南太湖中的西洞庭山。

〔註 10〕譚家健等《水經注選注》，（台北：建宏書局印行，1994 年），頁 287。

〔註 11〕陳宏天等主編《昭明文選譯注》，（台北：建宏書局印行，1994 年），頁 92。

〔註 12〕南朝梁陶弘景，公元 456～536 年。南朝時丹陽秣陵人，字通明。初爲齊諸王侍讀，後隱居於句容句曲山，自號華陽隱居。因佐蕭衍奪齊帝位，建梁王朝，參與機密，時謂「山中宰相」。著有《眞靈位業圖》、《眞誥》等道教經籍，晚年受佛教五大戒，主張儒、釋、道三教合流。曾遍歷名山，尋訪藥草。著《本草經集注》（《敦煌》殘本七卷，散見於《政和證類本草》中）、《肘後百一方》等。謚貞白先生。

九源，四方交達〔註13〕。

克和居士張海鵬在《眞誥》卷十一訂注中說：「此論洞天中諸所通達，天后者，林屋洞中之眞君，位在太湖苞山下（按即洞庭山，又名包山），龍威丈人所入，得靈寶五符處也〔註14〕。」陳函輝〈墓誌銘〉謂「訪靈威丈人遺跡」云，可能就是「龍威丈人」之別稱。這足以證明霞客旅遊的初衷，只是單純的訪古「問奇」，而非作地質地理的科學考察；否則，他何以對這一膾炙人口的神話，和特殊的地理水文傳說，都毫無追根究底的企圖心，而輕易的放過呢！

萬曆三十七年（己酉，1609），霞客二十四歲，他「歷齊、魯、燕、冀間，上泰岱、拜孔林，謁孟廟三遷故里，嶧山吊梧桐〔註15〕。」於萬曆四十一年（癸丑，1613）「……南渡大士落迦山，……石門仙都〔註16〕。」等旅遊的所見所聞、經歷、資料，全無文字記載，僅是陳函輝〈徐霞客先生墓誌銘〉的記述。而霞客的《游記》版本，卻是從〈游天台山日記〉開始，因爲天台山自古以來，傳說仙靈窟宅奧秘，和趣事逸聞最多，最早見於《幽冥錄》，也見於《太平廣記》〔註17〕，故事內容大約是敘述劉晨、阮肇入天台山採藥，遇二仙女的浪漫故事〔註18〕。仙人「寒山子」，隱居於天台翠屛峰〔註19〕。「紫虛元君」魏夫人成道於天台山〔註20〕。這類故事多得不勝枚舉，當然影響了這位「餐霞中人」內心世界的嚮往與憧憬！

雖然，陳函輝〈徐霞客墓誌銘〉有謂：「霞客不喜讖緯術數家言〔註21〕。」但他對眞人眞事的華陽眞人陶弘景，必定有深入的研究；陶氏在南北朝時代，就造了渾天儀，著作有《帝代年曆》、《古今刀劍錄》、《眞誥》〔註22〕、《眞靈位業圖》及

〔註13〕南朝梁陶弘景《眞誥》，（台北：臺灣商務印書館印行，民國54年12月），頁139。
〔註14〕南朝梁陶弘景《眞誥》，（台北：臺灣商務印書館印行，民國54年12月），頁139。
〔註15〕丁文江《明徐霞客先生宏祖年譜》，（台北：臺灣商務印書館印行，民國67年5月），頁8。
〔註16〕同上，頁8。
〔註17〕《太平廣記》宋李昉等編輯。始於太平興國二年，次年成書，六年雕版。全書按題材性質，分爲九十二大類，附一百五十餘小類，搜羅甚富。所引野史傳奇小說，自漢代以迄宋初，共約五百種，中多失傳，賴此得考見其佚文。
〔註18〕宋李昉等編輯《太平廣記》卷六十一，（台北：新興書局印行，民國58年12月），頁269。
〔註19〕同上，卷五十五，頁247。
〔註20〕同上，卷五十八，頁256。
〔註21〕明徐宏祖撰，褚紹唐、吳應壽整理《徐霞客游記》，（上海：上海古籍出版社，1987年10月），頁1194。
〔註22〕南朝梁陶弘景《眞誥》二十卷，分爲七篇。先是顧歡抄寫道經，纂《眞跡》一書，記楊羲與許翽父子自稱得南嶽魏夫人所授《上清大洞眞經》即符錄等，陶弘景又重加纂輯。書中第二篇〈甄命授〉，大部分剽取佛教《四十二章經》，託爲道家書諸眞所

注《草本》、《老子》等書二百餘卷，且長於詮正繆僞地理曆算。有人引用《眞誥》天台山說：「山有八重，四面如一，當斗牛之分，上應台宿〔註23〕。」但《眞誥》卷十四卻是描寫「桐柏山」稱：「桐柏山高萬八千丈，周迴八百餘里，四面視之如一〔註24〕。」霞客初登天台山時，《遊記》曾敘：「余欲向桐柏宮，覓瓊臺、雙闕，路多迷津，遂謀向國清〔註25〕。」那次並未登頂，直到二十年後，崇禎五年（壬申，1632），霞客年四十七歲，再次登天台山，於遊〈天台山日記後〉中，才記述：

> ……五里，上桐柏山。越嶺而北，得平疇一圍，群峰環繞，若另闢一
> 天。桐柏宮正當其中，惟中殿僅存，夷、齊二石像尚在右室，雕琢甚古，
> 唐以前物也〔註26〕。

可見桐柏山頂亦即天台山之主峰也！

另一古籍名著孫綽〔註27〕〈游天台山賦〉，描寫天台山的勝境，更是「情必極貌以寫物，辭必窮歷而追新〔註28〕。」一開始就說：「天台山者，蓋山嶽之神秀者也。」下面就描寫爲「靈仙之所窟宅，夫其峻極之狀；嘉祥之美，窮山海之瑰富，盡人神之壯麗矣！」其後竟說「舉世罕能登涉」〔註29〕。更激發霞客年輕氣盛、豪興滿懷，所以三次上下天台，記述並列爲《徐霞客游記》的篇首。陳函輝〈墓誌銘〉敘說徐霞客登天台山，涉華頂萬八千丈之巔，就是根據霞客〈游天台山日記〉記述：

> 越兩嶺，尋所謂「瓊台」、「雙闕」，竟無知者。去數里，訪知在山
> 頂；與雲峰循路攀援，始達其巔。下視峭削環轉，一如桃源，而翠壁萬
> 丈過之〔註30〕。

按天台山位於浙江天台縣東北二十五公里，屬仙霞嶺的東支。山體蜿蜒綿亙，山上飛瀑流泉，洞壑幽深，是道教的洞天福地之一，也是佛教天台宗的發祥地。其主峰華頂山（即桐柏山，陶弘景謂萬八千丈），實際海拔1098公尺〔註31〕，以古制八尺

述。其記神仙降形書寫歌詩，爲後來扶乩等語密，故又稱眞言宗。

〔註23〕林藜等編《江山萬里叢書‧煙雨江南》，（台北：錦繡出版股份有限公司印行，民國73年2月），頁183。

〔註24〕南朝梁陶弘景《眞誥》，（台北：臺灣商務印書館印行，民國54年12月），頁187。

〔註25〕明徐宏祖撰，褚紹唐、吳應壽整理《徐霞客游記》，（上海：上海古籍出版社，1987年10月），頁3。

〔註26〕同上，頁70。

〔註27〕孫綽，公元314～371年。晉太原中都人，孫楚之孫，字興公。

〔註28〕南朝梁劉勰《文心雕龍註》，（台南：綜合出版社印行，民國75年8月），頁67。

〔註29〕陳宏天等主編《昭明文選譯注》，（台北：建宏出版社印行，1994年11月），頁5。

〔註30〕同註25，頁4～6。

〔註31〕呂洪年〈徐霞客「游天台山日記」所涉的地方風物〉，《遠程教育雜誌》浙江大學（1999

為一丈換算，也不過四百多丈而已〔註32〕。所謂萬八千丈，係古人僅憑目測之繆誤與浮誇！

　　霞客下了天台山，接續攀登雁蕩山，主要目標原是尋訪傳說中的雁湖，但對雁蕩山自然之美的景色，在性靈上還是有絢麗寫意的感受，他寫出：

　　　　山腋兩壁，峭立互天，危峰亂疊，如削如攢，如駢笋，如挺芝，如筆之卓，如幞之歟。洞有口如捲幰者，潭有碧如澄靛者。雙鸞、五老，接翼聯肩〔註33〕。

這種詩化了的詞藻，足以代表霞客內心世界的精巧雋永，在《游記》中隨處可見，如〈游廬山日記〉中形容：

　　　　得綠水潭；一泓深碧，怒流傾瀉於上，流者噴雪，停者毓黛。……巖側茅閣方丈，幽雅出塵。閣外修竹數竿，拂群峰而上，與山花霜葉，映配峰際〔註34〕。

在〈游太華山日記〉中寫道：

　　　　時浮雲已盡，麗日乘空，山嵐重疊競秀，怒流送舟，兩岸濃桃豔李，泛光欲舞；出坐船頭，不覺欲仙也〔註35〕！

霞客在〈浙游日記〉中，有更感性的描述：

　　　　適當落日沉淵，其下恰有水光一片，承之溘漾不定。……夕陽已墜，皓魄繼輝，萬籟盡收，一碧如洗，真是濯骨玉壺，覺我兩人（按：指與靜聞和尚）形影俱異，迴念下界碌碌，誰復知此清光？即有登樓舒嘯，釃酒臨江，其視余輩獨躡萬山之巔，徑窮路絕，迥然塵界之表，不啻霄壤矣〔註36〕。

這些都足以說明徐霞客形成期的旅遊思想，的確是「以性靈遊」為導向。類似的描寫，日記各篇多有，無須一一臚列。

二、涉險躁進開「以軀命遊」之始

　　徐霞客初期所登臨的各地名山，是亙古以來，就曾歷經許多名人雅士尋幽訪勝

年第一期）。

〔註32〕丈，度名，十尺為丈。《國語·周》下：「其察色也不過墨丈尋常之間。」注：「五尺為墨，倍墨為丈。」

〔註33〕明徐宏祖撰，褚紹唐、吳應壽整理《徐霞客游記》，（上海：上海古籍出版社，1987年10月），頁6～7。

〔註34〕同上，頁27～29。

〔註35〕同上，頁49。

〔註36〕同上，頁103。

過，而且歷代都有無數僧道建築了寺庵觀院，以及廬舍洞穴，托跡虔修之處。所以那些名山的深壑幽谷，雖然荒僻冷寂、人跡罕至，但絕非莽榛未闢的蠻荒秘境。天台山如此，雁蕩山亦如此，霞客雖然多讀圖經輿誌，但他不太相信圖經輿誌的記載為真實，陳函輝〈墓誌銘〉說霞客認為「昔人志星官輿地，多以承襲附會〔註37〕。」但他本身也缺乏登山的常識與經驗。以萬曆四十一年，他初登雁蕩山，逞強攀岩遇險，就足以證明他不信任前人的記錄，也無足夠的翔實資料作參考。

北宋名家沈括，著有《夢溪筆談》〔註38〕一書，徐家「萬卷樓」一定藏有這本書，書中〈雁蕩山〉篇，沈括對雁蕩山的地形成因、地質構造、岩層垂直裂縫，形成獨立山峰，相對聳立於深壑幽谷之上，有極為清晰詳盡的描述，他說：

> 予觀雁蕩諸峰，皆峭拔險怪，上聳千尺，穹崖巨谷，不類他山，皆包在諸谷中，自嶺外望之，都無所見，至谷中則森然干霄，其原理，當是為谷中大水沖激，沙土盡去，唯巨石巋然挺立耳〔註39〕。

霞客為了尋訪雁湖，漠然不理會沈括所說雁蕩山地形，是岩層垂直裂縫，上聳千尺，不相連稜的獨立山峰。一逞挾其兩奴不理性的強行冒險躁進：

> 東越二嶺，人跡絕矣。已而山愈高，脊愈狹，兩邊夾立，如行刀背；又石片稜稜怒起，每過一脊，即一峭峰，皆從刀劍隙中攀援而上；如是者三，但是境不容足，安能容湖〔註40〕？

明知「徑不容足，安能容湖？」最後，還脫奴僕纏腳布攀岩不成，幾乎難以脫險，他一生「以軀命遊」的探旅活動，就從此次任性冒失「行不由徑」〔註41〕的躁進行為而開展了！

萬曆四十四年（丙辰，1616），霞客在早春嚴寒中，初登黃山，於《游記》中記述：「比丘為余言：山頂諸靜室，徑為雪封者兩月。今早遣人送糧，山半，雪沒腰而返〔註42〕。」但霞客不以為意，仍然率性的往上攀登，他寫道：

> 級愈峻，雪愈深，其陰處凍雪成冰，堅滑不容著趾。余獨前，持杖鑿

〔註37〕明徐宏祖撰，褚紹唐、吳應壽整理《徐霞客游記》，（上海：上海古籍出版社，1987年10月），頁1194。

〔註38〕宋沈括《夢溪筆談》，（台北：錦繡出版社印行，民國82年1月），頁133。

〔註39〕同上，頁133。

〔註40〕同註37，頁9。

〔註41〕同註37，潘耒〈序〉謂：「登不必有徑，荒榛密箐，無不穿也。」頁1268。

〔註42〕明徐宏祖撰，褚紹唐、吳應壽整理《徐霞客游記》，（上海：上海古籍出版社，1987年10月），頁14。

冰，得一孔，置前趾，再鑿一孔，以移後趾；從行者俱循此法得度〔註43〕。但霞客上至平岡，並未就此打住，而謂「急於光明頂、石筍矼之勝〔註44〕。」於是「至天門。兩壁夾立，中闊摩肩，高數十丈，仰面而度，陰森悚骨。其內積雪更深，鑿冰上躋〔註45〕。」

按現代術語，此種「雪攀」或「冰攀」，主要配備的工具為冰斧、熊爪〔註46〕、安全繩，三樣缺一不可。當然徐霞客那個時代，不可能有這些登山用具，但他僅以一枝竹杖〔註47〕，用來鑿堅冰以攀登冰壁雪道，其決心與勇氣，固然可嘉，但這種任性輕忽以「軀命」為代價的探幽攬勝方式，實在不宜。

三、興之所至漫遊名山

陳函輝在〈徐霞客墓誌銘〉中記錄，他曾與霞客挑燈夜話。霞客自述其全部旅遊經歷，對早期泛舟太湖開始，其後無論北歷齊、魯、燕、冀，或訪秣陵六朝佳麗，乃至漫遊天台、雁蕩、白岳、黃山、匡廬、武夷、九鯉湖等，看不出他有何預定計劃，他為「搜剔山川巖壑的奧秘，……望險而趨，必登群峰之巔〔註48〕。」確為無可爭議的事實，如果一定論他是「獻身旅行考察事業的科學實踐〔註49〕。」卻也未必是他欲問奇於名山大川的初衷！

嚴格說來，霞客只不過是興之所至，跟蹤前人足跡、尋幽訪勝而已。誠如他〈游天台山日記〉中寫道：「……而雨後新霽，泉聲山色，往復創變，翠叢中山鵑映發，令人攀歷忘苦。……入山，峰縈水映，木秀石奇，意甚樂之〔註50〕！」及〈游雁蕩山日記〉中謂：「登盤山頂，望雁山諸峰，芙蓉插天，片片撲人眉宇〔註51〕。」等片段寥寥數語，即道盡了霞客早期漫遊名山、探奇賞景、豪興滿懷的心境！

這段期間，霞客的遊記留存於世者，不過僅僅八篇（含再游黃山），綜觀這八篇遊記，無論是寫景、抒情，都不曾超越前賢們的觀感、心聲和範疇！其別緻處，

〔註43〕同上，頁14。
〔註44〕同上，頁15。
〔註45〕同上，頁15。
〔註46〕攀登冰雪專用金屬齒爪，套於登山鞋下，分四齒、八齒、十二齒三種。
〔註47〕同註42，《游記》原文有「覓尋者多攜筇上山。」筇即竹杖，頁14。
〔註48〕同註42，〈前言〉，頁8。
〔註49〕同註42，〈前言〉，頁8。
〔註50〕明徐宏祖撰，褚紹唐、吳應壽整理《徐霞客游記》，（上海：上海古籍出版社，1987年10月），頁1～3。
〔註51〕同上，頁6。

是對各名山的山脈、支稜的綿延，溪澗、水流的走向，有最翔實、細膩的描述，爲前人遊記文章詩賦所不及。例如他在〈游廬山日記〉中，於登頂廬山最高峰漢陽峰（1474 公尺）時寫道：「至峰頂。南瞰鄱湖，水天浩蕩，東瞻湖口，西盼建昌，諸山歷歷，無不俯首失恃〔註52〕。」

晉朝高僧慧遠〔註53〕作〈廬山諸道人游石門詩序〉，名爲詩序，其實是記遊，文中描述廬山景觀，雖然文辭優美，但是玄虛空洞，禪意風味過重，文中主調：「……所存已往，乃悟幽人之玄覽，達恆物之大情，其爲神趣，豈山水而已哉！于是徘徊崇嶺，流目四矚，九江如帶，丘阜成垤，……乃喟然嘆宇宙雖遐，古今一契。靈鷲邈矣，荒途日隔〔註54〕。」

霞客攬勝賞景的觀點：「鄱湖一點，正當窗牖。縱步溪石間，觀斷崖夾壁之勝〔註55〕。」兩相比較，前者有宗教意味、無限虛無飄渺之空靈，與後者之篤實履踐、漫遊訪勝、探幽致遠，有很大的差異！

第二節　累積經驗的成長期

徐霞客從萬曆三十五年（丁未，1607）二十二歲，太湖泛舟開始，至泰昌元年（庚申，1620）遊福建九鯉湖時，已三十五歲。其旅遊登山累積了十二、三年的經驗，深得箇中滋味，所以他在〈游九鯉湖日記〉中寫道：

> 得趣故在山水中，豈必刻迹而求乎？蓋水乘峽展，既得自恣；其旁崩崖頹石，斜插爲巖，橫架爲室，層疊成樓，屈曲成洞；懸則瀑，環則流，瀦則泉，皆可坐可臥，可倚可濯，陰竹木而弄雲煙〔註56〕。

〔註52〕同上，頁 27。

〔註53〕慧遠（334～416），也稱遠公，俗姓賈，雁門樓煩（今山西省原平縣東北）人。生於晉成帝咸和九年，卒於晉安帝義熙十二年。十三歲時遊學許昌、洛陽。涉獵易、詩、書、禮、春秋等經籍，尤好老莊哲學。後來跟高僧道安皈依佛教。晉武帝太元中，江州刺史桓伊爲慧遠建東林寺，當時有道人千餘人。慧遠在東林寺三十五，足跡不出廬山，研治佛經，著《法性論》十四篇。又率眾一百二十三人結白蓮社，與慧永、慧持等十八人同修「淨土」之業，鼓吹死後往生西方「淨土」，爲唐代「淨土宗」的初祖。年八十三圓寂，葬於廬山東林寺與西林寺間，稱遠公塔或下方塔、雁門塔，謝靈運爲做碑銘。慧遠在廬山，結交達官貴人、名流學者，宣揚佛學，對江南佛教的傳播，起了重要的作用。所著稱《廬山集》。

〔註54〕劉操南、平慧善選注《古代遊記選注》，（上海：上海古籍出版社，中國古典文學作品選讀），頁 2。

〔註55〕同註50，頁 29。

〔註56〕明徐宏祖撰，褚紹唐、吳應壽整理《徐霞客游記》，（上海：上海古籍出版社，1987 年

這段文字，是觀奇賞景的寫實，也是「以性靈遊」的情調感嘆！更是「以軀命遊」經驗累積的成果自豪！

不過，是年他從九鯉湖返家後，鑒於其母王孺人大病初愈，暫時不再作旅遊打算，為壽母造新居「晴山堂」而全力以赴。同時與族兄仲昭搜求先世遺墨、題贈，來充實晴山堂帖內容而多方奔走。直到天啓三年（癸亥，1623），霞客三十八歲，方才往登西嶽華山、中嶽嵩山，及道教勝地太和山（武當山），並寫下嵩山、華山、太和山遊記三篇。他未以此為滿足，只是遵奉「父母在、不遠遊」的古訓，有老母在堂，不能長時間在外旅遊。所以他在〈游嵩山日記〉中，一開始就寫出：「余髫年蓄五岳志，而玄岳出五岳上，慕尤切〔註57〕。」為他日後出遊預留伏筆。

兩年後，天啓五年（乙丑，1625），霞客母王孺人逝世，在服闋期間，他仍然南北奔走，遍乞名儒高士，請為其以前壽母之「秋圃晨機圖」作引、作賦、題詠、題詩，石刻於晴山堂帖中，以示孺慕感念！

崇禎元年（戊辰，1628），霞客已四十三歲，當年再度遊閩，而且續南至羅浮。霞客這次遊閩，主要目的在訪至交黃道周，到羅浮則為尋訪名士鄭鄤，而且此行還收穫到閩籍名士何楷、林釬等多人題贈「秋圃晨機圖」多幀。其後，崇禎三年（庚午，1630）三度遊閩，著有〈游閩日記〉前後兩篇。又兩年後，崇禎五年（壬申，1632）他已四十七歲，曾邀約族兄仲昭，二度往遊天台、雁蕩兩山。可能二登雁蕩山，仍未尋獲雁湖，於小寒山往訪陳函輝時，因陳問霞客：「君曾一造雁山絕頂否〔註58〕？」而他不願有損其登山健者的盛名，又毅然三次往登雁蕩。下山後，特別向陳函輝詳述登頂經過，由此可見，其高傲倔強性格之一斑！

第二年，崇禎六年（癸酉，1633）他時已四十八歲，乃北上京都，轉往山西，先登五台山，再登他「髫齡」就「慕尤切」的「玄岳」北岳恆山〔註59〕，並寫下五台、恆山兩篇遊記。至此，他連從前所形諸於文字的遊記，合計有十七篇。這便是他躑躅半生、馳騁中原，和大江南北二十餘年，尋幽訪勝、問奇探險的成果！

吾人細讀這十七篇精著，內容以記錄攀峻嶺、涉激流為主，似乎還未發現其對地質、地理，提出堪供學術上研究的資料，尤其是有學者推崇他是「……優秀地理

---

　　10 月），頁 36。

〔註57〕同上，頁 39。

〔註58〕明徐宏祖撰，諸紹唐、吳應壽整理《徐霞客游記》，（上海：上海古籍出版社，1987 年 10 月），頁 1193。

〔註59〕恆山，古稱北岳，又稱玄岳。山在河北曲陽縣西北。漢宣帝時始派人致祀，歷代相沿成習。宋代恆山所在之「燕雲十六州」割給遼國，因此只得改在渾源縣的玄岳望恆山而祀。明代乾脆改稱玄岳為恆山，但祭祀仍在曲陽。到清初復於渾源縣祀北岳。

學家，……研究岩石（如對雁蕩山流紋岩的記錄和研究）……〔註60〕。」經仔細翻閱霞客前後兩篇〈游雁蕩山日記〉，全文並無這種記錄和研究。不知今之學者，是根據何種資料，如此推崇？

不過，霞客經過這麼多年旅遊登山的體察，倒是為其探幽履險的安危辨識和攀登技術，累積了不少經驗，可以純熟運用。茲舉兩例證之：

（一）霞客攀登他嚮往最久的北岳恆山，在《游記》中寫道：

> 余時欲躋危崖，登絕頂。……望兩崖斷處，中垂草莽者千尺，爲登頂間道，遂解衣攀躋而登。……既而下西峰，尋前入峽危崖，俯瞰茫茫，不敢下〔註61〕。

霞客未僱請嚮導，此處危崖，亦非登頂正道，他雖然秉持其「以軀命遊」的一貫作風，冒險解衣登頂，但卻不敢再從此處峽谷原路而下。他的判斷非常正確。俗話說：「上山容易下山難。」就是因爲地心引力、慣性強烈，尤其是在這種危崖峭壁徒手上下，稍有閃失，便有粉身碎骨之虞！霞客接受了以往遇險的經驗，轉而耐心等候到從另一正確途徑登山者的指點，尋到正確山徑，才得平安下山。

（二）崇禎十二年（己卯，1639）時霞客已五十四歲，他在〈滇游日記〉中，記述攀登一處危崖：

> 間得一少粘者，綳足挂指，如平帖於壁，不容移一步，欲上既無援，欲下亦無地；生平所歷危境，無逾於此〔註62〕。

霞客歷此險境，畢竟是登山老手，他冷靜沉穩、臨危不亂，《游記》下面寫著：「……久之，先試得其兩手兩足四處不搖之石，然後懸空移一手，隨懸空移一足，一手足牢，然後又移一手足，……久之，幸攀而上〔註63〕。」這種動作與現代登山技術平衡法則，不謀而合。

已故中央研究院院士方豪教授，早年於四川重慶，專以青年讀者為對象，把《徐霞客游記》原文，改爲語體，對上列後段文字，語譯爲「先試得兩手兩足都可以不搖的石頭，然後向空中移動一手，接著又向空移動一足，等一手一足的地位牢固以

〔註60〕曾俊偉〈堪稱世界近代地理學先驅的徐霞客〉，《炎黃春秋》，（1998 年第 2 期），頁 74〜76。
〔註61〕同註 58，頁 89〜91。
〔註62〕明徐宏祖撰，褚紹唐、吳應壽整理《徐霞客游記》，（上海：上海古籍出版社，1987 年 10 月），頁 990。
〔註63〕同上，頁 990。

後，再向空移動一手一足〔註64〕。」這種動作，深深符合現代（國際）徒手平衡攀岩的要訣，術語叫做「三點不動一點動」。這也是霞客累積了數十年踐危履險的經驗，體悟出來重要的自然道理。但並未得到研究徐學人士的了解與重視，誠如丁文江先生〈重印徐霞客游記及新著年譜序〉中所說：「……後人限於舊聞，……故僅知先生文章之奇，而不能言其心得之所在〔註65〕。」遍閱手邊現有各篇研究遊記專論文章，對霞客攀登技術的心得，卻無片言隻字，實在可惜！

第三節　萬里遐征尋根探源成就期

　　史夏隆《徐霞客游記·序》論霞客：「馳騁數萬里，躑躅三十年。遇名勝，必披奇抉奧；一山川，必尋源探脈〔註66〕。」這是一般研究《徐霞客游記》者，共同的印象與肯定，而吳國華〈徐霞客壙誌銘〉所謂霞客「最奇者，晚年流沙一行，登崑崙天柱，參西番法寶，往來雞足山中。單裝徒步，行十萬餘里，因得探江、河發源，尋三大龍脈〔註67〕。」云云，與陳函輝〈徐霞客墓誌銘〉中所謂：「……南過大渡河、至黎雅瓦屋、曬經諸山，復尋金沙江，由瀾滄而北尋盤江，……西出石門關數千里，至崑崙，窮星宿海〔註68〕。」這兩段說詞，均爲缺乏根據、誇大不實、虛妄之言！

　　按霞客之作萬里遐征、旅遊西南半壁河山，始於崇禎九年（丙子，1636）他已五十一歲，沿途暢遊浙、贛、湘、桂、黔、滇諸省，及留居雲南大理，修《雞足山志》，到崇禎十三年（庚辰，1640）五十五歲，因病辭歸故里，只有短短四、五年，以明末時期的交通設施、社會結構、治安狀況，上列各種〈銘〉、〈誌〉所述艱鉅行程，萬萬難以實現！

　　不過，霞客經歷二十多年尋幽訪勝，由實際觀察山脈河川之迤邐、走向與圖經地誌所載，有很大差異。於是由「問奇」的初衷寄意，轉爲尋根探源的志趣，畢竟他深受儒釋道三教教義的薰陶，升降於危崖絕壑之際，搜探於蛇龍窟宅之間，還是

〔註64〕方豪〈方豪六十自定稿·中國偉大旅行家徐霞客〉，（發表於重慶《東方雜誌》第41卷第9號，民國33年5月版），頁2893。

〔註65〕丁文江〈重印徐霞客游記及新著年譜序〉，見朱惠榮《徐霞客游記校注》，（昆明：雲南人民出版社，1999年4月第3次印刷），頁1365。

〔註66〕史夏隆〈序〉，見明徐宏祖撰，諸紹唐、吳應壽整理《徐霞客游記》，（上海：上海古籍出版社，1987年10月），頁1266。

〔註67〕同上，吳國華〈徐霞客壙誌銘〉，頁1189。

〔註68〕同上，陳函輝〈徐霞客墓誌銘〉，頁1195。

多與古人逸事，和宗教傳聞有關。清楊名時《徐霞客游記‧序一》有謂：「觀其意趣所寄，往往出入於釋老仙佛，亦性質之近使然〔註69〕。」這幾句話，確實為霞客的旅遊思想一針見血之論！例如：

一、他在〈浙游日記〉中敘述遊金華山，重點在以遊三洞為主，蓋金華山（又稱北山）主峰大盤尖，標高海拔一千三百一十二公尺，除許多僧寺尼庵，分處其他各峰間平疇谷坳外，道教則遵奉金華山為第三十六洞天。

據《中國道教洞天福地攬勝》所載：「山中奇巖怪洞，千變萬化，中以雙龍洞、冰壺洞、朝真洞最為著名，又合稱北山三洞〔註70〕。」霞客在《游記》中形容三洞：「一墜而朝真闢焉，其洞高峙而底燥；再墜而冰壺窪焉，其洞深奧，而水中懸；三墜而雙龍竅焉，其洞變幻，而水平流〔註71〕。」從他這番形容詞來判斷霞客旅遊登山及對景物的欣賞，在思維方面，已從靜態的問奇，昇華到動態現象的細密觀察了！

二、霞客此次遠遊，其「不計年、不計程」的心態與決定，從其〈江右游日記〉、〈楚游日記〉、〈粵西游日記〉及〈黔游日記〉各篇中，表露無遺了！他從遊過金華三洞之後，於十月十七日自浙入贛，到次年崇禎十年正月十一日，再自贛入湘之前，或陸行僱車，或水路乘舟，迴環尋幽訪勝，即達兩個半月之久。完全徜徉於廣信（今名上饒）、弋陽、貴溪、建昌（今名南城）、宜黃、吉水、永新一帶，飽覽碧山澄水和古蹟名剎之勝。歷代旅遊之名人高士，所欣賞歎詠的山水，無非是那些聲名顯著的高山名嶽、大湖巨澤，而未被發掘和不具盛名的美景幽境，全國各地尚有千千萬萬？未被名士青睞，亦未得妙筆宣揚，真正辜負了偉大靈秀的山川奧妙！如湘南幾座不甚起眼的小山低丘，在文學大家柳宗元筆下，寫成「永州八記」後，便膾炙人口，而傳誦千古了！

不知霞客是蓄意？還是心有所感？一開始便盡情盡興，尋訪少為人知的幽秘勝境。從江西起，遊覽鉛山弋陽間的漁隱崖、靈蓮峰，貴溪訪仰止亭、陸象山遺跡，謁道教總壇龍虎山上清宮，到建昌登麻姑山，道書中稱之為第二十八洞天第十福地，主峰王仙峰海拔一千零二十八公尺。霞客在〈江右游日記〉中寫道：「龍門而上，溪平山繞，自成洞天，不復知身在高

〔註69〕同上，頁 1272。
〔註70〕李曉實《中國道教洞天福地攬勝》，（香港：海峰出版社印行，1993 年 7 月），頁 193。
〔註71〕明徐宏祖撰，褚紹唐、吳應壽整理《徐霞客游記》，（上海：上海古籍出版社，1987 年 10 月），頁 104。

山上也〔註72〕。」

三、霞客到永新，經禾山往探武功山之奇，武功山主峰白鶴峰，亦稱金頂，海拔一千九百一十八公尺，爲霞客入江西以來，所登臨的最高山岳，峰巒秀拔險峻，峭崖深壑壁立、飛瀑、碧潭、蒼松、古洞，都是霞客最喜歡流連之地，武功山也是道教名山聖地，他在《游記》中寫著：「抵山頂茅庵中，有道者二人，止行囊於中，三石卷殿即在其上，咫尺不辨。道者引入叩禮，遂反宿茅庵〔註73〕。」按白鶴峰頂，有葛仙壇、老龍潭、石卷殿等名勝古蹟，霞客至三石卷殿叩禮，證明他也對宗教多元崇奉，確實登上武功山絕頂處。

霞客從武功山轉入湘省，最爲人稱道者，即爲攀登茶陵羅霄山餘脈之靈岩、紫雲、雲陽諸山，及秦人三洞與神秘莫測的麻葉洞，其後再暢遊南岳衡山多日，衡山雖爲道教名山、禪宗聖地，也是中國著名的五岳之一，但其七十二峰中，最高之祝融峰，海拔僅一千二百九十公尺，遠遜於湖南省境內其他著名山岳之高度（湘東八面山，高二千零四十二公尺），但由於南岳聞名的三十八巖、四十八溪、二十四泉、九池、九潭、九井等勝景，吸引了霞客早年就預期必須造訪的景點之一。

不過，衡山之遊甫畢，霞客遭遇意外災難，如被焚舟搶劫、逆旅臥病等不斷發生。但他的毅志堅定，在極不順利的環境下，仍然遊覽了他一直嚮往的湘南九疑山，勇登海拔一千九百五十九公尺的主峰三分石。

四、霞客自湘入桂後，暢遊廣西各地名山勝水、奇巖洞穴。他認同桂林司理參軍饒某記並書融縣眞仙巖「桂西靈異之氣，多鍾於山川，顧眞仙爲天下第一。」〔註74〕之說！其後，又將靜聞和尚與顧僕兩病人安置在潯州（今桂平）逆旅。獨自往遊白石、勾漏、都嶠三座道教名山。其在〈粵游日記〉中說明「所歷四縣、一州之境，得名巖四，而三爲洞天：白石名秀樂長眞第二十一洞天（按：主峰蓮蕊峰，海拔六百四十九公尺），勾漏名玉闕寶圭第二十二洞天（按：勾漏山之勾漏洞，係由寶圭、天關、白沙、桃源四洞組成）；都嶠名大上寶玄第二十洞天（按：都嶠山主峰中峰海拔五百六十七公尺）〔註75〕。」

霞客遊遍白石、勾漏、都嶠三座道教名山，歷時半個月，返回桂平後，

〔註72〕同上，頁128。

〔註73〕明徐宏祖撰，諸紹唐、吳應壽整理《徐霞客游記》，（上海：上海古籍出版社，1987年10月），頁163。

〔註74〕同上，頁385。

〔註75〕同上，頁436。

認為「二病者比前少有起色〔註76〕。」乃攜帶共同搭乘船舶去南寧安置，待他再遊遍桂南名勝。不幸，他的遊伴靜聞和尚，卻病逝南寧，遺言託他埋骨雲南大理雞足山，遂決意由桂入滇。丁文江《明徐霞客先生宏祖年譜》記載：「崇禎十一年（戊寅，1638）先生年五十三歲，是年先生由黔入滇，窮南盤江源流，於雞足度歲〔註77〕。」霞客《游記》上自謂：「余在南寧，行道莫決，聞靜聞訣音，必窆骨雞足山，遂至崇善寺，拜檢骨起，置大竹撞間，北取慶遠府，由黔入滇道〔註78〕。」

五、事實上，霞客在離開南寧，往遊桂西太平州時，早已決意與靜聞和尚分道揚鑣，永不相見。自己擬取道歸順，前往雲南，他在崇禎十年（丁丑，1637）十月初六的《游記》寫道：

> 余以歸順、南丹二道未決，余欲走歸順至富州。眾勸須由南丹至貴州。蓋貴州遠而富州近。貴州可行，而歸順為高平彝所阻也。趨班氏神廟求籤決之〔註79〕。

只因由歸順經安南屬地高平，須冒彝寇風險，所以，他仍然考慮由南丹經貴州入滇較妥，而在後兩天（十二月初八日），他得到靜聞逝世的消息。《游記》載：

> 有僧自南寧崇善寺來言：「靜聞以前月二十八日子時回首〔註80〕。」

於是，霞客以「為之哀悼，終夜不寐」的情懷，在十八日啟程北返。十二月初十回到南寧，於十七日才將靜聞「得抱骸歸，……包而縫之，置大竹撞間〔註81〕。」

最後，總算把靜聞骸骨入窆雞足山，成全了丁文江先生稱讚霞客：「卒攜靜聞之骨瘞於雞足，俠義人之不輕然諾如此〔註82〕。」的美譽！

霞客滇西之遊，所謂「行道莫決」者，因由歸順經安南屬地高平至雲南富州，須冒風險外，還是要由南丹經貴州往雲南比較安全？因行程取決頗令霞客困擾！幾

〔註76〕同上，頁 436。
〔註77〕丁文江《明徐霞客先生宏祖年譜》，（台北：臺灣商務印書館印行，民國 67 年 5 月），頁 35。
〔註78〕同上，頁 31。
〔註79〕明徐宏祖撰，褚紹唐、吳應壽整理《徐霞客游記》，（上海：上海古籍出版社，1987 年 10 月），頁 467。
〔註80〕同上，頁 469。
〔註81〕同上，頁 533。
〔註82〕同註 77，頁 31。

經沉思，決定北上南丹，又因不負靜聞和尚臨終之託付，才考慮取遠路，經慶遠、獨山、都勻到貴陽，但他還是無意急於入滇，故在黔盤桓多日，仍然暢遊各地名勝古蹟，如：獨山巖、梵音洞、白雲山、丹霞山、張三豐觀瀾處，及白水河瀑布（今黃果樹大瀑布）等。並且在黔西南地區，觀察盤江源流和水文，共計耗時一年餘。直於次年崇禎十一年十二月二十二日，始抵達雞足，於二十六日，將靜聞和尚瘞骨於雞足山！

　　霞客從崇禎十一年（戊寅，1638）八月由黔入滇，至第二年，崇禎十二年（己卯，1639）八月，短短一年時光，是他旅遊生涯最豐富、最充實、最具成就的全盛時期。他從遊山玩水、尋幽訪勝的單純活動領域，拓展和深化了山脈、岩洞、河川、水文、源流、走向、形成等的窮根究底、敏銳細膩觀察了西南邊陲地域、國防、經濟、社會、人文、氣象、動植物、族群的內涵和狀態。

　　霞客遍歷滇西大理、麗江、騰衝、保山、楚雄一帶，躑躅於高黎貢山、大雪山幽谷深峽間，探索觀察世界級的大河川金沙江、怒江、瀾滄江、元江流域之系統和走向。他寫下〈滇游日記〉十三篇，約二十五萬餘字，佔全部《徐霞客游記》的百分之四十，另還有他精心考據、細膩觀察寫下的〈盤江考〉、〈溯江紀源〉兩篇，以及應官方聘請修訂的《雞足山志》。不過，這一年霞客因病足，不良於行，以現代醫學常識判斷，霞客長年奔波、飲食無定、營養不良，可能罹患了「老年退化性關節炎」，體力也衰退，已無法再登山涉水，於崇禎十三年（庚辰，1640）修《雞足山志》三月而成。夏季六月返抵故里，休養半年。崇禎十四年（辛己，1641）正月，霞客得年五十六歲，病卒於家。結束了一代大旅行家享譽遐邇傳奇的一生！

　　霞客這些文獻，流傳給世人極高的評價與參考。清錢謙益讚其〈溯江紀源〉謂：「其書數萬言，皆訂補桑經、酈註及漢、宋諸儒疏解〈禹貢〉所未及〔註83〕。」而近代中國學術界，並將《徐霞客游記》奉為「徐學」〔註84〕擴大研究。專書與單篇論文，洋洋灑灑共計有一千餘篇，可謂漪與盛哉！

〔註83〕明徐宏祖撰，褚紹唐、吳應壽整理《徐霞客游記》，（上海：上海古籍出版社，1987年10月），頁1201。

〔註84〕朱惠榮《徐霞客與徐霞客游記》導言〈徐學研究的現狀和特點〉：「早在1983年紀念徐霞客誕辰四百週年籌備委員會上，陳橋驛先生在發言中，首先提出了『徐學』這個詞彙。」（北京：中華書局，2003年1月），頁3。

第五章 《徐霞客游記》的史料文獻

我們都知道從史料文獻資料中，可以明瞭當時的史實與眞況，本章將從不同的角度切入藉以觀察《游記》所留下來不同性質的文獻。下面分成六小節來探討觀察。第一節、山水文獻，第二節、史事文獻，第三節、經濟文獻，第四節、文物方面的文獻，第五節、有關宗教的文獻，第六節、傳說與社會文化。

第一節 山水文獻

我國自古以來，一般名士學者，多以業餘從事登山涉水、尋幽探奇旅遊為尚，並以詩文記勝。寫山，用詞造句多偏重於剛健、雄偉、險峻，及奇峰挺拔、絕壁萬仞一類的氣勢上著墨；寫水，則著意於飛湍、激湧、澄碧、潺潺等，及妖嬌如遊龍、飄逸若輕紗的形象上落筆。絕少像徐霞客形容景物不事雕琢、秉筆直書，留下許多實景實況，有別於前人不見經傳的可貴文獻。

霞客《游記》中所記錄的文獻，前十七篇較少，而資料最彌足珍貴的，嚴格界定，應是從崇禎九年（丙子，1636），霞客五十一歲，他已經驗成熟、思想周密、觀察敏銳，自江陰家鄉放舟入浙而江西、湖南開始，直至崇禎十二年（己卯，1639），霞客五十四歲，雞足山修《志》間，方見較多重要綜合性的文獻資料。因為他所記錄的山岳、巖穴、河流，雖然只作了地理現象的觀察，但卻為後世提供了可資深入研究和理論上高度思維的文獻。

下面分山形地貌、水文河湖江源、山水與氣候關係的觀察等三點來觀察：

一、山形地貌的觀察

中國疆域遼闊，主要山塊山系是從帕米爾高原的崑崙山系，向東迤邐分支延伸

而來。古代中國地理學上稱之為龍脈，霞客在〈溯江紀源〉上，為說明黃河、長江、西江之位置與流向，乃將各條主要龍脈的分歧走向，加以敘述，云：

> 今詳三龍大勢：北龍夾河之北，南龍抱江之南，而中龍中界之，特短。北龍亦祇南向半支入中國；惟南龍磅礴半宇內，而其脈亦發於崑崙，與金沙江相持南下，經石門、麗江，東金沙、西瀾滄，二水夾之。環滇池之南，由普定度貴竺都黎南界，以趨五嶺，龍遠江亦遠，脈長源亦長，此江之所以大於河也。……南龍自五嶺東趨閩之漁梁，南散為閩省之鼓山，東分為浙之台、宕，正脈北轉為小箅嶺，度草坪驛，峙為浙嶺、黃山，而東抵叢山關，東分為天目、武林；正脈北度東壩，而峙為句曲，於是迴龍西結金陵〔註1〕。

這番描述，霞客並非親臨實踐考察所得，他也是從圖經輿志上，參考引申而來，無論是否正確翔實，其對全國山系主脈的方位和走向，已勾勒出大致輪廓的參考文獻，所以《四庫全書總目提要》肯定《徐霞客游記》的價值謂：「是亦山經之別乘，輿記之外篇矣〔註2〕。」

　　關於個別的山形地貌，霞客都有異於前人藉景抒懷的細膩描寫，堪為文獻。以〈楚游日記〉中遊九嶷山為例，首先，他說明九嶷山的山形概況：

> 由此西北入山，多亂峰環岫。蓋掩口之東峰，如排衙列戟，而此處之諸岫，如攢隊合圍，俱石峰森羅，窈窕迴合，中環成洞，穿一隙入，如另闢城垣。山不甚高，而窈窕迴合。真所謂別有天地也〔註3〕。

繼又形容九嶷山的特殊景色：

> 途中宛轉之洞，卓立之峰，玲瓏之石，噴雪驚濤之初漲，瀠烟沐雨之新綠〔註4〕。

最後，又質疑九嶷山的山名之名實不符：

> 蓋簫韶自南而北，屏峙於斜巖之前，上分兩岐，北盡即為舜陵矣。陵前數峰環繞，正中者上岐而為三，稍左者頂有石獨聳。廟中僧指上岐者娥皇峰，獨聳者為女英峰，恐未必然。蓋此中古祠、今殿，峰岫不一，不止

〔註1〕明徐宏祖撰，褚紹唐、吳應壽整理《徐霞客游記》，（上海：上海古籍出版社，1987年10月），頁1128～1129。
〔註2〕清永瑢、紀昀《四庫全書總目提要》卷七十一，（台北：臺灣商務印書館印行，民國72年6月），頁531。
〔註3〕同註1，頁227。
〔註4〕同註1，頁227。

於九，而九峰之名，土人亦莫能辨之矣〔註5〕。

此外，對山形之稜脊嶺頂，亦有明顯的描述，如早期的〈游雁蕩山日記〉中，形容窄稜：

> 山愈高，稜愈狹，兩邊夾立，如行刀背；……既而高峰盡處，一石如劈；向懼石鋒撩人，至是且無鋒置足矣〔註6〕。

形容尖峰：

> 山頂眾峰，皆如覆鐘峙鼎，離離攢立；大柱中懸，獨出眾峰之表，四旁嶄絕。峰頂平處，縱橫止及尋丈〔註7〕。

形容山嶺的寬闊遼廣：

> 於是山分兩支，路行其中。又西稍下四里，至九龍寺。寺當武功之西垂，崇山至此，忽開塢成圍，中有平墊〔註8〕。

又說：

> 蓋陳山東西俱崇山夾峙，而南北開洋成塢，四面之山，俱搏空潰壑，上則虧蔽天日，下則奔墜峭削〔註9〕。

關於岩洞熔穴地貌的特徵方面，霞客起初只是尋幽問奇而已，他初探金華三洞，其目的可兼遊智者寺、芙蓉庵和鹿田寺，蓋智者寺有宋名士陸游遺跡甚多。他在《游記》中說：

> 智者寺。寺在芙蓉峰之西，乃北山南麓之首剎也。今已凋落，而殿中猶有一碑，乃宋陸務觀為大師重建玆所譔……〔註10〕。

而對鹿田寺則為其必要旅遊的重點之一，是因「屠赤水〔註11〕有《游記》刻其間」〔註12〕。按：屠赤水即明代大儒屠隆之別號，屠隆著有《冥寥子游》、《修文記》、《綵

〔註5〕明徐宏祖撰，褚紹唐、吳應壽整理《徐霞客游記》，（上海：上海古籍出版社，1987年10月），頁231。

〔註6〕同上，頁9。

〔註7〕同上，頁52。

〔註8〕同上，頁164。

〔註9〕同上，頁160。

〔註10〕明徐宏祖撰，褚紹唐、吳應壽整理《徐霞客游記》，（上海：上海古籍出版社，1987年10月），頁102。

〔註11〕屠赤水即屠隆，公元1542～1605年。明浙江鄞縣人。字長卿，又字緯眞，號赤水、鴻苞居士。曾學詩於同邑沈明臣。萬曆五年（1577）進士，任潁上和青浦知縣，後遷禮部主事。罷官回鄉後，賣文為生以終。著有《鴻苞》、《考槃餘事》、《游具雅編》，小說《由拳集》、《白榆集》，傳奇《綵毫記》等三種，屠隆〈傳〉附見《明史‧徐渭傳》。

〔註12〕同註10，頁102～103。

毫記》、《考槃餘事》、《由拳集》、《白榆集》等巨著，流傳於世，且與霞客有同鄉之誼，霞客除了瞻仰了金華山冰壺（亦稱玉壺）、朝眞、雙龍三洞外，並且連續探訪了其他六座洞穴，所以他在《游記》中寫道：

> 雙龍第一，水源第二，講堂第三，紫雲第四，朝眞第五，冰壺第六，
> 白雲第七，洞窗第八，此由金華八洞而等第之〔註13〕。

最後，霞客非常滿足於這次的旅遊心得說：

> 集、記中所稱靈洞山房者是也，余艷之久矣，今竟以不意得之，山果
> 靈於作合耶〔註14〕！

他在〈楚游日記〉中，雖然有探測秦人洞之艱險、麻葉洞之奇詭，但都缺乏有關學術之研討性，正如他對麻葉洞口守候的群眾說：「吾守吾常，吾探吾勝耳。」這是他實實在在衷心解釋的誠正語言！而他爲後世學者們推崇其爲研究岩熔地貌，即喀斯特地貌（karst）或丹霞地貌之文獻，應以粤西、黔南、雲南地區熔岩洞穴的記述較多，但那也僅是他對現象的觀察和問奇。

不過，也流傳了有益後世考古的文獻，如〈游粤西日記〉謂：「余初期摹匠同往水月，搨陸務觀，范石湖遺刻〔註15〕。」記錄李杜「來仙洞記」〔註16〕、「錄張鳴鳳羽王父所撰方、范二公灘山祠記」〔註17〕及錄「眞仙巖游記」〔註18〕，宋胡邦用「眞仙巖詩敘」〔註19〕、荊南龔大器「春題眞仙洞八景」〔註20〕等。例如：他在粤西探尋的著名岩洞，糾正了宋朝范成大的錯誤：

> 北一里曰象鼻山水月洞，南三里曰崖頭淨瓶山荷葉洞，俱東逼灘江，
> 而是山在中較高，《志》遂以此爲灘山。范成大又以象鼻山水月洞爲灘山，
> 後人漫無適從。然二山形象頗相似〔註21〕。

在〈游黔日記〉，霞客探訪了十餘座洞穴，但具文獻價值者，除水流另列外，只記錄

〔註13〕同註10，頁108～109。
〔註14〕同註10，頁107。
〔註15〕同註10，頁327。
〔註16〕同註10，頁337。
〔註17〕同註10，頁345。
〔註18〕同註10，頁379。
〔註19〕明徐宏祖撰，褚紹唐、吳應壽整理《徐霞客游記》，（上海：上海古籍出版社，1987年10月），頁380。
〔註20〕同上，頁381。
〔註21〕同上，頁302～303。

了梵音洞「……中有石佛自土中出者爲異耳〔註22〕。」其他古佛洞、雙明洞、碧雲洞（道教的碧雲洞天）等，都是「洞無他致」〔註23〕，所以文獻價值也較爲有限。

霞客《游記》的山水文獻，最爲現代學者稱道的，爲「完成了對我國最大的喀斯特地貌區的考察和區內廣西、貴州、雲南的比較研究〔註24〕。」所謂「喀斯特地貌」，是現代地理學的專有名詞，喀斯特爲中歐南斯拉夫瀕海亞得里亞海岸邊地區，多石灰岩洞穴，經水流沖蝕，形成參差不齊、犬牙交錯的凹凸岩塊，霞客在〈滇游日記〉中，敘述：

> 其前即環山成窪，中有盤壑，水繞其底而成田塍；四顧皆高，不知水所從出〔註25〕。

又說：

> 從嶺上東向平行，其間多墜壑成穽，小者爲眢井，大者爲盤窪，皆叢木其中，密不可窺〔註26〕。

這一類記錄，確實爲其他旅遊文獻所無。

二、水文河湖江源文獻

徐霞客旅遊行程中，非常注意水文與山脈的關係，即使小如溪澗細流，大至江、河、湖、蕩，他都翔實記述其源頭和流向。奚又溥在《游記・序》稱其謂：「……其狀水也，源流曲折，軒騰紙上。……〔註27〕」所以，水文文獻從《游記》中，處處可見，自第一篇〈游天台山日記〉發軔：

> 兩石斜合，水碎迸石間，匯轉入潭；中層兩石對峙如門，水爲門束，勢甚怒；下層潭口頗闊，瀉處如閫，水從坳中斜下〔註28〕。

〈游嵩山日記〉云：

> 於是北流有景、須諸溪，南流有穎水，然皆盤伏土磧中〔註29〕。

〈游太華山日記〉云：

〔註22〕同上，頁631。
〔註23〕同上，頁631。
〔註24〕朱惠榮《徐霞客與徐霞客游記》，（北京：中華書局，2003年1月），頁80。
〔註25〕同註19，頁694。
〔註26〕同註19，頁695。
〔註27〕明徐宏祖撰，褚紹唐、吳應壽整理《徐霞客游記》，（上海：上海古籍出版社，1987年10月），頁1269。
〔註28〕同上，頁2。
〔註29〕同上，頁40。

兩崖參天而起，夾立甚隘，水奔流其間。循澗南行，倏而東折，倏而
西轉；蓋山壁片削，俱犬牙錯入，行從牙隙中，宛轉如江行調艙然〔註30〕。

對於山水狀況，每篇遊記均有記載。而眞正能爲後世傳留下的有益文獻，亦應自〈楚
游日記〉開始。他從九疑山三分石諸水流向，釐清了瀟水的源頭：

三分石俱稱其下水一出廣東，一出廣西，一下九疑爲瀟水，出湖廣。
至其下，乃知爲石分三岐耳。其下水東北者爲瀟源，合北、西諸水，即五
澗交會者。出大洋，爲瀟水之源。直東者，自高梁原爲白田江，（東十五
里）經臨江所，（又東二十里）至藍山縣治，爲歸水之源。東南者自（高
梁原東南十五里之）大橋下錦田，西至江華縣，爲迤水之源，其不出兩廣
者，以南有錦田水橫流爲（楚、粵）界也〔註31〕。

霞客在水文方面最有貢獻者，除〈盤江考〉與〈溯江紀源〉兩篇外，還有珠江探源
及瀾滄江、怒江、禮社江等諸大水系的旅遊活動。而對盤江的探源及追蹤流向，用
力最多，所以他在〈盤江考〉糾正《大明一統志》〔註32〕的錯誤有三：

其一爲：「火燒鋪非北盤之源也，……明月所非南盤之源也。」〔註33〕

其二爲：「夫北盤過安南，已東南下都泥，……經那地、永順，出羅木渡，下
遷江，則此東北合南盤之水，自是泗城西北箐山所出。謂兩江合於普安州、泗城州
之誤〔註34〕。」

其三爲：「……南盤出南寧，北盤出象州，相去不下千里。而南寧合江鎮，……
直至潯州府黔、鬱二江會流時始合〔註35〕。」

霞客在〈盤江考〉的末尾，匡正《大明一統志》說：

若夫田州右江源，明屬南盤，《志書》又謂源自富州，是棄大源而取
支水，猶之志南盤者，源明月所，志北盤者，源火燒鋪也。彼不辨端末巨
細，悍然秉筆，類一邱之貉也夫〔註36〕！

關於〈溯江紀源〉（亦稱〈江源考〉）最顯著的文獻，即爲他糾正古經典名著〈禹貢〉

〔註30〕同上，頁 48。
〔註31〕同上，頁 239。
〔註32〕《大明一統志》，明代官修全國地理總志。成書於清天順五年（1461），敍述當時政區、
山川形勢、風俗及古蹟人物等。書中訛誤頗多。
〔註33〕明徐宏祖撰，褚紹唐、吳應壽整理《徐霞客游記》，（上海：上海古籍出版社，1987 年
10 月），頁 1125。
〔註34〕同上，頁 1125。
〔註35〕同上，頁 1126。
〔註36〕同上，頁 1126。

的「岷江導源」之說，他在文中謂：

> 余按岷江經成都至敘，（敘府，即今之宜賓）不及千里，金沙江經麗
> 江、雲南、烏蒙至敘，共二千餘里，捨遠而宗近，豈其獨與河異乎？⋯⋯
> 而岷江爲舟楫所通，金沙江盤折蠻僚谿峒間，水陸俱莫能溯。⋯⋯既不悉
> 其孰遠孰近，第見〈禹貢〉「岷江導江」之文，遂以江源歸之，而不知禹
> 之導，乃其爲害於中國之始，非其濫觴發脈之始也〔註37〕。

此外，霞客在旅遊中途，隨時隨地都非常注意水流狀況，例如：他初到桂林，登金
寶頂前後，途中形容水流：

> 澗忽東折入山，路南出山隘，澗復墜路東破峽出，連搗三潭：上方，
> 瀑長如布；中凹，瀑轉如傾；下圓整，瀑勻成簾〔註38〕。

形容窪地潴水，黔西安南威山：

> 攀石闕上，其中坎砢歙嵌，窪竇不一，皆貯水滿中而不外溢；⋯⋯余
> 所見水洞頗多，而獨此高懸眾峰之頂，既潴而不流，無一滴外洩〔註39〕。

滇東亦佐羊場堡：

> 兩旁多中窪下陷之穴。或深墜無底，或潴水成塘，或枯底叢箐，不一
> 而足〔註40〕。

又：

> 塢中雖旋窪成塘，或匯澄流，或潴濁水，皆似止而不行者〔註41〕。

滇東曲靖山中：

> 又見塢自北來南向去，其中皆圓窪貯水，有同中間，不通流焉〔註42〕。

滇東霑益郊外：

> 行石片中，下忽有清泉一泓，自石底溢而南出。其底中空，泉混混平
> 吐，清冽鑑人眉宇。又西數步，又有泉連潴成潭，乃石隙迴環中下溢而起，
> 汎汎不竭〔註43〕。

滇東嵩明梁王山絕頂：

〔註37〕同上，頁 1127～1128。

〔註38〕明徐宏祖撰，褚紹唐、吳應壽整理《徐霞客游記》，（上海：上海古籍出版社，1987 年
　　　　10 月），頁 277。

〔註39〕同上，頁 660。

〔註40〕同上，頁 719。

〔註41〕同上，頁 722。

〔註42〕同上，頁 726。

〔註43〕同上，頁 743。

岡頭多中陷之坎，枯者成智井，瀦者成天池〔註44〕。

而對巖洞罅穴、潛水伏流，更是特別注意，如遊湘東上清潭記述謂：

> 其洞即在路之下、澗之上，門東向，夾如合掌，水由洞出，有二派：
> 自洞後者，匯而不流；由洞左者，乃洞南旁竇，其出甚急〔註45〕。

又，遊廣西靖江老君洞及北牖洞記述：

> 洞口東向，下層通水，上層北闢一門，就石刻老君像，今稱老君洞，
> 山北麓下爲北牖洞。洞東石池一方，水溢麓下，匯而不流，外竇卑伏，而
> 內甚宏深〔註46〕。

霞客遊羅平，途中記述靈泉：

> 有泉一縷，出路左石穴中，其石高四尺，形如虎頭，下層若舌之吐，
> 而上有一孔如喉，水從喉中溢出，垂石端而下墜；喉孔圓而平，僅容一拳，
> 盡臂探之，大小如一，亦石穴之最奇者〔註47〕。

諸如此類的描寫，幾乎每篇都有，不勝枚舉。

霞客對雲南全境眾多的高山湖泊，亦多所探尋，在尋甸遊西海子謂：「其水澄碧深泓，直漱東山之麓〔註48〕。」他特別印證圖誌對洱海西源是否正確？提出不同的看法：

> 三面山環成窩，而海子中溢，南出而爲湖。海子中央，底深數丈，水
> 色澄瑩，有琉璃光，穴從水底噴起，如貫珠聯璧，結爲柱幃，上躍水面者
> 尺許，從旁遙覷，水中之影，千萬花蕊，噴成珠樹，粒粒分明，絲絲不亂，
> 所謂靈海耀珠也。《山海經》謂洱源出罷谷山，即此。楊太史有泛湖窮洱
> 源遺碑，沒山間〔註49〕。

這是霞客在文字上，首次認同《山海經》的記載是正確的！

霞客《游記》記錄雲南高山湖泊，最具獨特文獻價值者，應首推其鄧川西湖之遊，他除讚美西湖美景：

> 湖中菱蒲汎汎。多有連蕪爲畦，植柳爲岸，而結廬於中者，汀港相間，

〔註44〕明徐宏祖撰，褚紹唐、吳應壽整理《徐霞客游記》，（上海：上海古籍出版社，1987年
　　　　10月），頁751。
〔註45〕同上，頁183。
〔註46〕同上，頁300。
〔註47〕同上，頁696。
〔註48〕同上，頁745。
〔註49〕明徐宏祖撰，褚紹唐、吳應壽整理《徐霞客游記》，（上海：上海古籍出版社，1987年
　　　　10月），頁907。

曲折成趣，……翛翛有江南風景〔註50〕。

之外，更提起令人注目的是：

> 湖中渚田甚沃，種蒜大如拳而味異；鶯（罌）粟花連疇接隴於黛柳鏡
> 波之間，景趣殊勝〔註51〕。

由這段文獻觀察，所謂「鶯粟花」即毒害中國人民的鴉片罌粟花，在明朝即有「連疇接隴」的大量栽植，而非單純始於滿清中葉，值得現代歷史學家們追蹤研究！

三、山水與氣候關係的觀察

徐霞客自太湖泛舟開始，遍登天台山、雁蕩山、嵩山、太和山、北嶽、南嶽等名山，及邀遊浙、贛、閩、粵、湘、黔、桂、滇等地勝景。歷經險阻，累積了觀察山川地貌岩熔的豐富經驗，因而對山水與氣候關係，也具有極其敏銳的觀察。但古代科學知識未開，一般人的常識只知道「高處不勝寒」那種知其然，不知其所以然的道理。

現代科學測量，平地與山地，每升高一百公尺，溫度即降低零點六度，以天台山、雁蕩山為例，峰頂高約二千公尺左右，而氣溫與平地則相差約十二度。所以霞客只知道「級愈峻、雪愈深」。黃山〔註52〕主峰蓮花峰高一八六四公尺，與平地氣溫相差十一度左右。他登黃山是二月初，平地氣溫可能在零度左右，而黃山則在零下十度左右。

霞客在雲南各地，雖然觀察了高黎貢山和大雪山等五千多公尺以上的大山，但當地的平地多已在二千公尺左右與雪線平齊，雪線以上皆堅冰與積雪，完全無法攀登，故霞客並未身歷其境的登頂。只是在順寧、永昌、騰越一帶河谷間活動，觀察瀾滄江、怒江、龍川等數大河川的流向，他所得到的資料來源，主要是訪談僰彝、儸儸等土人的供給，他在《游記》上忠實的寫下自己無法親身經歷：

> 又以為瘴不可行，又以為茅塞無路，又以為其地去村遠，絕無居人，

〔註50〕同上，頁918。

〔註51〕同上，頁918。

〔註52〕黃山，古稱黟山，《水經注》作黟山，也稱北移山，在今安徽省黟縣東北，歙縣西北，太平縣東南聚千百奇峰，劈地摩天，勢如削成，湮嵐無際，雲雨在下。北倚九華，西拓彭蠡，南接廣信，東挾浙江。盤桓於歙、黟、太平、休寧四縣。主峰光明頂，最高峰蓮花峰1873公尺，風光綺旋，以奇松、怪石、雲海、溫泉著名。天都峰、玉屏、西海門、始信峰等三十六峰，風景各異又秀麗。桃花溪等二十四溪、洞十二、巖八，山間雲氣瀰漫，有「黃山雲海」之稱。世傳黃帝與容成子、浮丘公煉丹於此，唐天寶六年（746）敕名為黃山。

晚須露宿。余輾然曰：「山川眞脈，余已得之〔註53〕。」

所以，霞客眞正登過的最高山嶺，可能只有北岳恆山〔註54〕而已。峨嵋山雖高達三千公尺以上，但他也未曾親身攀登，故在其《游記》中對氣候因高度而異，只有概略性的點出，而缺乏較深入的論述。

第二節　時政文獻

從《徐霞客游記》文獻中，可以觀察到明朝當時西南邊疆的政治社會狀況。這些政治社會狀況，可以說是明代史事文獻的一部份。以下分為政治腐敗亡國徵兆實錄、藩鎮巧取豪奪吏治黑暗、土司制度紊亂生民塗炭等三點來論述：

一、政治腐敗亡國徵兆實錄

明太祖朱元璋於元末亂世中，取得政權，他鑒於歷朝歷代興衰史實，遠溯周秦，對功臣宗親裂土封王。唐宋五代藩鎮的擁兵自重、囂張跋扈，導致君權衰微、戰亂叢生。深自警惕的明太祖雖然在政治上大力改革、設官定品、綜理國政，但是無能排除重臣柄國、攬權專橫，並與宦閹勾串、朋比為奸的積弊。尤其明朝末年，政治腐敗、吏治黑暗、軍備廢弛、經濟衰退。當時，霞客旅遊重心在西南半壁，面對藩鎮的巧取豪奪、土司蹂躪百姓的局面，感慨最深！在《游記》中多有實錄。如：他在滇南，於閃知愿宴會中，得知朝廷中大員的變異，深感惋惜。《游記》中寫道：

> 是日始聞黃石翁去年七月召對大廷，與皇上面折廷諍，後遂削江西郡幕。項水心以受書帕，亦降幕。劉同升、趙士春亦以上書降幕。翰苑中正人一空〔註55〕。

所謂「翰苑中正人一空」這一句話，正是明末政治腐敗的導因。

〔註53〕明徐宏祖撰，褚紹唐、吳應壽整理《徐霞客游記》，（上海：上海古籍出版社，1987年10月），頁1069。

〔註54〕恆山，古稱北岳，又稱玄岳，山在河北曲陽縣西北。漢宣帝時始派人致祀，歷代相沿承習。宋代恆山所在之「燕雲十六州」割給遼國，因此只得改在渾源縣的玄岳恆山。但祭祀仍在曲陽。到清初復於渾源縣祭祀北岳。

〔註55〕明徐宏祖撰，褚紹唐、吳應壽整理《徐霞客游記》，（上海：上海古籍出版社，1987年10月），頁1027。

二、藩鎮巧取豪奪吏治黑暗

明朝各地封建的藩鎮，即成爲地區的統治階層，其世襲後裔，不但巧取豪奪剝削百姓，享受醉生夢死的腐朽生活，而且任意霸佔公有土地和建物。其一，如桂王府之奢靡浪費：

> 輒閉諸城門，以靖藩燔靈也。先是，數日前先禮懺演劇於藩城後，又架三木臺於府門前。有父、母及妃三靈，故三臺。至是夜二鼓，遍懸白蓮燈於臺之四旁，置火炮花霰於臺上，奉靈主於中，是名「昇天臺」，司道官吉服莫觸，王麻冕拜，復易吉服再拜後，乃傳火引線發炮，花焰交作，聲振城谷。時合城士女喧觀，詫爲不數見之盛舉〔註56〕。

又「以親藩樂善」爲名，霸佔諸多廟宇爲私用：

> 綠竹庵在衡北門外華嚴、松蘿諸庵之間，八庵聯絡，俱幽靜明潔，唄誦之聲相聞，乃藩府焚修之地。蓋桂王以親藩樂善，故孜孜於禪教云〔註57〕。

這兩段記述，表達出霞客心中對藩鎮之奢靡浪費與僞善、霸道行爲的強烈不滿！其二，爲桂林的靖江王，也是爲念經拜佛，把名勝地獨秀峰納爲私產，霞客想登獨秀峰，須得靖江王批准。他在《游記》上寫道：

> 紺谷淪茗獻客，爲余言：「君欲登獨秀，須先啓王，幸俟懺完，王徹宮後啓之。」時王登峰時看懺壇戲臺，諸宮人隨之，故不便登〔註58〕。

那時爲崇禎十年（丁丑，1637）五月初四日，待等到十三日，過了十餘天，還是不得攀登。霞客日記又遺憾的寫著：

> 即出靖藩城北門，過獨秀西庵，叩紺谷，已入內宮禮懺矣。登峰之約，復欲移之他日〔註59〕。

一直延到五月二十九日，他從遊罷柳州回到桂林，再想登獨秀峰，還是得不到靖江王的批准。他在日記中悵悵的敘述：

> 靜聞來述紺谷之言，甚不著意，余初擬再至省一登獨秀，即往柳州，不意登期既緩，碑搨尚遲，……余遂無意候獨秀之登〔註60〕。

霞客不得攀登獨秀峰，事情雖小，但寫出藩鎮惡勢力之跋扈囂張，卻爲有力的歷史

〔註56〕同上，頁326。
〔註57〕明徐宏祖撰，諸紹唐、吳應壽整理《徐霞客游記》，（上海：上海古籍出版社，1987年10月），頁194。
〔註58〕同上，頁299。
〔註59〕同上，頁317。
〔註60〕同上，頁341～342。

文獻！

另一重大的藩鎮恃強劣行，即爲黔國公沐昌祚後嗣的爲非作歹，霞客〈隨筆〉二則曾加以記述：

> 黔國公沐昌祚卒，子啓元嗣爵。邑諸生往祭其父，中門啓，一生翹首內望，門吏杖箠之。多士怒，亦箠其人，反爲眾絑奴所傷，遂訴於直指金公。公諱城，將逮諸奴，奴聳啓元先疏誣多士。事下御史。金逮奴如故。啓元益嗔，徵兵祭纛，環直指門，發巨炮恐之。金不爲動。沐遂掠多士數十人，毒痛之，橐其首於木。……時魏璫專政，下調停旨，而啓元愈猖狂不可制。母宋夫人懼斬世緒，泣三日，以毒進，啓元隕。事乃解〔註61〕。

這段記載，充分說明了明末藩鎮不但囂張跋扈，而且目無法紀、恐嚇凌辱朝廷命官，種下大明王朝敗亡的惡因。

至於吏治黑暗，更不勝枚舉，茲以兩案爲例。

其一，在衡州桂王屬地湖東寺，霞客記述：

> 余至，適桂府供齋，爲二內官強齋而去〔註62〕。

其二，在桂林霞客候船往陽朔，發現官吏將公有建物據爲私有：

> 乃託靜聞守行李於舟，余復入城。登城樓欲覓逍遙樓舊蹟，已爲守城百戶置家於中〔註63〕。

另一官吏貪污賄賂、置國土安危而不顧之實例，爲廣西下雷與交彝接壤處，莫彝與黎彝相互攻殺、侵犯國土，朝廷派差官處理、差官貪賂、輕率放任。霞客批評謂：

> 中國諸土司，不畏國憲，而取重外彝，漸其可長乎！當道亦有時差官往語莫酋者，彼則厚賂之。回報云：「彼以仇閧，無關中國事。」豈踞地不吐，狃主齊盟，尚云與中國無與乎〔註64〕？

這些都是充分暴露明末吏治黑暗，貪污荒唐的重要文獻。

三、土司制度紊亂生民塗炭

明朝土司制度是沿襲唐、宋、元各代以蠻制蠻的政策而來，〔註65〕但保存的土

〔註61〕明徐宏祖撰，褚紹唐、吳應壽整理《徐霞客游記》，（上海：上海古籍出版社，1987年10月），頁1131～1132。

〔註62〕同上，頁194。

〔註63〕同上，頁326～327。

〔註64〕同上，頁479。

〔註65〕詳見本章本節第四點「軍事衛戍廢弛危害國安」的說明。

司制度，積弊也深，佘貽潭所著《明代之土司制度》〔註66〕對土司制度的紊亂與流弊，一針見血的指出：

> 明代土司，常因承襲問題，鬧成絕大的爭亂。……蓋土司常有多妻、嫡庶之爭，為其亂源；又兼婦女可得承襲，為禍更大。明季官吏，多於事前不加節制，及土司爭襲亂成之後，又常不顧法律，亂加爭剿，養成土司目無法紀之風，加以流官常受土司賄錢、幫同造亂，所以有明一代，土司制度最為紊亂〔註67〕。

對於上述的各種現象，《徐霞客游記》中的文獻，作了翔實而清楚的見證：

其一，為廣西土司趙邦彥之子政謹，不但謀奪其姪繼宗土司職位，而且亂倫私通其嫂為內援，又勾結外邦莫彝「結營州宅，州中無子遺焉。後莫彝去，政謹遂顓州境〔註68〕。」

其二，為貴州楊姓兄弟兩土司與其叔互相傾軋致生民塗炭。霞客在《游記》中寫道：

> 上、下二司者，即豐寧司也；瀕南界者，分為下司，與南丹接壤。二司皆楊姓兄弟也，而不相睦。今上司為楊柚，強而有制，道路開治，盜賊屏息。下司為楊國賢，地亂不能轄，民皆剽掠，三里之內，靡非賊窟；其東有七榜之地，地寬而渥，篤鷙尤甚。其叔楊雲道，聚眾其中為亂首，人莫敢入〔註69〕。

其三為：

> 霑益州土知府安邊者，舊土官安遠之弟，兄終而弟及者也。與四川烏撒府土官安孝良接壤，而復同宗。水西安邦彥之叛，孝良與之同逆。未幾死，其長子安奇爵襲烏撒之職；次子安奇祿，則土舍也。軍門謝命霑益安邊往諭水西，邦彥拘留之。當事者即命奇祿代署州事，並以上聞。後水西出安邊，奉指仍掌霑益，奇祿不得已，還其位；而奇祿有烏撒之援，安邊勢孤莫助，擁虛名而已。然邊實忠順，而奇祿狡猾，能結當道歡。……把總羅彩以兵助守霑益（按：系奉當道命），彩竟乘機殺邊，……彩受當道

〔註66〕佘貽潭《明代之土司制度》，（台北：臺灣學生書局印行，民國57年7月），頁5。
〔註67〕同上，頁8。
〔註68〕明徐宏祖撰，褚紹唐、吳應壽整理《徐霞客游記》，（上海：上海古籍出版社，1987年10月），頁478。
〔註69〕同上，頁622。

意指，皆爲奇祿地也。奇祿遂復專州事。當道俱翕然從之〔註70〕。

所謂「當道俱翕然從之」一語，即道盡了朝廷派駐之命官，顢頇鄉愿的苟安心態。《明史》卷三百十一云：

安邊屢乞降於總督朱燮元，且藉水西安位代申，以邊實紹慶嫡孫，宜襲知州，請罪其爵、其祿。燮元曲爲調護，欲予以職衘，分烏撒安置之。雲南撫按堅執不可，以安邊令其黨勒兵於野馬川，復以千金誘其爵頭目，日爲并吞靄、烏計。萬一其爵被襲，則烏撒失，而前功盡棄。烏撒失，靄亦危，而全滇動搖，非旦震鄰，實乃切膚。竟不行。安邊乃乞師於安位，納之靄益，而遂其祿，時安氏在也。既而安氏死，安位與之貳，其祿乃假手羅彩令者布發難，邊遄死。不移日，其祿率兵至，詭言爲其叔報仇，士民歸者如流，於是其祿復有靄益。而廟堂之上方急流寇，不復能問云〔註71〕。

按：徐霞客論安邊功過與順逆，與《明史》記載頗有出入，可做爲考證史事的文獻。

另一土司逆倫血案則發生在貴州獨山，《游記》文獻寫道：

獨山土官，昔爲蒙詔，四年前觀燈，爲其子所弑；母趨救，亦弑之。乃託言殺一頭目，誤傷其父，竟無問者。今現爲土官，可恨也〔註72〕。

霞客對西南各地土司制度的紊亂和各自處境，他在《游記》中寫道「可恨也」之外，也有極精闢的分析：

蒙化土知府左姓，世代循良，不似景東桀驁，其居在西山北塢三十里。蒙化有流官同知一人，居城中，反有專城之重，不似他土府之外受酋制，亦不似他流官之有郡伯上壓也。蒙化衛亦居城中，爲衛官者，亦勝他衛，蓋不似景東之權在土酋，亦不似永昌之人各爲政也〔註73〕。

此外，土司與土寇暴亂，影響人民生命財產安全至鉅者，當首推普名勝事件，徐霞客於所寫〈隨筆〉二則，有最翔實記載：

普名勝者，阿迷州土寇也。……父子爲亂三鄉，……廣西郡守蕭以裕，調寧州祿土司兵合剿，……時名勝走阿迷，寧州祿洪欲除之。臨安守梁貴

〔註70〕明徐宏祖撰，褚紹唐、吳應壽整理《徐霞客游記》，（上海：上海古籍出版社，1987年10月），頁733。

〔註71〕清張廷玉等撰《明史》卷三百十一〈列傳〉第一百九十九，（台北：鼎文書局印行，民國80年5月第5版），頁8014～8015。

〔註72〕同註70，頁626。

〔註73〕明徐宏祖撰，褚紹唐、吳應壽整理《徐霞客游記》，（上海：上海古籍出版社，1987年10月），頁1096。

夢、郡紳王中丞撫民，畏寧州強，留普樹之敵，曲庇名勝。……後十餘年，兵頓強，殘破諸土司，遂駐州城，盡奪州守權。……撫臣王伉憂之，……上命川、貴四省合勤之。……時州人廖大亨任職方郎，賊恃爲奧援，潛使使入京縱反間，謂普實不叛，王撫起釁徼功，百姓悉糜爛。……大司馬已先入部郎言，……撫、按比周，張大其事勢，……徒虛糜縣官餉。疏上，嚴旨逮伉及按臣趙世龍。……賊次攻石屏州及沙土司等十三長官，悉服屬之。……七年九月，忽病死。……妻萬氏，多權略，咸行遠近。當事者姑以撫了局，釀禍至今；……有司爲之籠絡，仕紳受其羈靮者，十八九〔註74〕。

除〈隨筆〉之外，在〈滇游日記二〉中，對普名勝之凶暴殘民以逞，也有多處記述：

廣西李翁爲余言：「師宗南四十里，寂無一人，皆因普亂，民不安居。龜山督府，今亦有普兵出沒。路南之道，亦梗不通。一城之外，皆危境云。」龜山爲秦土官寨。……秦土官爲昂土官所殺，昂復爲普所擄。今普兵不時出沒其地，人不敢行；往路南、澂江者，反南迂彌勒，從北而向革泥關焉。蓋自廣西郡城外，皆普氏所懾服。即城北諸村，小民稍溫飽，輒坐派其貲以供，如違，即全家擄掠而去。故小民寧流離四方，不敢一鳴之有司，以有司不能保其命，而普之生殺立見也〔註75〕。

又：

然此三路今皆阻塞：南阻於阿迷之普，……臨安府爲滇中首郡，而今爲普氏所殘，凋敝未復。……迤東之縣，通海爲最盛；迤東之州，石屏爲最盛；迤東之堡聚，寶秀爲最盛。皆以免於普禍也。縣以江川爲最凋，州以師宗爲最散，堡聚以南莊諸處爲最慘。皆爲普所蹂躪也〔註76〕。

從上面節錄的各點文獻觀察，可見明末各邊區郡守官僚，不但相互猜忌，且私心自用，庇匿樹敵，相互牽制，而養癰成患，終於造成暴亂。生民塗炭，朝廷權臣，又貪瀆受賄，顛倒黑白。所以霞客才不平的慨然嘆息云：

王伉以啓釁被逮，後人苟且撫局，舉動如此，朝廷可謂有人乎〔註77〕！

霞客遊滇南時，欲遊顏洞，但普名勝妻萬氏惡勢力正是盛極一時之際，所以他在〈游顏洞記〉專篇上記錄：

〔註74〕同上，頁1132～1134。
〔註75〕明徐宏祖撰，褚紹唐、吳應壽整理《徐霞客游記》，（上海：上海古籍出版社，1987年10月），頁692。
〔註76〕同上，頁709～710。
〔註77〕同上，頁1134。

求土人導入，……土人苦之，乘普酋兵變，託言洞東即阿迷境，叛人嘗出沒此，……乃捨水洞，覓南明、萬象二陸洞。……稍南上，洞門廓然，上大書「雲津洞」，……游顏洞以雲津爲奇；……萬象洞在西北嶺上，……余欲更至洞門，晚色已合〔註78〕。

霞客未得暢遊顏洞，懊惱已極，於是在〈游顏洞記〉結尾，氣憤的寫道：

念此三洞，慕之數十年，趨走萬里，乃至而爲叛彝阻之，陽侯隔之，太陽促之，導人又誤之；生平游屐，斯爲最阨矣〔註79〕！

四、軍事衛戍廢弛危害國安

明代國防軍事，重點設防在北方與東南沿海，蓋北方係防蒙古元朝復辟，而東南沿海，則防倭寇侵擾掠奪。至於西南半壁，雖然蠻夷屢服屢叛，但都只係少數族群，不成大患。《明史》卷三百一十：

嘗考洪武初，西南夷來歸者，即用元官授之。其土官銜號曰宣慰司，曰宣撫司，曰招討司，曰安撫司，曰長官司。以勞績之多寡，分尊卑之等差。而府州縣之名亦往往有之。襲替必奉朝命，雖在萬里外，皆赴闕受職。天順末，許土官繳呈勘奏，則威柄漸弛。成化中，令納粟備振，則規取日陋。孝宗雖發憤釐革，而因循未改。嘉靖九年始復舊制，以府州縣等官隸驗封，宣慰、招討等官隸武選。隸驗封者，布政司領之；隸武選者，都指揮領之。於是文武相維，比於中土矣。其間叛服不常，誅賞互見。〔註80〕

但這也非長治久安的政策，到明代中葉，負面效應逐漸浮現。《明史》卷三百十一記載：

（泰昌元年）時諸土司皆桀驁難制，烏撒、東川、烏蒙、鎮雄諸府地界，復相錯於川、滇、黔、楚之間，統轄既分，事權不一，往往軼出爲諸邊害。故封疆大吏紛紛陳情，冀安邊隅，而中樞之臣動諉勘報，彌年經月，卒無成畫，以致疆事日壞。播州初平，永寧又叛，水西煽起，東川、烏蒙、鎮雄皆觀望騎牆，心懷疑二〔註81〕。

明末西南各地的軍事衛戍廢弛危害國安，駐軍「規取日陋」，土司糜爛地方、互相殘殺、勾結外邦、生民塗炭。《徐霞客遊記》有多處著墨，如：

〔註78〕同上，頁 684～685。
〔註79〕同上，頁 685。
〔註80〕清張廷玉等撰《明史》，（台北：鼎文書局印行，民國 80 年 5 月第 5 版），頁 7982。
〔註81〕同上，頁 8013。

（一）廣西鎮安土司與歸順土司同宗相殘、勾結外族，安南高平之酋莫彝者，蹂躪
中國邊疆龍英〔註82〕，《游記》文獻詳述其始末：

> 三年前爲高平莫彝所破，人民離散，僅存空廳垣址而已。……莫彝之
> 破龍英，在三年前。……歸順度力不及田，故又乞援於莫。莫向踞歸順地
> 未吐，……遂驅大兵象陣，有萬餘人，象止三隻，入營鎮安。是歸順時以
> 己地獻莫，而取償鎮安也〔註83〕。

（二）評論衛所軍備廢弛、制度失衡的狀況。

> 安南衛城內，即永寧州所駐，考《一統志》三衛、三州，舊各有分地，
> 「衛」俱在北，「州」俱在南。今州、衛同城，欲以文轄武，實借武衛文
> 也。但各州之地，俱半錯衛中，半淪苗彝，似非當時金甌無缺矣〔註84〕。

（三）土司職位承襲，與攻略爲亂的現象，而駐地督撫顢頇苟安、不加聞問。

> 其地東南爲慕役長官司，東北爲頂營長官司，西北爲沙營長官司。沙
> 姓。土官初故，其妻即郎岱土酋之妹，郎岱率眾攻之，人民俱奔走竄於鼎
> 站。沙營東北爲郎岱土酋，東北與水西接界，與安犖表裡爲亂，攻掠鄰境；
> 上官惟加銜餌，不敢一問也〔註85〕。

（四）軍備廢弛、兵營破爛簡陋。

> 入東門，內有總府鎮焉，其署與店舍無異，早晚發號用喇叭，聲亦不
> 揚，金鼓之聲無有也！……添設雖多，而勢不尊矣〔註86〕。

羅平與師宗間，有更勝於此者。

> 乃向東塢入。……半里，登其巔，則營房在焉。營中茅舍如蝸，上漏
> 下濕，人畜雜處〔註87〕。

松山、固棟間的關隘，駐軍竟私自棄守：

> 其關昔有守者，以不能安居，多遁去不處；今關廢而田蕪，寂爲狐兔
> 之穴矣〔註88〕。

〔註82〕龍英，地名，位於廣西省西南邊陲。

〔註83〕明徐宏祖撰，褚紹唐、吳應壽整理《徐霞客游記》，（上海：上海古籍出版社，1987年
10月），頁477～479。

〔註84〕同上，頁649。

〔註85〕同上，頁654。

〔註86〕同上，頁658。

〔註87〕同上，頁696。

〔註88〕明徐宏祖撰，褚紹唐、吳應壽整理《徐霞客游記》，（上海：上海古籍出版社，1987年
10月），頁986。

又說：

三里，有哨當澗東坡上，是為龍馬哨，有哨無人〔註89〕。

（五）駐軍貧困、橫行暴歛。

有小城在其南，是為中火鋪。普安二十二哨，俱於此並取哨錢，過者苦焉。先各哨分取，今並取於此。哨目止勒索駝馬擔夫〔註90〕。

以上所錄《徐霞客游記》記載明末西南邊陲的軍事衛所廢弛、守官昏庸鄉愿、軍紀蕩然，可見一斑！霞客因而在〈隨筆〉二則末尾有感而發。

嗟乎！朝廷於東西用兵，事事如此，不獨西南彝也〔註91〕！

第三節　經濟文獻

從事研究明代整體經濟概況的學者稱：「明代全部經濟結構，係以國防軍事為最高著眼點。」〔註92〕這就是指「屯田」〔註93〕政策的明代全部經濟結構。明王圻《續文獻通考》卷五〈田賦考・屯田篇〉記載：

明太祖戊戌十一月立兵民萬戶府寓兵於農，又令諸江分軍於龍江諸處屯田〔註94〕。

王圻並解釋國防軍事與屯田的經濟關係：

屯田乃足食足兵之要道〔註95〕。

徐霞客為明代富農地主出身，其《游記》對國家經濟政策及經濟活動，並無顯著描述與記錄。但可從其《游記》中觀察出明代貨幣結構，和西南邊疆民間小型工商業活動的文獻。以下分明代貨幣的結構、西南邊疆小型工商業活動兩部分來研討，分述如下：

〔註89〕同上，頁 815。

〔註90〕同上，頁 676。

〔註91〕同上，頁 1134。

〔註92〕孫媛貞等編《明代經濟》（包遵彭〈導論〉），（台北：臺灣學生書局印行，民國57年7月），頁1。

〔註93〕自漢以來，政府利用軍隊或農民商人墾種土地，徵取收成以為軍餉，稱屯田。有軍屯、民屯、商屯之別。明初又有由鹽商募民於各邊郡開墾，稱為商屯。《明史・食貨志》記載屯田之制，多以軍屯為主。

〔註94〕明王圻《續文獻通考》卷五，（台北：臺灣學生書局印行，民國54年10月），2819頁。

〔註95〕明王圻《續文獻通考》卷五，（台北：臺灣學生書局印行，民國54年10月），2819頁。

一、明代幣制的結構

　　徐霞客湘江遇盜，資財被洗劫一空，爲了籌措繼續西遊的旅費，他向同鄉金祥甫借貸得二十金。他在〈楚游日記〉上記載：

　　　　金祥甫初爲予措資，展轉不就。是日忽鬮一會，得百餘金，予在寓知
　　之，金難再辭，許假二十金，予以田租二十畝立券付之〔註96〕。

又說：

　　　　劉明宇先以錢二千並絹布付靜聞〔註97〕。

又說：

　　　　迨下午，適祥甫僮馳至寓，呼余曰：「王內府已括諸助數共十二金，
　　已期一頓應付，不煩零支也〔註98〕。」（按：此十二金爲靜聞籌募建廟捐款。）

依上列金額，共得三十二兩黃金及二千錢。明代幣制結構，其「大明寶鈔」與銅錢通行換算率如下：

　　　　洪武八年（1375）三月辛酉，詔造大明寶鈔，令民間通行，以桑穰爲
　　料，其等凡六：曰一貫、曰五百文、四百文、三百文、二百文、一百文，
　　每鈔一貫，準錢千文、銀一兩；四貫，準黃金一兩〔註99〕。

由此推算，徐霞客西行旅費共有一百二十八貫餘，如果不是路上遭遇偷竊詐騙〔註100〕，他在西遊永昌時便不致身無分文了！

　　西南各地民間使用幣制，均以銅錢爲單位，物價亦甚低廉。霞客在順寧郡，曾論及核桃油價，其《游記》文獻謂：

　　　　郡境所食所燃，皆核桃油。其核桃殼厚而肉嵌，一錢可數枚，捶碎蒸
　　之，箍搞爲油〔註101〕。

霞客在南香甸旅遊，費用已經極爲拮据，雖然只剩下銅錢三十文，但是還可以供一天的生活所需，他說：

　　　　余止存青蚨三十文，攜之袖中，計不能爲界頭返城之用，然猶可糴米

〔註96〕明徐宏祖撰，褚紹唐、吳應壽整理《徐霞客游記》，（上海：上海古籍出版社，1987年
　　　　10月），頁208。
〔註97〕同上，頁209。
〔註98〕同上，頁260。
〔註99〕明王圻《續通典》，（台北：新興書局印行，民國54年10月），頁1182。
〔註100〕明徐宏祖撰，褚紹唐、吳應壽整理《徐霞客游記》，（上海：上海古籍出版社，1987
　　　　年10月），頁644～905。
〔註101〕同上，頁1088。

爲一日供〔註102〕。

又說：

> 至是手無一文，乃以褶襪裙三事，懸於寓外，冀售其一，以爲行資。
>
> 久之，一人以二百餘文買紬裙去。余欣然沽酒市肉〔註103〕。

他不得已，賣出褶襪裙，得錢二百文，可能是「爲界頭返城之用」，但他還沽酒買肉，這也看出他樂天豁達的性格。

另外，霞客與顧僕兩人在橄欖坡，費用至爲低廉。《游記》記載：

> 其處米價甚賤，每二十文宿一宵，飯兩餐，又有夾包〔註104〕。

上錄各項文獻，可以說明當時雲南邊陲地帶，銅錢通用與物價低廉的狀況！

二、西南邊疆小型工商業活動

西南邊疆各地多以「街子」地區，作集會的小型商業活動，如：雲南大理〔註105〕「觀音街子」〔註106〕最爲典型，《游記》有生動描寫：

> 蓋榆城有觀音街子之聚，設於城西演武場中，其來甚久；自此日（十五）始，抵十九日而散，十三省物無不至，滇中諸彝物亦無不至。……余乃仍由西門西向一里半，入演武場，俱結棚爲市，環錯紛紜。其北爲馬場，千騎交集；……時男女雜沓，交臂不辨，乃遍行場市。……觀場中諸物，多藥、多氈布及銅器木具而已，……書乃吾鄉所刻村塾中物及時文數種〔註107〕。

各地少數民族以物易物的貿易規模雖小，但極爲興盛。例如：

> 滇灘關道，已茅塞不通，惟茶山野人，間從此出入，負茶、臘、紅藤、飛松、黑魚，與松山、固棟諸土人，交易鹽布〔註108〕。

〔註102〕同上，頁992。

〔註103〕同上，頁992。

〔註104〕同上，頁965。

〔註105〕大理，明代設置大理府，治太和，即今大理。方正的城垣和整齊的街道，至今還保持了明清時期的面貌。

〔註106〕觀音街子即現在通稱的「三月街」，三月街始於何時，無明確記載。善男信女於三月十五日在榆城西西搭篷禮拜，是日，綵毫棉布，觀音架雲而去，眾皆舉首遙望，攀留不及。年年三月十五日，眾皆聚集，以蔬食祭之，名曰祭觀音處，後人於此交易，傳爲祭觀音街，即今之三月街。

〔註107〕明徐宏祖撰，諸紹唐、吳應壽整理《徐霞客游記》，（上海：上海古籍出版社，1987年10月），頁931～932。

〔註108〕同上，頁986。

關於小型礦業生產及手工業方面，霞客在〈楚游日記〉中，首先道出燃料煤炭的用途與生產：

> 界北諸山皆出煤，攸人用煤不用柴，鄉人爭輸入市，不絕於路〔註109〕。

在〈游衡山日記〉中：「一里，轉北，山皆煤炭，不深鑿即可得。」〔註110〕在雲南永昌雷打田村，霞客亦發現淺煤層，文獻謂：

> 是溪之東田窪間，土皆黑墳；土人芟其上層，曝乾供爨，蓋煤堅而深入土下，此柔而浮出土上，而色則同也〔註111〕。

永昌地區盛產硫磺與硝酸，《游記》記載很翔實。簡錄如下：

> 則一池大四五畝，中窪如釜，水貯於中，止及其半，其色渾白，從下沸騰，作滾湧之狀，而勢更屬；沸泡大如彈丸，百枚齊躍而有聲。……水與氣從中噴出，如有爐橐鼓風煽焰於下，水一沸躍，一停伏，作呼吸狀；躍出之勢，風水交迫，噴若發機，聲如吼虎，其高數尺。……其東數步，鑿池引水，上覆一小茅，中置桶養硝；……此皆人之釀磺者〔註112〕。

永昌瑪瑙山出產瑪瑙，而有馬元康者，以小企業型態開發生產，《游記》文獻中指出：

> 瑪瑙山，《一統志》言瑪瑙出哀牢支隴，余以爲在東山後；乃知出東山後者，爲土瑪瑙，惟出此山者，由石穴中鑿石得之。其山皆馬氏之業〔註113〕。

滇西山石，除出產瑪瑙之外，亦出產琥珀翠玉一類石材，霞客友人潘秀才贈送與他的翠生石，他想雕製成二印池、一盃子，但是工價很貴；「碾價一兩五錢，蓋工作之費，逾於買價矣〔註114〕。」可能包括雕刻工具「書刀」〔註115〕在內（按：書刀非古錢幣「刀書」）。《釋名疏證補·釋兵》篇二：「書刀給書簡札有所刊削之刀也〔註116〕。」不過，此時霞客已窮困得身無分文，他在《游記》中寫道：

> 時囊中已無銀，以麗江銀盃一隻，重二兩餘。畀顧生易書刀三十炳，

〔註109〕同上，頁187。

〔註110〕同上，頁89。

〔註111〕明徐宏祖撰，諸紹唐、吳應壽整理《徐霞客游記》，（上海：上海古籍出版社，1987年10月），頁967。

〔註112〕同上，頁1008～1009。

〔註113〕同上，頁1041～1042。

〔註114〕同上，頁1018。

〔註115〕書刀，用以在竹木簡上刻字或削改的刀。古稱削，漢人稱「書刀」。《釋名·釋兵》：「書刀，給書簡札有所刊削之刀也。」漢〈國三老袁良碑〉：「今特賜錢十萬，雜繒三十四，玉具劍配、書刀、繡文印衣、無極手巾各一。」（《隸釋》六）。

〔註116〕清王先謙《釋名疏證補·釋兵》，（台北：臺灣商務印書館印行，民國57年），頁341。

餘付花工碾石〔註117〕。

中央研究院方豪院士極爲同情徐霞客的困窘和氣節，爲文讚譽：

> 在永昌時，身上已莫名一文，便以二兩餘重的一隻麗江銀盃，換書刀三十炳。他作這樣長旅行的途中，又屢次被盜遭竊，經濟上起恐慌也是極自然的事。所以在普安時囊空如洗。在永昌時屢次絕糧，回永昌時，中途也絕糧，逼得空腹而行。途中雖有人致送程儀、食物、衣被等，但他自己非到不得已時，絕不輕易伸手求援，且總設法在筆墨方面，自己力所能及的，爲他們做一些事，以爲報答〔註118〕。

滇西地區礦產方面，除前述煤炭、硫磺、硝酸、瑪瑙、翠玉等石材外，騰沖地區亦盛產銀砂提煉銀子：

> 而前壑之下，爐煙氤氳，廠廬在焉。……廠皆茅舍，有大爐小爐。其礦爲紫色巨塊，如辰砂之狀。有一某姓者，方將開爐〔註119〕。

霞客所指者，即是明光、南香甸〔註120〕、石洞、阿奇、灰窯、雅鳥等所謂「明光六廠」〔註121〕主要銀礦產區。《游記》云：

> 此中有明光六廠之名，而明光在甸北三十里，實無廠也，惟燒炭運磚，以供此廠之鼓煉；此廠在甸中，而出礦之穴，……過雅鳥北嶺，……皆採挖之廠，而非鼓煉之廠也。東峰之東北，有石洞廠，與西北之阿幸，東南之灰窯，共爲六廠云〔註122〕。

霞客並且批評這六廠生產原料，品質的差異，謂：

> 然阿幸之礦，紫塊如丹砂；此中諸廠之礦，皆黃散如沙泥，似不若阿幸者之重也〔註123〕。

雲南地區農業生產，除水稻、青稞、玉米、小麥等一般普遍性農產品，霞客不曾記敘外，而對於滇西的特殊植物產品，在《游記》中也特別指出，如：

> 龍川東江之源，滔滔南逝，繫藤爲橋於上以渡。橋闊十四五丈，以藤

〔註117〕同註111，頁1018～1019。

〔註118〕方豪〈方豪六十自定稿，中國偉大旅行家徐霞客〉，（發表於重慶《東方雜誌》第41卷第9號，民國33年5月），2889頁。

〔註119〕明徐宏祖撰，褚紹唐、吳應壽整理《徐霞客游記》，（上海：上海古籍出版社，1987年10月），頁987～988。

〔註120〕南香甸，今小辛街一帶。其南的喇哈寨，今稱老花寨。寨南北兩尖峰今皆稱大尖山，南峰海拔2150公尺，北峰海拔2196公尺。北尖山麓今仍存銀岩寺，即古云岩寺。

〔註121〕明光六廠，爲明代在今騰沖縣北境著名的銀礦區。

〔註122〕同註119，頁993。

〔註123〕同註119，頁993。

三四枝高絡於兩崖，從樹杪中懸而反下，編竹於藤上，略可置足〔註124〕。
由此可知，雲南盛產藤條，除供編製日常用品外，尚能在建物上擔負重要功能。而
霞客在遊芭蕉洞時，還品嚐可入藥的野果：

　　　擔夫摘洞口黑果來啖，此真覆盆子也；其色紅，熟則黑而可食，比前
　　去時街子所鬻黃果，形同而色異，其熟亦異，其功用當亦不同也。黃者非
　　覆盆。覆盆補腎，變白為黑，則為此果無疑〔註125〕。

除了「覆盆子」〔註126〕外，永昌的「花紅」〔註127〕、騰沖的「竹實」〔註128〕、蠻
邊〔註129〕的「水冬瓜」〔註130〕、蒲縹的「紅花」〔註131〕，可食可入藥的多種經濟
植物，在《游記》文獻中多有記載。

　　雞足山植被群，疑似有熱帶雨林的大板根樹生長，甚為特殊，霞客《游記》文
獻記載：

　　　蘭宗指一木曰：「此扁樹，曾他見乎？」蓋古木一株，自根橫臥丈餘，
　　始直聳而起，橫臥處不圓而扁，若側石偃路旁，高三尺，而厚不及一尺。
　　余初疑以為石也，至是循視其端，乃信以為樹〔註132〕。

根據這番描寫，該樹極似熱帶雨林中的大板根樹，在熱帶雨林常見的大板根樹，有
大葉楠、輪花榕、糙葉榕，及銀合歡等數種。板根的形成，是樹木為因應熱帶雨林
環境，樹幹向上發展爭取陽光，樹的基部便由靠近地表根枝，突起垂直生長，以三
角翼延展的平板型板根，支持樹木穩定成長。

　　在雲南高寒地區，何以會生長熱帶雨林的特殊大板根樹？筆者對植物外行，僅
在南臺灣墾丁國家公園，及北臺灣三峽插角里見過銀葉板根樹，故提出懸疑？供專

〔註124〕明徐宏祖撰，褚紹唐、吳應壽整理《徐霞客游記》，（上海：上海古籍出版社，1987
　　　　年10月），頁995。
〔註125〕同上，頁1016。
〔註126〕覆盆子，薔薇科落葉灌木，莖葉都有刺，夏季開淡紅色小花。果實為聚合的小核果，
　　　　成頭狀，紅色，可食，可入藥。
〔註127〕同註124，頁1034。
〔註128〕同註124，「竹實」大如松子，肉圓如蓮肉，土人煮熟以賣。頁968。
〔註129〕蠻邊，位於保山市西北隅，怒江西岸，今小永附近的黑山河以北。見褚紹堂、吳應
　　　　壽整理《徐霞客游記》，（上海：上海古籍出版社，1987年10月），頁1052。
〔註130〕同註124，「水冬瓜」又名「溪母樹」，言其多水也。土人言有心氣痛者，至此飲之
　　　　輒癒。亦可以此水為餐而食。頁1055。
〔註131〕同註124，「紅花」一年生直立草本，菊科，夏季開桔紅色花，果實可榨油，花可作
　　　　染料，製作胭脂，也可入藥。頁962。
〔註132〕同註124，頁839。

家學者研究。

第四節　文化古蹟方面的文獻

　　《徐霞客游記》中，所記述的書院、古寺、碑碣等，可以說是隱晦和偏遠地區一大顯著的文化文獻，尤以湘、桂、黔、滇地區最為珍貴。在徐霞客之前，一般文史資料，甚少觸及這一類題材，而霞客則獨具慧心，予以拓印、記錄、誦讀，茲擇其犖犖大者，分述如下：

一、書院與私塾

　　古代教育並不普遍，達官富豪子弟，除家中設有書齋及豐富的藏書之外，另外還敦聘名儒為教席，居家課讀；也有名儒高士，設立書院、作育英才。至於一般村社，及偏遠地區清寒子弟，多就讀私塾，老師則多係屢試不中的儒生，設館授徒，收取束脩糊口。霞客在《游記》中，對書院、私塾，多有記載。

　　霞客遊武夷山，到訪「紫院書院」還特別向朱熹像行禮：

　　　　已由雲窩左轉，入伏羲洞，洞頗陰森。左出大隱屏之陽，即紫陽書院，

　　謁先生廟像〔註133〕。

盧山白鹿洞白鹿書院，亦為朱熹講學處，歷代均奉為文壇聖地，霞客在遊盧山時即曾遊過白鹿書院，但他在《游記》中僅僅提及白鹿洞，而未提及白鹿書院：

　　　　又東北行三里，抵白鹿洞，……五老左突，下即白鹿洞〔註134〕。

但在〈江右游記〉卻以遊白鷺州書院與白鹿書院規模作出對比：

　　　　白鷺州首自南關之西尾，徑東關，橫亙江中，首伏而尾高，書院創於
　　　　高處，前鑄大鐵犀以壓水，連建三坊。一曰名臣，二曰忠節，三曰理學。……
　　　　每所樓六楹，……正堂曰正學堂，中樓曰明德堂，後閣三層，下列諸賢神
　　　　位，中曰「天開紫氣」，上曰「雲章」，閣樓迴環，而閣傑聳，較之白鹿，
　　　　迥然大觀也〔註135〕。

〔註133〕明徐宏祖撰，褚紹唐、吳應壽整理《徐霞客游記》，（上海：上海古籍出版社，1987
　　　　年10月），頁21。

〔註134〕同上，頁28。

〔註135〕明徐宏祖撰，褚紹唐、吳應壽整理《徐霞客游記》，（上海：上海古籍出版社，1987
　　　　年10月），頁154。

由「較之白鹿，迥然大觀也。」兩句觀察，證明霞客在遊廬山時，確曾參觀過白鹿書院無疑。

江西吉安清原寺，原設有書院，後被迫遷出，〈江右日記〉曾記其事：

> 蓋是寺久爲書院，而南皐、青螺二老欲兩存之，迎本寂（按：清原寺住持僧）主其事。本寂力言禪刹與書院必不兩立，持說甚堅，始得遷書院於外〔註136〕。

這雖然只是件單一小事，但文獻卻凸顯出佛、儒兩界人士暗自排拒的普遍現象。

湘、贛邊境武功山石門寺即設有私塾，教育附近鄉村學生，《游記》載：

> 見一行衝泥而入寺者，衣履淋漓，蓋即路口之劉，以是日赴館於此。……師名劉仲珏，號二玉，弟名劉古心，字若孩。……若孩年甫冠，且婚未半月，輒入山從師〔註137〕。

這段記載，說明農業社會一般學生求學的普遍方式。

三湘爲人文薈粹的區域，各地書院林立，霞客西南之遊，沒有到過長沙，故沒有參訪過名聞寰宇的著名學府岳麓書院。所以，霞客的《游記》中，沒有岳麓書院的記載，但僅一座南嶽衡山，即有「石鼓書院」〔註138〕、「岳屏書院」、「船山書院」與「鄴侯書院」〔註139〕四所之多。徐霞客〈楚游日記〉中，僅對「石鼓書院」周圍環境、設施與其他地區書院，特作比對：

> 遂北登石鼓山。……近而萬家煙市，……遠而岳雲嶺樹，披映層疊，雖書院之宏偉，不及吉安白鷺大觀，地則名賢樂育之區，而兼滕王、黃鶴之勝，韓文公、朱晦庵、張南軒講學之所。非白鷺之所得侔矣。樓後爲七賢祠，祠後爲生生閣〔註140〕。

至於其他書院，如「鄴侯書院」在半山庵之上，又稱明道山房，這是唐朝宰相李泌〔註141〕的故居〔註142〕。徐霞客在《游記》中曾提及「明道山房」，而未記載爲「鄴

〔註136〕同上，頁153。
〔註137〕同上，頁167。
〔註138〕石鼓書院，在湖南衡陽石鼓山。當蒸水湘江會合處。唐爲尋真觀，元和間李寬讀書其中。宋至道中於故址建書院。南宋淳熙中重建，朱熹爲作記。與白鹿洞書院、應天書院、嶽麓書院等合稱宋四大書院。見宋朱熹《朱文公集》十九〈衡山石鼓書院記〉。
〔註139〕林藜等編《江山萬里叢書·大江南北》，（台北：錦繡出版股份有限公司印行，民國73年2月），頁96～99。
〔註140〕明徐宏祖撰，褚紹唐、吳應壽整理《徐霞客游記》，（上海：上海古籍出版社，1987年10月），頁195。
〔註141〕李泌，公元722～789年，字長源。先世遼東襄平人，徙居京兆。唐天寶中，以翰

侯書院」。

五里，過獅子山與大路合，遂由岐路西入福嚴寺，殿已傾，僧佛鼎謀新之，宿明道山房〔註 143〕。

「岳屏書院」、「船山書院」則分別座落於迴雁峰左右兩側。而霞客遊歷過這些地方，均無相關記載敘述，這兩座書院是否與興建時代有落差，則不敢斷言，將待識者考證。

霞客於由湘入桂途中，在全州也記載了參觀兩座書院：

西北上柳山，有閣，曹學佺額，爲柳仲塗書院。又上爲寸月亭，亦曹書，亭前爲清湘書院。有魏了翁碑。此山爲郡守柳開講道處，院爲林蚆所建，與睢、嶽、嵩、廬四書院共著〔註 144〕。

他在由桂入黔途中，於慶遠郡城，也記載了兩座書院：

池北郡守岳和聲建香林書院，以存宋趙清獻公故蹟。又西北爲黃文節祠，後有臥龍石，前有龍溪西流。宋署守張自明因文節遺風，捐數十萬錢建祠及龍谿書院。今規模已廢，而碑圖猶存祠中〔註 145〕。

二、碑碣、古蹟、辭匾

歷代名人高士多以登山臨水，尋奇賞景爲調劑精神生活的主要依託，而在托興登臨之餘，往往又以詩文及書法刻石之類的手法，留下碑碣、辭匾以寄興抒懷；徐霞客之遊也，並非全然只是「升降於危崖絕壑，搜探於蛇龍窟宅。」〔註 146〕之單純尋幽訪勝，其對往古名人高士所留下的碑、碣、辭、匾等古蹟，或頌讀、或搨摩，更投入了極多時間、金錢與功夫，屬於這些文獻，佔了《游記》全書極大的比重。霞客早期旅遊，記述的碑碣不多，僅在〈游廬山日記〉中提及〈周顛仙廟碑〉：

昇仙臺三面壁立，四旁多喬松，高帝御製周顛仙廟碑在其頂，石亭覆

林供奉東宮，歷仕玄肅代德四朝，以圖謀畫冊見重，出入中禁，位至宰相。數爲權倖忌嫉，常以智免，屢退屢進，封鄴縣侯，世稱李鄴侯。新、舊《唐書》有傳。

〔註 142〕林藜等編《江山萬里叢書・大江南北》，（台北：錦繡出版股份有限公司印行，民國 73 年 2 月），頁 96～99。

〔註 143〕同註 140，頁 190。

〔註 144〕同註 140，頁 274。

〔註 145〕明徐宏祖撰，褚紹唐、吳應壽整理《徐霞客游記》，（上海：上海古籍出版社，1987 年 10 月），頁 582。

〔註 146〕同上，頁 1272。

之，製甚古〔註147〕。

至於碑的相關資料，少有敘及。在遊均州太和山時，霞客對大書法家米芾的字則大
為推崇：

> 越橋為迎恩宮，西向。前有碑大書「第一山」三字，乃米襄陽筆，書
> 法飛動，當亦第一〔註148〕。

另外，在〈游嵩山日記〉中，在嵩陽宮廢址，對碑碣也有著墨：

> 有舊殿石柱一，……上多宋人題名，可辨者為范陽祖無擇、上谷寇武
> 仲及蘇才翁數人而已。柏之西南，雄碑傑然，四面刻蛟螭甚精。右則為唐
> 碑，斐迥撰文，徐浩八分書也。……還飯岳廟，看宋、元碑。……入會善
> 寺，「茶榜」在其西小軒內，元刻也。後有一石碑，仆牆下，為唐貞元戒
> 《壇記》，汝州刺史陸長源撰文，河南陸郢書〔註149〕。

此段所述唐碑宋碣雖多，但未提及碑碣內容，僅輕輕一筆帶過，與他後期西南遊，
對碑碣石刻內容頌讀、臨摹，與記錄的專注精神，大為不同。初始，霞客對各地碑
碣古蹟雖作瀏覽，但在《游記》中多不寫內容，如他在〈浙游日記〉中，記述宋陸
游在智者寺的故事：

> 自羅店東北五里，得智者寺。……今已凋落，而殿中猶有一碑，乃宋
> 陸務觀為智者大師重建茲寺所譔，而字即其手書，碑陰又鑴務觀與智者手
> 牘數篇，碑楷牘行，俱有風致，恨無榻工，不能得一通為快〔註150〕。

其後，〈江右游日記〉裡，開始談到貴溪張真人之墓碑：「乃元時敕趙松雪撰而書者。
刳山為壁，環碑於中〔註151〕。」於吉水龍華寺則簡述「有鄒南皋先生祠。佛殿前東
一碑，為韓熙載撰，徐鉉八行書〔註152〕。」

繼在衡山觀察禹碑亭，只略提「……大禹七十二字碑在焉〔註153〕。」其後，
他對九疑山的許多碑碣內容，便著墨很多了，除敘及宋人李挺祖書「玉琯巖三隸字」，
〔註154〕方信孺書鑴「九疑山三大字」〔註155〕。其側，李挺祖又書「漢蔡中郎九疑

〔註147〕同上，頁25。
〔註148〕同上，頁51。
〔註149〕明徐宏祖撰，褚紹唐、吳應壽整理《徐霞客游記》，（上海：上海古籍出版社，1987
年10月），頁42～43。
〔註150〕同上，頁102。
〔註151〕同上，頁121。
〔註152〕同上，頁149。
〔註153〕同上，頁195。
〔註154〕同上，頁228。
〔註155〕同上，頁228。

山銘」之外，對九疑山「舜殿」碑碣的內容，便有引用典籍，較爲詳細的記敘：

　　　　因遍觀其碑，乃詩與祝詞，惟慈谿顏鯨，嘉靖間學道。一碑已斷，言此地即古三苗地〔註156〕。

又說：

　　　　李中溪元陽引《山海經》謂帝舜煉丹於紫霞洞。……謂帝崩於蒼梧之野。……《零陵郡志》載道家書，謂帝厭治天下，修道九疑。……《寧遠野史何侯記》載貞元君家九疑，脩煉丹藥成功，帝舜狩止其家〔註157〕。

不過，霞客對這段記載存疑，他的結論是：「唐元次山之說似未必然，其說種種姑存之〔註158〕。」而霞客最感興趣的，卻是悟解了從永福移來舜殿的「永福禪寺記」〔註159〕的來龍去脈。他在《游記》中寫道：

　　　　內有一碑已碎，而用木匡其四旁，亟讀之，乃道州九疑山永福禪寺記，淳熙七年庚子道州司法參軍長樂鄭舜卿撰，知湖梧州軍事河內向子廓書。書乃八分體，遒逸殊甚。即殿古碑，從永福移出者，然與陵殿無與，不過好事者惜其字畫之妙，而移存之耳〔註160〕。

霞客並在《游記》中，錄下這塊碎碑的內容：

　　　　舜卿碑中有云：「余去年秋從山間謁虞帝祠，求何侯之丹井、鄭安期之鐵臼，訪成武丁於石樓，張正禮於娥皇，與萼綠華之妙想之故迹，乃了無所寄目，留永福寺齋雲閣二日，桂林、萬歲諸峰四顧如指，主僧意超方大興工作，余命其堂曰徹堂〔註161〕。

霞客眞正爲搨拓、臨摹、讀錄碑、碣、銘、記等文化古蹟，所付出的時間和金錢，主要還是在桂林、陽朔一帶爲最多，因爲古代廣西屬最邊遠蠻荒地區，一些名宦高士，多因直言賈禍、或貶謫、或流放到那些所謂不毛之地韜光養晦、以待復起。故留傳的勝蹟最多。據研究《徐霞客游記》有成的朱惠榮教授考證謂：

　　　　桂林文物甚多，保存至今的摩崖碑刻，約有兩千多件，有詩文、題匾、書札、佛經、規約、告示、圖冊等。內容涉及到唐宋以來，歷代的政治、軍事、經濟、文化、階級鬥爭、民族關係等各方面，還保存了很多著名歷

〔註156〕同上，頁231。
〔註157〕明徐宏祖撰，褚紹唐、吳應壽整理《徐霞客游記》，（上海：上海古籍出版社，1987年10月），頁233。
〔註158〕同上，頁233。
〔註159〕同上，頁233。
〔註160〕同上，頁233。
〔註161〕同上，頁233。

史人物的事蹟〔註162〕。

霞客初抵桂林，即迫不及待的往探虞山及韶音洞，因爲「虞山之崖，刻詩甚多。」〔註163〕他特別欣賞王驥登虞山詩，並在〈粤西游日記〉中予以載錄：

> 詩曰：帝德重華亙古今，虞山最好樂登臨。峰連五嶺芙蓉秀，地接三湘苦竹深。涼雨過時霑聖澤，薰風來處想韶音。行遊況值重陽節，更把茱萸酒滿斟〔註164〕。

對於韶音洞的碑刻，他記載：

> 洞門左崖張西銘（栻）刻韶音洞記，字尚可摹。仍從洞內西出，乃緣蹬東上，有磨崖，碑刻朱紫陽所撰《舜祠記》，爲張栻建祠作。乃呂好問所書，亦尚可摹〔註165〕。

但霞客很遺憾的是：

> 第崖高不便耳〔註166〕。

霞客在桂林遊劉仙巖，於《游記》中寫道：

> 巖前懸石甚巨，當洞門，若樹屏，若垂簾。劉仙篆雷符於上巖右壁，又有寇忠愍（準）大書，俱余所欲得者。……余出匣中手摹雷符及寇書。……又令靜聞抄錄張、劉二仙金丹歌。……又崖間鐫劉仙養氣湯方及唐少卿遇仙記〔註167〕。

霞客次日又在穿雲巖，錄下洞內所鐫宋人手筆的「桂林十三巖十二洞歌。」〔註168〕

桂林七星巖內象鼻巖水月洞有宋代名人范成大銘刻，他記述：

> 宋范石湖作銘勒竅壁以存。字大小不一，半已湮泐，此斷文蝕柬，真可與范銘同珍，當覓工搨之，不可失也〔註169〕。

不遠處龍隱巖：「宋人之刻多萃其間，後有元祐黨人碑〔註170〕。」「元祐」爲宋哲宗

〔註162〕朱惠榮《徐霞客與徐霞客游記》，（北京：中華書局，2003年1月），頁350。
〔註163〕明徐宏祖撰，褚紹唐、吳應壽整理《徐霞客游記》，（上海：上海古籍出版社，1987年10月），頁290。
〔註164〕同上，頁290。
〔註165〕同上，頁290。
〔註166〕同上，頁290。
〔註167〕同上，頁304。
〔註168〕同上，頁305。
〔註169〕明徐宏祖撰，褚紹唐、吳應壽整理《徐霞客游記》，（上海：上海古籍出版社，1987年10月），頁309。
〔註170〕同上，頁312。

年號，元祐黨係泛指程頤之洛黨，蘇軾之蜀黨，劉摯之朔黨〔註171〕。霞客所見之「元祐黨人碑」，究竟是那一黨？何人所立？何人所鐫？《游記》內未進一步說明，但根據《游記》五月十九日所記觀察：「余初期摹匠同往水月，搨陸務觀、范石湖遺刻〔註172〕。」則該「元祐黨人碑」及許多宋人手筆碑刻，可能為陸游所書者。

霞客前後多次盡情盡興，暢遊七星巖洞群中之程公巖、棲霞洞、曾公巖、壺天關故址。讀、錄、搨諸多名家，如范成大、鄭冠卿、張孝祥、張鳴鳳等碑刻外，在其南遊陽朔來仙洞時，更特別把閩人李杜〈來仙洞記〉全文錄在《游記》中〔註173〕。但於棹舟北返桂林時，順遊冠巖山，對壁刻文物的雋永與庸俗，便有所取捨，《游記》記述：

> 壁間有臨海王宗沐題詩（號敬所，嘉靖癸丑所學憲）。詩不甚佳，時屬而和者數十人，吉人劉天授等。俱鐫於壁，睍玩久之。棹舟出洞〔註174〕。

最難入霞客法眼的碑刻，則為雞足山腳曹溪寺附近觀海門下的危崖壁刻，《游記》對其碑刻既調侃又譴責：

> 天台王十岳士性憲副詩偈鐫壁間，而倪按院大書「石狀奇絕」四字，橫鐫而朱丹之。其效顰耶？黥面耶？在束身書「石狀大奇」，在袈裟書「石狀又奇」，在兜率峽口書「石狀始奇」。凡四處，各換一字。山靈何罪而受此耶〔註175〕？

可見霞客對文學品味甚高，且鄙薄不恥那些趨炎附勢的小人。所以對那些壁刻，不屑採集。

霞客自陽朔返回桂林後，仍然未忘情於七星巖諸洞之勝，從五月二十日，崇禎十年（丁丑，1637）去陽朔當天，覓搨工搥拓范、陸等真跡，直到他再返桂林，六月初八取得搨品，已費時將近二十天，但搨品品質欠佳，因之，他在日記中，很遺憾的寫道：「搨法甚濫惡，然無如之何也〔註176〕。」

霞客自柳州往遊融縣老君洞、真仙巖等，更不厭其詳的錄下唐容所著〈真仙巖

〔註171〕元脫脫等撰《宋史》卷三三八；三四○；四二七，（台北：鼎文書局印行，民國80年2月七版），頁10801～12713。

〔註172〕同註169，頁327。

〔註173〕同註169，頁337。

〔註174〕同註169，頁339。

〔註175〕同註169，頁829～830。

〔註176〕明徐宏祖撰，諸紹唐、吳應壽整理《徐霞客游記》，（上海：上海古籍出版社，1987年10月），頁351。

記游〉〔註177〕。宋人胡邦用撰〈眞仙巖詩敍〉〔註178〕，以及荊南龔大器所寫〈春題眞仙洞八景〉〔註179〕等文獻。並且從六月二十五日直到七月初五日，費了十來天工夫，捶搨黃山谷碑、韓忠獻大碑、元祐黨籍碑刻，及老君圖像等多幀。

其後，在黔滇等地，霞客雖也見過不少碑碣、辭匾，但保存價值不大，故多略而不加描述了！

三、少數民族特殊文化

中國西南地區，少數民族雖然宗別眾多，但仍多屬於三苗〔註180〕分支族裔，其民族特殊文化多大同小異，甚至有些習俗與漢族文化，也無多大差異。徐霞客在日記上，都有少量記載；少數民族性格，多屬熱情眞摯，霞客在西南邊區、窮鄉僻壤旅遊，多蒙其利；例如：他在九疑山下：

> 下至牛頭河，暝色已合，……蓋以此處有高山瑤居之，自此而南，絕
> 無一寮。……已而有茅寮一二重，呼之，一人輒秉炬出，迎歸託宿焉。……
> 余感其深夜迎宿，始知瑤猶存古人之厚也〔註181〕。

在雲南碧峒，霞客走在荒山野嶺間：「惟暝色欲合，山雨復來，而路絕茅深，不知人煙何處？不勝惴惴」〔註182〕之際，竟得彝族人「啓外門入。即隨火入舂者家，炊粥浣足〔註183〕。」而且「匡坐敝茅中，冷則與彝婦同就濕焰，……就火煨粥，日三啜焉，枯腸爲潤〔註184〕。」可見瑤彝等族人，無論男女都極善良、體貼又仁慈。

少數民族一般交易行爲，各地區都有定期趕集，市場則稱爲「街子」，霞客在《游記》上最具代表性的記載：

> 十五日，是日爲街子之始。……十三省物無不至，滇中諸彝物亦無不
> 至。……時男女雜沓，交臂不辨，乃遍行場市〔註185〕。（見本書第五章第三
> 節經濟文獻，第84頁至第90頁。）

〔註177〕同上，頁379。
〔註178〕同上，頁380。
〔註179〕同上，頁381。
〔註180〕我國古族名，古書載其地在江、淮、荊州，傳說舜時被遷到三危，即今甘肅敦煌一帶。
〔註181〕同註176，頁238。
〔註182〕同註176，頁713。
〔註183〕明徐宏祖撰，諸紹唐、吳應壽整理《徐霞客游記》，（上海：上海古籍出版社，1987年10月），頁714。
〔註184〕同上，頁715。
〔註185〕同上，頁931～932。

關於少數民族祭祀文化，與漢族祭祀文化，有些相同，有些則有部份差異。最相同的是重視清明節祭掃祖塋，霞客遊鳳羽鐵甲場，適逢三月初五清明節，在《游記》上寫彝人祭掃祖塋的習俗：

> 坐廟前觀祭掃者紛紛，奢者攜一豬，就塋間火坑之而祭；貧者攜一雞，就塋間弔殺之，亦烹以祭〔註186〕。

此情此景，令霞客挑起思鄉情懷，他寫道：「迴憶先塋，已三違春露，不覺憮然〔註187〕！」清明習俗，流寓於邊區的漢族人士，亦大致相同。差異較大的，如：白族的夜祭，祭品必須消失，祭祀的願望才有效果。霞客《游記》寫道：

> 土司出兵，必宰豬羊夜祭之，祭後牲俱烏有，戰必有功〔註188〕。

納西族則有隆重祭天的習俗，甚為特殊，《游記》記載：

> 其俗新正重祭天之禮。自元旦至元宵二十日，數舉方止。每一處祭後，大把事設燕燕木公。每輪一番，其家好事者，費千餘金，以有金壺八寶之獻也。其地田畝，三年種禾一番，本年種禾，次年即種豆菜之類，第三年則停而不種。又次年，乃復種禾。其地土人皆為麼些。國初，漢人之戍此者，今皆從其俗矣〔註189〕。

滇西騰沖一帶夷人多務農，如果遭遇天旱祈雨，則有移「街子」於別地的習俗，霞客遊騰沖界頭村，即逢遷「街子」的民俗，他在《游記》上記載：

> 界頭村。其村倚東山而北，夾廬成街，而不見市集，詢之，知以旱故，今日移街於西北江坡之間，北與橋頭合街矣。蓋此地旱即移街，乃習俗也〔註190〕。

據學者戈春源〈試論《徐霞客游記》的民俗學價值〉解釋移「街子」的理由，為「雲南地區的祈雨風俗是禁止屠宰牲口，把街子市場轉別處，……來求得天帝的憐憫與賜予〔註191〕。」

西南邊疆少數民族、村寨、峒、塢多在山地，所以對山有由衷的崇敬與眷戀，年終歲尾，多有「朝山」的習俗，霞客下榻於雞足沈宅，適逢除夕，見住民紛紛登

〔註186〕同上，頁915。
〔註187〕同上，頁915。
〔註188〕同上，頁897。
〔註189〕明徐宏祖撰，褚紹唐、吳應壽整理《徐霞客游記》，（上海：上海古籍出版社，1987年10月），頁880。
〔註190〕同上，頁995。
〔註191〕戈春源〈試論《徐霞客游記》的民俗學價值〉，蘇州《鐵道師院學報》第2期，1999年。

峰朝山，在《游記》上寫道：

> 度除夕於萬峰深處，此一宵勝人間千百宵！薄暮，憑窗前，瞰星辰燁
> 燁下垂，塢底火光遠近紛挐，皆朝山者，徹夜熒然不絕〔註192〕。

第五節　有關宗教的文獻

中國歷朝，雖然都是君主立國，但人民的宗教信仰，多數朝代卻是絕對自由的。人民對儒、釋、道的教義和信仰，也是兼容並蓄，不但未相互排斥，而且是多樣融合的。因之，廣泛流傳三教合一之說，有學者稱：

> 到了五代趙宋，三教一致的說法更盛於是間〔註193〕。

又說：

> 在明代達到了頂峰，士大夫除習儒業外，亦兼修二氏之學〔註194〕。

徐霞客自幼即接受傳統的儒家教育，而對佛學造詣也相當深入，成長後，尤其與佛教中佛學高深的僧侶、居士交往密切。而另方面，他潛在的絕塵出世性格特質，本具有道教濃厚的「餐霞中人」神秘內涵與氣質。所以，陳函輝在其〈墓誌銘〉中，形容霞客「修幹瑞眉，雙顴峰起，綠睛炯炯，十二時不瞑，見者已目為餐霞中人〔註195〕。」名士陳繼儒與霞客初見時，第一印象便是「墨顴雲齒，長六尺，望之如枯道人〔註196〕。」清楊名時從他性格內涵的評釋，則最為中肯，他說：

> 觀其意趣所寄，往往出入於釋老仙佛，亦性質之近使然〔註197〕。

本節就《徐霞客游記》中，有關記述儒、釋、道三教在西南邊區的文獻資料，摘要簡述如下：

一、儒　教

儒教，依西方人對宗教一辭所下的定義，並非宗教。古代對「儒」字，即有很清楚明白的解釋，從事於儒業之士，稱為儒士或儒家。《舊唐書‧曹華傳》稱儒士者：

〔註192〕同註189，頁833。
〔註193〕周志文《屠龍文學研究》，（台北：國立臺灣大學中文研究所博士論文，民國70年6月），頁166。
〔註194〕同上，頁166。
〔註195〕明徐宏祖撰，褚紹唐、吳應壽整理《徐霞客游記》，（上海：上海古籍出版社，1987年10月），頁1191。
〔註196〕同上，頁1235。
〔註197〕同上，頁1272。

「躬禮儒士，習俎豆之容，春秋釋奠於孔子廟。」稱儒家者：「儒家者流，蓋出於司徒之官，助人君順陰陽，明教化者也，游文於六經之中，留意於仁義之際，祖述堯舜，憲章文武，宗師仲尼，以重其言，於道最為高〔註198〕。」

唐宋元明各代的儒士儒家或被流放、或開疆闢土於西南邊區，如：柳宗元、范成大、陸放翁、曹能始、張南軒等，及其他許多名士大儒，除開館設院教化英才外，而且在寺廟宮觀、巖洞名勝，留下甚多題匾碑刻。《徐霞客游記》最顯著記載儒家無遠弗屆的傳播文獻，即是他在遊七星岩洞群中一座無名古洞，所發現儒道的具體留痕：

> 此古洞也。左崖大書「五美四惡」章，乃張南軒筆，遒勁完美，惜無知者，併洞亦莫辨其名〔註199〕。

按「五美四惡」章，乃《論語》子張問孔子，從政要「尊五美，屏四惡」的意義！何謂「五美」？何謂「四惡」？孔子答以「君子惠而不費，勞而不怨，欲而不貪，泰而不驕，威而不猛。」子章再問：「何謂四惡？」孔子答以「不教而殺謂之虐，不戒視成謂之暴，慢令致期謂之賊，猶之與人也，出納之吝，謂之有司〔註200〕。」

而霞客對這片宣揚儒家從政大道理的碑刻，還強調張南軒書法「遒勁完美」。張南軒，名栻，為宋代與朱熹齊名的一代大儒，朱熹曾特別推崇張南軒的道德學問。嘗言：

> 己之學，乃銖積寸累而成，如敬夫（張栻字）則大本卓然，先有見者也〔註201〕。

西南各地均建有文廟、文昌閣，象徵儒家的尊師重道！也證明這些名家大儒對邊疆地區，儒家學術的傳播與貢獻。

另舉一例，則是任何窮鄉僻壤，孩童均有上私塾、啟蒙讀書的機會，《游記》載述：

> 是為上巖前洞。其門東向，高齊後洞肩，深折不及。前有神廬，側有臺址。有村學究聚群蒙於臺上〔註202〕。

此外，如散處各地的讀書巖、王氏山房、熊氏書館等，從《游記》上各項記載，可

〔註198〕顧實《漢書藝文志講疏·諸子略篇》，（台北：臺灣商務印書館印行，民國69年12月），頁115。

〔註199〕明徐宏祖撰，褚紹唐、吳應壽整理《徐霞客游記》，（上海：上海古籍出版社，1987年10月），頁297。

〔註200〕謝冰瑩等著《四書讀本·論語·堯曰第二十》，（台北：三民書局印行，民國75年4月修訂十版），頁242～243。

〔註201〕朱拙存《中國歷代名人傳》，（台南：經緯書局印行，民國48年9月），頁744。

〔註202〕同註199，頁359。

見，儒家教化早已深入紮根於西南邊陲。

二、道　教

　　徐霞客生具「餐霞中人」的氣質，當然他是受道教文化影響很深者，在《游記》中，對道教的典章與活動，也有甚多史料價值的記載；道教文化源遠流長，修道人多選擇名山大川、清幽奧秘之境，作爲修眞養性的場所。因之，道教有所謂「洞天福地」的道壇，其中包括「十大洞天，三十六小洞天，七十二福地〔註203〕」。

　　霞客在「馳騖數萬里，躑躅三十年。」的旅遊歲月中，對道教的洞天福地，也踏臨了許多，並予以記載，摘錄數例如下：

　　中岳嵩山，爲佛道兩教的名山，「嵩陽洞天」〔註204〕則是道教號稱「司眞第六小洞大」，霞客早期在〈游嵩山日記〉中就寫出：

　　　　出山東行五里，抵嵩陽宮廢址。惟三將軍柏鬱然如山，漢所封也〔註205〕。

西岳華山之西峰奇偉俊拔，爲道教第四大洞天，號稱「三元極眞洞天」〔註206〕。霞客〈游太華山日記〉記載：

　　　　上蒼龍嶺，過日月巖，去犁溝；……復上西峰，峰上石聳起，有石片

　　　覆其上，如荷葉〔註207〕。

西峰俗稱蓮花峰，即爲道教第四大洞天。

　　霞客由嵩山轉往均州遊太和山（今武當山），那更是道教第一名山，山上建有道教的「八宮二觀爲：太和、紫霄、南巖、五龍、玉虛、遇眞、淨樂、迎恩等宮，及復眞、元和兩觀〔註208〕。」紫霄宮是山中最大宮觀，霞客在〈游太和山日記〉中記載：

　　　　峻登十里，則紫霄宮在焉。紫霄前臨禹跡池，背倚展旗峰，層臺傑殿，

　　　高敞特異。入殿瞻謁〔註209〕。

〔註203〕李曉實《中國道教洞天福地攬勝》，（香港：海峰出版社印行，1993年7月），頁4～339。

〔註204〕同上，頁83。

〔註205〕明徐宏祖撰，褚紹唐、吳應壽整理《徐霞客游記》，（上海：上海古籍出版社，1987年10月），頁42。

〔註206〕同註203，頁75。

〔註207〕同註205，頁47。

〔註208〕同註203，頁359。

〔註209〕明徐宏祖撰，褚紹唐、吳應壽整理《徐霞客游記》，（上海：上海古籍出版社，1987年10月），頁52。

福建武夷山為道教第十六小洞天，號稱「景陽洞天」〔註210〕，霞客〈游武夷山日記〉記載：

> 余乃入會眞觀，謁武彝君及徐仙遺蛻〔註211〕。

浙江金華山金華三洞的朝眞洞，道教在「洞上方巖壁上有第三十六洞天之題刻〔註212〕。」霞客在〈浙游日記〉中推崇云：

> 朝眞以一隙天光爲奇，冰壺以萬斛珠璣爲異，而雙龍則外有二門。……
> 水路兼奇，幽明湊異者矣〔註213〕。

在〈江右日記〉中，記載他首先瞻望道教發源地之一的龍虎山上清宮，並在日暮途窮中，冒險往探「貴元司眞第十五洞天」的朝眞宮。節錄其撰文云：

> 舊名徐巖，今爲朝眞宮，乃鬼谷修道處，……今已暮，……遂強靜聞
> 南望一山峽而入。……兩崖甚深，不顧莽刺，……躑躅荊刺中。……當即
> 所稱朝眞宮矣〔註214〕。

霞客繼續在建昌麻姑山參訪道教號稱第二十八洞天第十福地「丹霞洞天」的「丹霞洞」〔註215〕。這些文辭記載，即爲表達他對道教崇奉的虔誠和敬仰！

兩天後，又登華蓋山，並且極讚道場的盛況稱：

> 華蓋之上，諸道房如蜂窩駕空，簇繞仙殿〔註216〕。

霞客遊南岳衡山水濂洞，在〈楚游日記〉中寫道：

> 二里，造其處，乃瀑之瀉於崖間者，可謂之「水簾」，不可謂之「洞」
> 也。崖北石上大書「朱陵大瀝洞天」，併「水簾洞高山流水」諸字，皆宋、
> 元人所書，……又言其東九眞洞〔註217〕。

道教在衡山的眞跡極多，此水簾洞稱爲「眞墟福地，朱陵洞天。」分別列爲第二十三福地，第三小洞天。〔註218〕而霞客在《游記》中也引證：

> 徐靈期謂南岳周迴八百里，回雁爲首，岳麓爲足，遂以回雁爲七十二

〔註210〕李曉實《中國道教洞天福地攬勝》，（香港：海峰出版社印行，1993 年 7 月），頁 133。

〔註211〕同註209，頁 23。

〔註212〕同註210，頁 195。

〔註213〕同註209，頁 106。

〔註214〕同註209，頁 123。

〔註215〕同註209，頁 128。

〔註216〕同註209，頁 145。

〔註217〕明徐宏祖撰，褚紹唐、吳應壽整理《徐霞客游記》，（上海：上海古籍出版社，1987
年 10 月），頁 188。

〔註218〕李曉實《中國道教洞天福地攬勝》，（香港：海峰出版社印行，1993 年 7 月），頁 68。

峰之一〔註219〕。

按衡山上清宮爲晉道士徐靈期的修行處，九眞宮亦稱九眞觀，唐司馬承禎曾在此修行，五代時聶師道亦修行於此〔註220〕。

霞客《游記》記載：

> 至觀音崖再上祝融會仙橋〔註221〕。

祝融峰上有兩處道教福地，會仙橋是兩陡崖間的青石板，下臨深淵，爲道教第二十四福地青玉壇。另一處上封寺舊名光天壇，道教列爲第二十五福地〔註222〕。霞客遊衡山，曾在上封寺居留數日。

霞客所遊九疑山，爲道教第二十三小洞天，號稱「朝眞太虛洞天」〔註223〕。都嶠、白石、勾漏三山，則分屬道教第二十、二十一、二十二洞天，前文已提及，此節不再贅述！

此後，霞客與道教的有關文獻，則以滇境爲主。他首先於崇明州接觸到道教的壇場謂：

> 峰頭有玄帝殿冠其頂，門東向。……半里，得玉虛殿，亦東向，仍道宮也〔註224〕。

到昆明則記錄西山上的道教宮殿：

> 橋渡而南，即爲靈官殿，……攀崖躡峻，愈上愈奇，而樓（供純陽）、而殿（供玄帝）、而閣（供玉皇）、而宮（名抱一）〔註225〕。

大陸學者郭武著〈從徐霞客游記看明代雲南的道教〉，更細列西山道教場所謂：

> 坪間梵宇仙宮（雷神廟、三佛殿、壽佛殿、關帝殿、張仙祠、眞武宮）次第連綴〔註226〕。

霞客在《游記》中曾提及道士邵以正，他正是雲南地區推動道教發展的關鍵人物：

> 邵眞人以正，初名璇，晉寧人。其父名仁，……俱由蘇州徙此〔註227〕。

〔註219〕同註217，頁196～197。
〔註220〕同註218，頁66。
〔註221〕同註217，頁190。
〔註222〕同註218，頁67。
〔註223〕同註218，頁156。
〔註224〕明徐宏祖撰，褚紹唐、吳應壽整理《徐霞客游記》，（上海：上海古籍出版社，1987年10月），頁750。
〔註225〕同上，頁681。
〔註226〕郭武〈從《徐霞客游記》看明代雲南的道教〉，《雲南民族學院學報》，（哲學社會科學版，1994年第4期），頁80。
〔註227〕同註224，頁765。

據郭武考證：

> 此人在昆明龍泉觀拜沖虛至道玄妙無爲光範演教長春眞人劉淵然爲
> 師，得劉淵然舉薦而入京，歷任道錄司右至靈，右演法，左正一等職，又
> 奉詔主持編修成《正統道藏》凡朝廷有大修建，大禳祈，必命眞人邵以正
> 主之〔註228〕。

道教信眾，在滇西地區甚爲普遍，而且僧道雜處，互不排斥。例如：雞足山爲佛教勝地，但碧雲寺後，即建有道教的眞武閣，而眞武閣又爲寺僧所居，《游記》記載：

> 得碧雲寺，……香火雜沓，……師所棲眞武閣，尚在後岩懸嵌處。……
> 入閣，參叩男女滿閣中〔註229〕。

另一例，《游記》謂：

> 逾崗又南一里餘，有道宮倚西山下，亦東向，……宮中焚修者，非黃
> 冠，乃瞿懸也〔註230〕。

麗江附近也有兩例，其一：

> 陟峰頭而庵在焉，……中有堂三楹，供西方大士，左有樓祀文昌，……
> 有一道者棲其間〔註231〕。

其二，在劍川：

> 崗上小峰共有五頂，士人謂上按五行，有金、木、水、火、土之辨。……
> 中峰前結閣，奉三清，……就岩穴僧棲，敲火沸泉，……乃與僧同出峽門
> 〔註232〕。

上述佛、道雜處之象，《游記》文獻多有傳述，本節毋庸多費辭贅！

三、佛 教

徐霞客生於明末「三教合一」說的鼎盛時期，他隨當時社會傳統，幼習儒業，也必然兼修道、釋二氏之業。

霞客與佛教的密切關係，在其畢生的旅遊生涯中，佔了極其主要的比重，因爲佛教教理浩瀚高深、經籍繁多，但歸納多宗派佛教徒，修習生活的共同方法之一即爲「廣結善緣」。霞客也深刻瞭解「廣結善緣」的精義，佛教僧侶有兩句最通俗的偈

〔註228〕同註226，頁81。
〔註229〕朱惠榮《徐霞客與徐霞客游記》，（北京：中華書局，2003年1月），頁908。
〔註230〕同上，道士別稱「黃冠」，和尚別稱「瞿懸」。頁978。
〔註231〕同上，頁990。
〔註232〕同上，頁979～980。

語，即是「一缽千家飯，廣渡有緣人。」這也就是說佛教僧侶在生活方面靠他人佈施。佈施他人，固然廣結善緣，而接受佈施也是結善緣。霞客萬里遐征途中，在湘江遇盜，盤纏喪失殆盡；可是他絕不回返家鄉，繼續征程，食宿絕大部分是依賴寺、廟、庵、堂，接受佈施，所以他的《游記》篇篇都有寺廟庵堂分布、根源、宗派、僧侶德操和佛教文化的記載。摘舉數例：

〈游天台山日記〉中，他雖紀錄有筋竹庵、天封寺等七、八座寺廟，但他預定食宿的地點爲國清寺。因爲國清寺早建於隋唐時代，爲佛教天台宗發源之地，根據文獻記載：

> 陳隋間智者大師（名智顗）居天台山，建立此宗，因山爲名，……智
> 顗居天台山之國清寺，……本宗以法華經爲主〔註233〕。

〈游嵩山日記〉中記錄：

> 南寨者，少室絕頂，……其陰則少林寺在焉，……乃從寺南澗登山，
> 六七里，得二祖庵〔註234〕。

據《佛學概論》資料記載：

> 達摩祖師東來，大宏此法，稱爲禪宗，其心印傳之慧可，次僧璨，次
> 道信，次宏忍，……稱爲五祖，……五祖遂傳法於慧能，是名六祖〔註235〕。

禪宗二祖爲慧可禪師，二祖庵當證明爲慧可之修行道場無疑。

霞客旅遊廬山時，雖記述了山間所有寺廟庵堂，但當時可能不太了解廬山東林寺爲佛教淨土宗的發源道場，所以他並沒有刻意述及，只輕描淡寫的記錄：

> 登陸，五里，過西林寺，至東林寺。寺當廬山之陰，南面廬山，北倚
> 東林山〔註236〕。

據佛教文獻說：「我國東晉時之慧遠，創蓮社於廬山〔註237〕。」另據佛學資料記載：廬山東林寺慧遠著法性論，唱涅盤常住之說，後世奉爲蓮宗初祖〔註238〕、隨霞客萬里遐征的，除顧姓、王姓兩僕外，另一旅伴爲靜聞和尚，即爲蓮宗法嗣：

> 靜聞，迎福寺僧蓮舟法嗣也。禪誦垂二十年，刺血寫成法華經，願供

〔註233〕蔣維喬《佛學概論》，（高雄：佛光出版社印行，民國79年），頁94。
〔註234〕明徐宏祖撰，褚紹唐、吳應壽整理《徐霞客游記》，（上海：上海古籍出版社，1987年10月），頁43。
〔註235〕同註233，頁131。
〔註236〕同註234，頁24。
〔註237〕同註233，頁134。
〔註238〕梁沙門慧皎撰《高僧傳》卷六，（台北：廣文書局有限公司印行，民國75年元月再版），頁308～333。

之雞足山。丙子（崇禎九年）同霞客西遊抵湘江，遇盜槳墮灘水，擎經於頂，獨不失遺。後竟以病創死〔註239〕。

靜聞隨霞客到了柳州修養於天妃廟後，病情加劇，性情也發生變化，尤其是在廟僧的挑唆下，與霞客累生齟齬，霞客在《游記》中沉痛記述：

問前所畀，竟不買米，俱市粉餅食。余恐蹈前轍，遂弗與，擬自買畀之，而靜聞與廟僧交以言侵余。此方病者不信藥，而信鬼，僧不齋食而肉食，故僧以大餔惑靜聞，而靜聞信之，僧謂彼所恃不在藥而在食。靜聞謂予不惜其命而惜錢，蓋猶然病狂之言也〔註240〕。

霞客這段文獻，揭露了佛門僧侶的良莠不齊，托跡空門凡夫出家人之「貪」，與「禪誦垂二十年」法師之「嗔」，均犯了佛門大戒！

其後，靜聞與霞客心結愈來愈深，霞客決意與靜聞分道揚鑣，《游記》記載：

蓋其意，猶望更生，便復向雞足，不欲待予來也。……不若以二物付之，遂與永別，不作轉念。……入崇善寺，已日薄崦嵫。入別靜聞，與之永訣〔註241〕。

於是，兩人走來同甘共苦的交情，就此劃下句點！

霞客自太平府遊罷回轉南寧前，而靜聞已病歿多日，因「聞靜聞訣音，必窆骨雞足山〔註242〕。」於是霞客感念以前之友誼與諾言，乃將靜聞骸骨「包而縫之，置大竹撞間，洽下層一撞也〔註243〕。」終於將其窆骨雞足山，而霞客這番重情重義的作為，也深得西南佛教界與後世士林的敬重與好評。

〈粵西游日記〉記載霞客於全州湘山寺，拜無量壽佛塔，且簡介無量壽佛史料稱：

登大殿，拜無量壽佛塔。無量壽佛成果於唐咸通間，《傳燈錄》未載，號全真，故州以全名。肉身自萬曆初燬，丙戌又燬，後又燬。……上捲雲閣。絕壁臨江，有無量指甲印石〔註244〕。

徐霞客深信無量壽佛成果之說，與佛教界的認知，頗有差距。根據《佛學概論》的

〔註239〕明徐宏祖撰，褚紹唐、吳應壽整理《徐霞客游記》，（上海：上海古籍出版社，1987年10月），頁1154。
〔註240〕同上，頁369。
〔註241〕同上，頁451～452。
〔註242〕同上，頁531。
〔註243〕同上，頁533。
〔註244〕明徐宏祖撰，褚紹唐、吳應壽整理《徐霞客游記》，（上海：上海古籍出版社，1987年10月），頁274。

述說，無量壽佛並非普通僧侶修練成佛，而是阿彌陀佛的別稱。考據佛教文獻：

> 阿彌陀佛爲無量壽，無量光之義，此佛在無量劫之前，身爲國王〔註245〕。

霞客《游記》也證實《傳燈錄》未載，但他簡介的無量壽佛資料，可能根據地方志或傳聞而來，可信度尚待觀察。

與霞客交往的僧侶甚多，但交談投契者，僅有限的幾位，如迎福寺僧蓮舟上人（靜聞之師，曾同遊天台山），居住在餘杭白玉庵的僧人意，所云：「深夜籌燈瀹茗，爲余談其遊日本事甚詳〔註246〕。」他在衡州綠竹庵，除食宿於綠竹庵外，並從事寫作，和庵僧瑞光詩文酬答。《游記》載：

> 余擁爐書上封疏、精舍引，作書懷詩呈瑞光〔註247〕。

而最令霞客傾心交結的，則爲江西宜黃寶積寺僧觀心，《游記》稱：

> 觀心，宜黃人，向駐錫豐城，通儒、釋之淵微，兼詩文之玄著，余一
> 至，即有針芥之合，設供籌燈，談至深夜，猶不肯就寢，曰：「恨相見之
> 晚也〔註248〕。」

此外，如貴州白雲庵主僧自然，雲南曲靖護國寺大乘和尚，昆明筇竹寺住持僧空體，及大姚、姚安、定遠等各地廟宇僧侶。雖然交往頻仍，但多因旅遊名勝，食宿於那些廟宇，故多屬泛泛之交，惟雞足山悉檀寺，弘辯、安仁兩僧，對霞客殷勤接待與關懷備至，則是因霞客於西行前，得陳繼儒修書介紹之故，《游記》載：

> 因急趨眉公頑仙廬。……飲至深夜。余欲別，眉公欲爲余作一書寄雞
> 足二僧，一號弘辯，一號安仁。……清晨，眉公已爲余作二僧書，且修以
> 儀〔註249〕。

霞客順利將靜聞窆骨於雞山〔註250〕，其後又往返放射性旅遊滇西南各地，及受木知府委託修《雞足山志》〔註251〕，均以雞足山叢林悉檀寺爲棲身據點，陳眉公介紹之

〔註245〕蔣維喬《佛學概論》，（高雄：佛光出版社印行，民國79年），頁135。
〔註246〕同註244，頁97。
〔註247〕同註244，頁197。
〔註248〕同註244，頁144。
〔註249〕明徐宏祖撰，褚紹唐、吳應壽整理《徐霞客游記》，（上海：上海古籍出版社，1987年10月），頁94。
〔註250〕雞山，即雲南雞足山，與峨眉山、五台山、普陀山、九華山並稱中國五大佛教名山。是徐霞客西遊參訪的主要目標之一，也是《徐霞客游記》中徐霞客遊蹤終結的地方。見侯沖〈徐霞客《雞山志》初考〉，（《民族藝術研究》，1995年第1期）。
〔註251〕徐霞客《雞足山志》，開闢了除遊記、詩歌、散文之外的另一學術研究領域。不僅創意提出「由天而人」的編目方法，而且身體力行，博采求眞，如記實記述敘了「諸寺原始」和「名刹碑記」，並描繪出「靈異」、「景致」的「特出之奇」。其中不乏精

情，最爲關鍵也！

　　至於霞客滿腹經綸，其對佛學造詣，究竟達到何種程度？頗難臆測，但從其《游記》中，所記述他對了凡與一葦兩僧論禪的評價而論，則可略窺梗概：

　　　　川僧一葦，自京師參訪至此，能講演宗旨。聞此有了凡師，亦川僧，
　　淹貫內典。……一葦與了凡以同鄉故，欲住靜山中，了凡與之爲禪語。余
　　旁參之，覺凡公禪學宏貫，而心境未融，葦公參悟精勤，而宗旨未徹，然
　　山窮水盡中亦不易得也〔註252〕。

從「然山窮水盡中亦不易得也」這句話來觀察，霞客根本對了凡與一葦兩僧的禪語，持否定與不屑的態度，不過佛學浩瀚深廣，而顯教又分了俱舍成實、三論、法相、天台、華嚴、律宗、淨土等宗及密教的眞言宗，各宗宗旨，雖大同小異，但論點很難判斷其絕對的是，或絕對的非，而且爭論性極高。如：膾炙人口的禪語「時時勤拂拭，勿使染塵埃！」而其相對的反面禪語，卻是「本來無一物，何處染塵埃？」所以，了凡與一葦的禪論，霞客一旁參之，批評了凡「心境未融」，一葦的「宗旨未徹」，那麼他起碼對佛學大小二乘、有空二門，顯密兩教中，法相宗「心王心所法」〔註253〕，天台宗「一心三觀」〔註254〕，禪宗「以心傳心，不依經文」等的要義〔註255〕，以及各宗宗旨綱要，有相當程度的涉獵，否則以在家人之佛學常識，何能對專業的出家人，如天馬行空、無邊無際的禪機問答，明白評斷道行的深淺！

　　由以上各項觀察發現，佛教宗派之繁多，教理之幽深，如眞能領會貫通，便已達到「悟道」成佛的境界，而霞客未必有此「心境融，宗旨徹」的造詣，但他僅有豐富的佛教常識，讓他在各地寺廟僧侶應對間，便捷自如，套他自己所說的：「亦不易得也〔註256〕。」

第六節　傳說與社會文化

　　西南邊陲地區，多爲少數民族，其中不乏各自的信仰與傳說。綜觀《游記》所

　　　　心考證、科學見地，爲歷代修志提供經驗和借鑒。見盧永康〈徐霞客《雞山志》是
　　　　雲南最傑出的山川志〉，（《雲南師範大學學報》，哲學社會科學版，1997年第5期）。
〔註252〕同註249，頁951。
〔註253〕蔣維喬《佛學概論》，（高雄：佛光出版社印行，民國79年），頁84。
〔註254〕同上，頁103。
〔註255〕同上，頁131。
〔註256〕明徐宏祖撰，諸紹唐、吳應壽整理《徐霞客游記》，（上海：上海古籍出版社，1987
　　　　年10月），頁951。

記錄的資料，茲以種族分布與民情風俗史觀、民間地方傳說來觀察。

一、種族分布與民情風俗史觀

西南邊陲少數民族，種族繁多，大致區分爲傣、猺、黎、彝、玀玀、麼些等各族。但多屬苗裔分支，苗族也是中華民族，除漢、滿、蒙、回、藏之外的另一大族，因古代族群戰爭，被驅逐於邊疆地區，據文獻記載：

> 蚩尤惟始作亂，延及於平民；罔不寇賊，鴟義姦宄，奪攘矯虔，苗民弗用靈〔註257〕。

《書經·堯典》云：

> 流共工於幽州，放驩兜於崇山，竄三苗於三危，殛鯀于羽山，四罪而天下咸服〔註258〕。

三苗即是苗族的統稱，三危係中國的西南部，據〈禹貢〉記載：

> 導黑水，至於三危〔註259〕。

又說：

> 華陽黑水惟梁州〔註260〕。

再說：

> 黑水西河惟雍州〔註261〕。

據清畢沅撰《釋名疏證》稱：

> 涼州西方所在寒涼也，雍州在四山之內雍翳也〔註262〕。

由於時代湮遠，苗族逐漸往南遷徙，故多分布在湖南、四川、廣西、貴州、雲南各地，社會結構雖自成一系，但民情風俗卻大同小異。徐霞客西南遐征，所接觸湘、桂、黔、滇等地各族邊民，則全係苗族分支後裔，他在《游記》中記述：

> 由廣順、安順西出普定，其道近，而兩順之間，廣順知州柏兆福，欲歸臨清；安順土知州，近爲總府禁獄中，苗蠻伏莽可慮〔註263〕。

由此可見，苗裔分布之廣，苗人秉性驃悍！但苗人知識程度落後，凡是漢化的稱爲

〔註257〕蔡狄秋等編《書經讀本·呂刑》，（台南：文國書局印行，民國77年5月），頁188。
〔註258〕同上，頁12。
〔註259〕同上，頁43。
〔註260〕同上，頁39。
〔註261〕同上，頁40。
〔註262〕清畢沅撰《釋名疏證》，（台北：廣文書局印行，民國68年4月），頁11。
〔註263〕明徐宏祖撰、諸紹唐、吳應壽整理《徐霞客游記》，（上海：上海古籍出版社，1987年10月），頁639。

熟苗，生活習慣已經漢化；而仍保留原始生活習慣的稱爲生苗。霞客在整部《游記》中，著墨不多。

二、傳　說

邊疆地區，民間傳說甚多，大部分都與苗民生態文化關聯甚鉅。茲舉數例：
其一，人民相信因果報應的傳說。道州石浪寺有「一刀屠」傳說，《游記》記載：

> 寺有蔣姓者成道，今肉身猶在，即所謂「一刀屠」也。浪石有「一刀屠」肉身，其面肉如生。碑言姓蔣。……宋初，本屠者，賣肉輕重，俱一刀而就，……繼而棄妻學道，……坐化於寺。後有盜，欲劫江華庫，過寺，以占取決，不吉。盜劫庫還，遂剖其腹，取心臟而去。此亦「一刀屠」之報也〔註264〕。

從這句「此亦一刀屠之報也。」的評語看，霞客亦深信冥冥中報應不爽。
其二，屬於盡孝道傳說。

霞客事母至孝，凡有孝行的傳說，輒詳盡記載，於遊湘南乳源宮時，《游記》中詳述蘇仙軼事：

> 宮中有天啓初邑人袁子訓碑，言蘇仙事甚詳：言仙之母，……浣於溪，有苔成團繞足者，……成孕，生仙。……母棄之後洞中，即白鹿洞。明日往視，則白鶴覆之，白鹿乳之，異而收歸。……後白日奉上帝命，隨仙官上昇，……母言：「兒去，吾何以養？」乃留一櫃，封識甚固，曰：「凡所需，扣櫃可得。第必不可開。」指庭間橘及井，曰：「此中將大疫，以橘葉及井水愈之。」後果大驗，郡人益靈異之，欲開櫃一視，母從之，有隻鶴沖去，此後扣櫃不靈矣。母逾百歲，既卒，鄉人彷彿見仙在嶺，哀號不已〔註265〕。

另一爲迷信風水、忤逆不孝的傳說，《游記》載：

> 土語：堯山十八面，畫山九箇頭，有人能葬得，代代出封侯。後地師指畫山北面隔江尖峰下，水繞成坪處爲吉壤，土愚人輒戕其母，欲葬之，是夕峰墜，石壓其穴，竟不得葬，因號其處爲忤逆地〔註266〕。

〔註264〕明徐宏祖撰，褚紹唐、吳應壽整理《徐霞客游記》，（上海：上海古籍出版社，1987年10月），頁224。
〔註265〕同上，頁254～255。
〔註266〕明徐宏祖撰，褚紹唐、吳應壽整理《徐霞客游記》，（上海：上海古籍出版社，1987年10月），頁339。

霞客接著以恨恨的情緒續論:「余所恨者,石墜時不並斃此逆也〔註267〕。」這兩句話,強調出霞客孝思的天性。

其三,土人殺牲祈福的傳說。

霞客遊滇西麗江附近,在《游記》上記述:

> 下瞰土主廟後,石高三丈,東面平削,鑴三大天王像於上,中像更大,上齊石頂,下踏崖腳,手托一塔,左右二像少殺之,土人言土司出兵,必宰豬羊夜祭之,祭後牲俱烏有,戰必有功,是爲天王石〔註268〕。

另霞客在廣西遊隱山,記錄南人性喜食犬的野蠻傳統:

> 已而登崖躡嶠,挲石雲軿,透架石而入,上書「靈咸感應」四大字,知爲神宇。……香煙紙霧,氤氳其間,而中無神像,外豎竿標旗,而不辨其爲何洞何神也。下山,見有以雞酒來者,問之,知爲都錄嚴。言其神甚靈異,而好食犬,時有犬骨滿洞中〔註269〕。

由上述各點觀察,當地土人居民對傳說之言甚爲誠信篤行。

〔註267〕同上,頁339。
〔註268〕同上,頁897。
〔註269〕同上,頁348。

第六章 《徐霞客游記》的寫作方法及態度

徐霞客藏書豐富,遍覽群籍,深受謝靈運、陶淵明、陶弘景、鮑照、吳均、柳宗元等記遊山水文章及酈道元《水經注》的影響和啓發。尤其是他以布衣之身,而又家財豐盈,在生活與家庭關係方面,沒有任何負擔與壓力下,而矢志「冥搜閟奧,曠覽幽遐〔註1〕。」就成爲他「身無曠晷,路有確程〔註2〕。」畢生旅遊事業的雄圖壯志,其《游記》被賦予「固應與子長之《史記》並垂不朽,豈僅補桑經酈注之所未備也耶〔註3〕?」之美譽。茲觀察霞客寫作的方法與寫作態度,凸顯其《游記》內容的眞實、自然之外,也取得文學上的卓越成就。

下面分三節來討論,第一節寫作方法,第二節寫作態度,第三節《游記》外章〈溯江紀源〉〈盤江考〉與〈隨筆〉。

第一節 寫作方法

徐霞客記錄所見所聞的寫作方法,大體上可以分兩部份來看,一爲摹擬前人日記體裁按程敘遊,一爲套用冷僻古字爭文章之工也。

一、摹擬前人日記體裁按程敘遊

《徐霞客游記》前期十七篇,後期二十一篇(不包括〈游太華山記〉及〈游顏

〔註1〕明徐宏祖撰,褚紹唐、吳應壽整理《徐霞客游記》,(上海:上海古籍出版社,1987年10月),頁1272。
〔註2〕同上,頁1266。
〔註3〕同上,頁1270。

洞記〉兩篇），多係仿宋范成大〔註4〕《驂鸞錄》〔註5〕和《桂海虞衡志》〔註6〕，及宋陸游《入蜀記》〔註7〕採計日按程的日記體裁形式創作而成。《桂海虞衡志》是范成大 1175 年完成的一本專門記述桂林及其周圍二十多個喀斯特洞穴的情況，如：洞穴的位置、大小、結構等，並提出鐘乳石是「石液凝結所爲」的見解，對桂林的峰林地貌也有生動的描述。〈志岩洞〉篇是研究中國喀斯特地貌的主要文獻，也是霞客探察洞穴的主要參考資料。

至於摹擬日記體裁方面，格式上如《入蜀記》中「六月一日早，移舟出閘〔註8〕。」「五日早，抵秀州〔註9〕。」「十一日五更，發楓橋〔註10〕。」「十三日早，入常州〔註11〕。」「十六日早，發丹陽〔註12〕。」「十七日早，平旦，入鎮江〔註13〕。」「九日早，謁后土祠〔註14〕。」等等，陸游用「早、平旦」等；而徐霞客卻用「平明，昧爽。」和陸游文意相同，用字不同加以區別。如「十一日，平明行，二十五里過黃楊鋪〔註15〕。」「十二日，平明發舟〔註16〕。」「十三日，平明風稍殺〔註17〕。」「二

〔註 4〕宋范成大，字致能，號石湖居士，死後謚文穆。吳縣（今江蘇蘇州市）人，南宋紹興二十四年（1154）進士，善詩文，與陸游、楊萬里齊名。孝宗時知靜江府（治今桂林市）。著有《石湖集》、《桂海虞衡志》、《吳郡志》、《吳船錄》、《攬轡錄》、《驂鸞錄》。

〔註 5〕宋范成大《驂鸞錄》一卷，孝宗乾道八年十二月，范成大由中書舍人出知廣西靜江府。次年閏一月抵達桂林。此編爲沿途紀行之書。取唐韓愈〈送桂州嚴大夫詩〉「遠勝登仙去，飛鸞不暇驂」句意，名爲《驂鸞錄》。

〔註 6〕宋范成大《桂海虞衡志》，原書三卷，今存一卷。范成大於隆興中爲靜江（桂林）地方長官，就其見聞所得，記述嶺南地區的山川風物，共十三篇，多爲前此方志所未記載。

〔註 7〕宋陸游《入蜀記》六卷，陸游在乾道六年由山陰到夔州，沿途逐日記其旅行經歷，詳述山川風土及考訂古蹟，寫成此書。

〔註 8〕宋陸游《陸放翁全集》卷四十三，（台北：河洛圖書出版社印行，民國 64 年 5 月），頁 265。

〔註 9〕同上，頁 266。

〔註 10〕同上，頁 267。

〔註 11〕同上，頁 267。

〔註 12〕同上，頁 267。

〔註 13〕同上，頁 268。

〔註 14〕同上，頁 289。

〔註 15〕明徐宏祖撰，褚紹唐、吳應壽整理《徐霞客游記》，（上海：上海古籍出版社，1987 年10 月），頁 212。

〔註 16〕同上，頁 212。

〔註 17〕同上，頁 212。

十七日，昧爽發舟〔註18〕。」「二十八日，昧爽，縴而行〔註19〕。」「二十九日，昧爽行〔註20〕。」徐霞客以其直接觀察，深切感受各地山形、地貌、洞穴、水文、宗教、社會各方面的類型變化等，較陸游《入蜀記》更爲精細入微描繪與記述。史夏隆〈序〉稱：

> 而人與事之畸皆在《游記》一書。曷言乎一書之畸也？凡經傳所稱畸人，或一事之畸，或一言之特，而徐子之畸在游。游之畸未可一事一言盡也〔註21〕。

因爲「游之畸未可一事一言盡也」，所以《游記》的敘事部份，多半「皆據景直書，不憚委悉煩密〔註22〕。」即使是非常崇拜霞客的錢謙益，也會調侃他「走筆爲記，如甲乙之簿〔註23〕。」平心而論，旅遊日記如果不用「如甲乙之簿」方式，則眞的不能一事一言盡也。

二、套用冷僻古字爭文章之工

霞客寫《游記》，寫山的稜脈走向，就必然要寫水的源頭和流向，寫山寫水，則必然又寫自然景色。所以他的寫作方法，是以日記體裁爲主。一方面「不憚委悉煩密」的「如甲乙之簿」；一方面又以具有濃厚駢儷文學意味的遣詞用句，描繪山川勝景，而成爲無數段落的辭賦格調與優美散文，如此交互運用，便成爲《徐霞客游記》的特殊風格，舉數例說明：

錢謙益〈徐霞客傳〉推崇其寫作方法謂：「居平未嘗鑿帨爲古文辭〔註24〕。」所謂「鑿帨」，據《法言義疏》解釋：「今之學也，非獨爲之華藻也，又從而繡其鑿帨〔註25〕。」比喻學者爲文繁碎，也就是說，學者寫作不但運用華麗辭藻，而且還在篇幅上錦上添花。

錢謙益讚賞霞客《游記》沒有這些毛病，平素沒有「鑿帨爲古文辭」，他這句

〔註18〕同上，頁155。
〔註19〕同上，頁155。
〔註20〕同上，頁155。
〔註21〕同上，頁1266。
〔註22〕明徐宏祖撰，褚紹唐、吳應壽整理《徐霞客游記》，（上海：上海古籍出版社，1987年10月），頁1273。
〔註23〕同上，頁1199。
〔註24〕同上，頁1199。
〔註25〕吳汪榮寶撰《法言義疏・寡見卷》第七，（台北：世界書局印行，民國70年6月三版），頁336。

話實在有待商榷，徐霞客寫《游記》，固然多處走筆「委悉煩密」，記里程：「上躋二里，……又一里，……又二里，……下一里，……一里，……一里，……一里，……又西半里，……二里〔註26〕。」記間隔：「五里，草墟。十五里，羅巖。……又五里，楊柳。又五里，大堡。又十五里，舊縣。又五里，古城。又五里，白沙灣〔註27〕。」那麼多連續的「又」字堆疊，除這些「如甲乙之簿」流水帳式之外，然其所運用並不常見的古文字、古文辭，卻是隨處可見。如：「路則直東躡嶺而上，余意在窮崖，不在陟岵〔註28〕。」的「岵」字，一般文章，並不多見。據《釋名・釋山》：「山有草木曰岵〔註29〕。」如此洗鍊的古文字，在徐霞客筆下更顯精巧雋永，縱然不是他蓄意「鑿悅」，而落筆則絕對具有極精湛的修飾性！又如：〈閩游日記〉：「霧滃棘銛，茀石籠崖〔註30〕。」句中的「滃」字，就是套用郭景純〈江賦〉：「氣滃滃以霧杳，時蔚律其如煙」〔註31〕而來。另一「銛」字，則是借鑑左思〈魏都賦〉中，運用「齊被練而銛戈，襲偏裻以讀列」〔註32〕銳利奇僻的字，加強形容他遊龍洞時，濃霧濕氣瀰漫籠罩，和荊棘藤蔓的尖刺銳利。

又如，霞客遊滇省師宗附近，寫道：

> 路從峽東行，兩界山復相持而北；塢中皆荒茅沮洳〔註33〕。

這「沮洳」兩字，是形容地勢低窪、土壤浸潤、滲水之意。在一般文章中，極少有人運用。霞客腹笥淵博，他又將左思〈魏都賦〉中：「隰壤瀸漏而沮洳，林藪石留而蕪穢」〔註34〕的辭藻套用在日記上。

又如：

> 中夜起，明星皎然，以爲此後久晴可知，比曉，飯未畢，雨乃止矣。

> 躞蹀泥淖中，大溪亦自藍山曲而東至，遂循溪東行〔註35〕。

「躞蹀」兩字，一般的文句中甚少見到，意指小步走路、散漫的樣子。唐白居易《長

〔註26〕同註22，頁718。

〔註27〕同註22，頁395。

〔註28〕同註22，頁1023。

〔註29〕清畢沅撰《釋名・釋山》卷一，（台北：廣文書局有限公司印行，民國68年4月再版），頁7。

〔註30〕明徐宏祖撰，褚紹唐、吳應壽整理《徐霞客游記》，（上海：上海古籍出版社，1987年10月），頁62。

〔註31〕陳宏天等主編《昭明文選譯注》，（台北：建宏出版社印行，1994年11月），頁81。

〔註32〕同上，頁340。

〔註33〕同註30，頁692。

〔註34〕同註31，頁358。

〔註35〕同註30，頁242。

慶集・初到洛下閒遊》詩：曾在東方千騎上，至今躞蹀馬頭高。

〈楚游日記〉中，也記載：

> 乃下巖南行，則自北南來者甚眾，而北去者猶踽踽不前也。途人相告，即梅前司渡河百四十名之夥，南至天都石坪行劫〔註36〕。

「踽踽」兩個疊字，也是很少見到的用詞，意指步履密且狹，在狹窄的地方走路，不敢放大腳步走的樣子。例如：《禮記・玉藻》：「端行，頤霤如矢，弁行，剡剡起履，執龜玉，舉前曳踵，踽踽如也〔註37〕。」《論語・鄉黨篇》：「執圭，鞠躬如也，如不勝。上如揖，下如授，勃如戰色，足踧踖如有循〔註38〕。」由此可見，霞客並非如後人推崇的不爭文字之工，在某些地方，仍然出現冷僻的古字。

此外，霞客在《游記》中，寫盜賊而不說盜賊，卻稱之為「隹苻」〔註39〕，寫老虎而不說老虎，卻稱之為「於菟」〔註40〕，他將令人難釋又難解的冷僻古辭「齮齕」也用上了：「未幾歸，後為有司齮齕不已，雄心竟大耗〔註41〕。」按只有《史記・田儋傳》：「且秦復得志於天下，則齮齕用事者墳墓矣〔註42〕。」在其他的文學篇章上，甚少發現「齮齕」的文辭。

從上述各點觀察，霞客在寫作方法上，非常刻意「瑩悅」洗鍊簡潔的古文字，以講求其《游記》內容的深邃和傳神！

陳函輝謂：「霞客工詩，工古文詞〔註43〕。」奚又浦謂霞客「其筆意似子厚，其敘事類龍門〔註44〕。」而吳國華稱霞客：「盡發先世藏書，並齎未見書，縑緗充棟，叩如探囊〔註45〕。」則不如說霞客遣詞造句是承傳於辭賦風格，還較為中肯。在《游記》中，霞客對於描繪景觀的技巧，更多採用辭賦格的四言對句、五言六言對句，也多處夾雜駢四儷六、整齊對稱的句式。略舉數例以明之：

〔註36〕同註30，頁250

〔註37〕王夢鷗註譯《禮記今註今譯》，（台北：臺灣商務印書館印行，民國76年三版），頁518。

〔註38〕謝冰瑩等編譯《新譯四書讀本》，（台北：三民書局印行，民國75年4月修訂十版），頁140。

〔註39〕明徐宏祖撰，諸紹唐、吳應壽整理《徐霞客游記》，（上海：上海古籍出版社，1987年10月），頁95。

〔註40〕同上，頁1。

〔註41〕同上，頁469。

〔註42〕漢司馬遷撰（劉宋）裴駰《新校史記三家注》卷九十四〈田儋〉列傳第三十四，（台北：世界書局印行，1993年12月6版2刷），頁2644。

〔註43〕同註39，頁1198。

〔註44〕同註39，頁1269。

〔註45〕同註39，頁1188。

形容柳州無名洞：

> 惟洞北裂崖成實，環柱通門，石質忽靈，乳然轉異；攀隙西透，崖轉南向，連開二楹，下跨重樓，上懸飛乳，內不深而宛轉有餘，上不屬而飛凌無礙〔註46〕。

形容勾漏山崖洞：

> 迴錯開闔，疏櫺窈窕，忽環而爲璇室，忽透而爲曲榭，中藏之秘，難以言罄〔註47〕。

形容向武州百感巖洞穴：

> 內削壁而外懸枝，上倒崖而下絕壑，飛百尺之浮桴，俯千仞而無底。……其上倒垂之柱，千條萬縷，紛紜莫有紀極；其兩旁飛駕之懸臺，剜空之卷室，列柱穿崖之榭，排雲透夾之門，上下層疊，割其一臠〔註48〕。

形容柳州眞仙巖洞：

> 洞至此千柱層列，百寶紛披，前之崇宏，忽爲窈窕，前之雄曠，忽爲玲瓏，宛轉奧隟，靡不窮搜〔註49〕。

形容雞足山瀑布：

> 故其跌宕之勢，飄搖之形，宛轉若有餘，騰躍若不及，爲粉碎於空盧，爲貫珠於掌上，舞霓裳而骨節皆靈，掩鮫綃而丰神獨迴〔註50〕。

形容雞足山蘭宗靜室兩崖環峙：

> 巖峙東西峽中，南擁如屏。東屏之上，有水上墜，洒空而下，罩於嵌壁之外，是爲水簾；西屏之側，有色旁映，傅粉成金，煥乎層崖之上，是爲翠壁。水簾之下，樹皆傴側，有斜騫如翅，有橫臥如虹〔註51〕。

文藻華麗乃處處可見，〈黔游日記二〉記載：

> 淬綠鍔於風前，搖青萍於水上，芃芃有光〔註52〕。

上列各節的用辭造句，與南北朝時代崇駢、求儷之風，似乎沒有多大差異！

〔註46〕同註39，頁366。

〔註47〕明徐宏祖撰，褚紹唐、吳應壽整理《徐霞客游記》，（上海：上海古籍出版社，1987年10月），頁426。

〔註48〕同上，頁502。

〔註49〕同上，頁381。

〔註50〕同上，頁1114。

〔註51〕同上，頁1116。

〔註52〕明徐宏祖撰，褚紹唐、吳應壽整理《徐霞客游記》，（上海：上海古籍出版社，1987年10月），頁665。

霞客除寫作《游記》外，以其旅遊心得，另有專章〈盤江考〉、〈溯江紀源〉（一名〈江源考〉），及詩作多篇流傳於世。

由上述看來，陸游《入蜀記》每日之記行開頭的用詞而言，著重於通俗口語化；而徐霞客每日之記行的開頭，則偏重較書卷氣息的用詞。故後人言徐霞客不爭文字之工，與事實不然。

第二節　寫作態度

楊名時在《游記‧序》中，稱道徐霞客寫作態度翔實、嚴謹、認眞：

> 念其生平胼胝竭蹶歷數萬里，衝風雨，觸寒暑者垂二十餘年，其所記遊跡，計日按程，鑿鑿有稽，文詞繁委，要爲道所親歷，不失質實詳密之體，而形容物態，摹繪情景，時復麗雅自賞，足移人情，既可自怡悅，復堪供持贈者也〔註53〕。

所以，霞客與前人名士寫山水文章，態度上最明顯不同的，遠的不談，只以唐代柳宗元〈永州八記〉、宋代蘇東坡前後〈赤壁賦〉而論，都以極濃厚的抒情性爲主，以山水的景觀爲輔。而霞客則純粹是爲蒐奇攬勝和踐幽探險，準確記錄下親身經歷的每一步驟、時間、距離和景觀，也流露感情愛憎和思古幽情，所以他寫作態度是翔實、嚴謹的以「如甲乙之簿」和駢儷文藻交互運用，對讀者產生了「走筆爲記，如甲乙之簿，如丹青之畫，雖才筆之士，無以加也〔註54〕。」的認同效果。例如：「如丹青之畫者。」

> 時浮雲已盡，麗日乘空，山嵐重疊競秀，怒流送舟，兩岸濃桃豔李，泛光欲舞，出坐船頭，不覺欲仙也〔註55〕！

又說：

> 嘉木尤深密，紫翠之色，互映如圖畫，爲希夷習靜處。前有傳經台，孤瞰壑中，可與飛昇作匹〔註56〕。

又云：

> 舟人泊舟畫山下晨餐。余遂登其麓，與靜聞選石踞勝，上眷綵壁，下

〔註53〕同上，頁1271。

〔註54〕同上，頁1199。

〔註55〕明徐宏祖撰，褚紹唐、吳應壽整理《徐霞客游記》，（上海：上海古籍出版社，1987年10月），頁49。

〔註56〕同上，頁54。

蘸綠波，直是置身圖畫中也〔註57〕。

又說：

> 此三洞者，内不相通而外成聯壁，既有溪以間道，復有竅以疎明，既無散漫之滴亂灑洞中，又有垂空之乳恰當戶外，臥雲壑而枕溪流，無以逾此〔註58〕！

又云：

> 其崖危削數千尺，上覆下嵌，若垂空之雲，互接天半。……循崖下北行，上有飛突之崖，下有纍架之石，升降石罅中，雖無窈窕之門，如度凌虛之榭〔註59〕。

又說：

> 一罅北透則石叢，……一罅東下崖削，……四旁皆聳石雲噓，飛翠驚舞，幽幻險爍，壺中之透別有天，世外之棲杳無地〔註60〕。

此外，霞客多用對比的手法，評判同質景觀的差異，也是他在寫作態度上翔實認眞的風格之一；如遊〈九鯉湖〉：

> 其旁崩崖頹石，斜插爲巌，橫架爲室，層疊成樓，屈曲成洞；懸則瀑，環則流，瀦則泉；皆可坐可臥，可倚可濯，陰竹木而弄雲烟。……若水之或懸或渟，或翼飛疊注，即匡廬三疊、雁蕩龍湫，各以一長擅勝，未若此山微體皆具也〔註61〕。

遊嵩山：

> 峽底矗崖，環如半規，上覆下削；飛泉墮空而下，舞綃曳練，霏微散滿一谷，可當武彝之水簾。蓋此中以得水爲奇，而水復得石，石復能助水，不尼水，又能令水飛行，則比武彝爲尤勝也〔註62〕。

遊麻姑山：

> 上至噴雪，則懸瀑落峰間，一若疋練下垂，一若玉筯分瀉。分瀉者，交縈石隙，珠絡縱橫。……既墜，仍合爲一。……但上之懸墜止二百尺，

〔註57〕同上，頁339。
〔註58〕同上，頁389。
〔註59〕同上，頁398。
〔註60〕同上，頁400。
〔註61〕明徐宏祖撰，褚紹唐、吳應壽整理《徐霞客游記》，（上海：上海古籍出版社，1987年10月），頁36。
〔註62〕同上，頁40。

不能與雁蕩、匡廬爭勝〔註63〕。

對桂、黔、滇各地，山之土石成份比對：

> 粵西之山，有純石者，有間石者。……滇南之山，皆土峰繚繞，間有
> 綴石。……黔南之山，……獨以逼聳見奇。滇山惟多土，……而流多渾
> 濁。……粵山惟石，故多穿穴之流，而水悉澄清〔註64〕。

遊雞足山觀瀑亭瀑布，與天台山曇花亭石梁飛瀑比對：

> 由觀瀑亭對崖瞰瀑布從玉龍閣下隤。墜崖懸練，深百餘丈，直注峽底，
> 峽逼菁深，俯視不能及其麓。然踞亭俯仰，絕頂浮嵐，中懸九天，絕崖隤
> 雪，下嵌九地，兼之霽色澄映，花光浮動，覺此身非復人間。天台石梁，
> 庶幾又向曇花亭上來也〔註65〕。

上列各則，均係霞客直接觀察和感受，將相似的景觀形態，相互印證，這類比對，《游記》全書著墨甚多，不勝枚舉。

第三節 《游記》外章〈溯江紀源〉〈盤江考〉和〈隨筆〉

徐霞客寫《游記》之外，另外還寫〈溯江紀源〉〈盤江考〉和〈隨筆〉二則等專篇，在〈溯江紀源〉中，他不但泛談黃河與長江的源頭、流向、經過、支流「入海之衝」，在結論上，還特別說出：

> 然則江之大於河者，不第其源之共遠，亦以其龍之交會矣。故不探江
> 源，不知其大於河；不與河相提而論，不知其源之遠〔註66〕。

陳函輝可能由這段文獻，就認定霞客：

> 由雞足而西出石門關數千里，至崑崙，窮星宿海，登半山，風吹衣欲
> 墮，望見外方黃金寶塔，又數千里遙矣〔註67〕。

至於〈盤江考〉，霞客不僅由於親身走訪多處南北兩盤江的主支流，所以，很自豪的說：「今以余所身歷綜校之〔註68〕。」乃訂正《一統志》的錯誤：

> 北盤自可渡河而東，……南盤自交水發源，……乃《一統志》北盤捨

〔註63〕同上，頁128。
〔註64〕同上，頁711。
〔註65〕明徐宏祖撰，褚紹唐、吳應壽整理《徐霞客游記》，（上海：上海古籍出版社，1987年
10月），頁841。
〔註66〕同上，頁1129。
〔註67〕同上，頁1195。
〔註68〕同上，頁1125。

楊林，南盤捨交水，而取東南支分者爲源，則南北源一山之誤，宜訂正者一〔註69〕。

又說：

此則東北合南盤之水，自是泗城西北箐山所出。謂兩江合於普安州、泗城州之誤，宜訂正者二〔註70〕。

又云：

至《一統志》最誤處，又謂南北二盤分流千里，會於合江鎮。……而南寧合江鎮，乃南盤與交趾麗江合，非北盤與南盤合也。……則謂南盤、北盤，即爲南寧左、右江之誤，宜訂正則三〔註71〕。

至於〈隨筆〉二則，爲霞客把握客觀事物的嚴謹批判，徐霞客爲明末家產富有的儒士，也具有明是非、辨邪正、悲天憫人的情懷。所以，他的兩則〈隨筆〉，以最嚴肅沉痛的態度，寫出世襲豪門子弟猖狂驕縱之可恨，及土寇普名勝荼毒百姓，而官府鄉愿無能之可悲，忠實的記錄了明末西南邊陲的社會亂象。

〔註69〕同上，頁1125。
〔註70〕明徐宏祖撰，褚紹唐、吳應壽整理《徐霞客游記》，（上海：上海古籍出版社，1987年10月），頁1125。
〔註71〕同上，頁1125～1126。

第七章　《徐霞客游記》的評價

　　《徐霞客游記》手稿，在明末清初，輾轉流傳和付梓刊行以後，一般士大夫，大多對其推崇備至，認其人爲奇人、認其書爲奇書，而對其貶抑者，並不多見。尤其經清廷《四庫全書》收錄後，更獲知識份子佳評，直延至民國前後，學界研究《徐霞客游記》者，大有人在，讚譽有加！近數十年來，大陸各地學界更是風起雲湧，掀起所謂「徐學」〔註1〕的研究熱潮，稱譽讚賞「徐霞客爲曠代之游聖」〔註2〕。

　　本章乃就明末以來，學界對《徐霞客游記》評價，摘選較具代表性的數則，及個人研究其文獻的幾點心得與體會，分三節探討：第一節古今士林的肯定與讚譽、第二節對《游記》批評之言論、第三節讀《徐霞客游記》的心得與體會。簡述如下：

第一節　古今士林的肯定與讚譽

　　《徐霞客游記》受到古今士林的肯定與讚譽，流傳至今四百多年，亦有其特別的因素，以下分一、手稿輾轉流傳期，二、經《四庫全書》收錄後之評價，三、大陸學界掀起「徐學」狂熱等三方面來論述。

一、手稿輾轉流傳期

　　錢謙益〈囑徐仲昭刻游記書〉稱：

　　　　唯念霞客先生游覽諸記，此世間眞文字、大文字、奇文字，不當令泯滅不傳〔註3〕。

〔註1〕朱惠榮《徐霞客與徐霞客游記》，（北京：中華書局，2003年），頁3。
〔註2〕同上，頁10。
〔註3〕明徐宏祖撰，褚紹唐、吳應壽整理《徐霞客游記》，（上海：上海古籍出版社，1987年

－123－

又〈囑毛子晉刻游記書〉更是大力推崇謂：

> 徐霞客千古奇人，游記乃千古奇書。……幸為鑒定流通，使此等奇人奇書，不沒於後世，則汲古之功偉矣〔註4〕。

潘耒〈序〉：

> 造物者不欲使山川靈異，久秘不宣，故生斯人以揭露之耶？要之，宇宙間不可無此畸人，竹素中不可無此異書〔註5〕。

史夏隆〈序〉：

> 讀其記，如見其人，如歷其地，如年譜，如職方圖，如十洲記，如水經注，如肘後秘書，如皇華考，如繪如談。畸矣，而未已也〔註6〕。

奚又浦〈序〉：

> 以先生之人之書之奇，固非窮愁著書者比也，而析奇闡秘，為天地間鴻寶，……而先生大奇之著作，亦如青萍結綠，一吐光芒，得與《史記》諸書相傳弗替〔註7〕。

楊名時〈序〉一：

> 霞客之游也，升降於危崖絕壑，搜探於蛇龍窟宅，亙古人跡未到之區，不惜捐軀命，多方竭慮以赴之，期於必造其域，必窮其奧而後止〔註8〕。

楊名時〈序〉二：

> 設霞客於身到目歷之處，惟自知之而後自樂之，不以記於書而傳於世，又烏知其有與無耶？然則斯書之不可沒，謂天地之迹存焉耳〔註9〕！

陳泓〈書手鈔霞客游記後〉：

> 吾邑有三書，皆卓絕：王梧溪詩集、黃蘭溪邑志、徐霞客游記是也〔註10〕。

學者儒士的為文讚賞，使《徐霞客游記》洛陽紙貴，備受肯定與矚目。

---

10 月），頁 1186。

〔註 4〕明徐宏祖撰，褚紹唐、吳應壽整理《徐霞客游記》，（上海：上海古籍出版社，1987 年10 月），頁 1186～1187。

〔註 5〕同上，頁 1269。

〔註 6〕同上，頁 1266。

〔註 7〕同上，頁 1271。

〔註 8〕同上，頁 1272。

〔註 9〕明徐宏祖撰，褚紹唐、吳應壽整理《徐霞客游記》，（上海：上海古籍出版社，1987 年10 月），頁 1274。

〔註 10〕同上，頁 1274。

二、經《四庫全書》收錄後之評價

　　清乾隆四十七年，《徐霞客游記》經收錄於《四庫全書》史部地理類，《四庫全書總目提要》介紹霞客稱：

　　　　宏祖耽奇嗜僻，刻意遠游；既銳於搜尋，尤工於摹寫，游記之夥，遂
　　莫過於斯編。……然以耳目所親，見聞較確；且黔滇荒遠，輿志多疏，此
　　書於山川脈絡，剖析詳明，尤爲有資考證〔註11〕。

清葉廷甲「於嘉慶十三年四月爲之再版，增刻補編，錄先生遺詩，諸友題贈，及〈晴山堂帖〉之一部份〔註12〕。」

　　葉廷甲在《游記·序》，特別推崇謂：

　　　　是書上邀乙覽，蓋能詳人所略，爲從來史志之所未備〔註13〕。

明末清初，直至二十世紀四〇年代，《徐霞客游記》望重士林，一般著名學者，多有涉獵研究，以故中央研究院院士方豪教授爲例，於對日抗戰時期，就曾將《徐霞客游記》原文改爲語體，以嘉惠青年讀者，並且發表專文〈中國偉大旅行家徐霞客〉，推崇徐霞客「有毅力，有勇敢，能刻苦，能耐勞〔註14〕。」等多種美德！

　　另一例，對霞客推崇備至的學者劉虎如，著有《徐霞客游記選注》〔註15〕，在洋洋灑灑六、七千言的序文中，首先讚賞徐霞客詩作〈賦得孤雲獨往還〉云：

　　　　其詞意之高妙，備極諸長，非身歷其境者，何能出此？《詩言志》吾
　　人可以觀其志矣〔註16〕。

接著又稱讚其對地理方面的貢獻：

　　　　霞客之游記，非僅寫景物、談風月而已，對於山嶺之來脈、江海之源
　　流，而未嘗無所發現，其有功於地理，自不可沒〔註17〕。

劉虎如〈序〉的最後結論則說：

　　　　霞客一生，……凡沿革方隅，土宜物異，一一詳誌記中，此游記之難

〔註11〕同上，頁 1276。
〔註12〕丁文江《明徐霞客先生宏祖年譜》，（台北：臺灣商務印書館印行，民國 67 年 5 月），頁 62。
〔註13〕同註 9，頁 1277。
〔註14〕方豪〈中國偉大旅行家徐霞客〉，（原載四川：《重慶東方雜誌》第四十一卷第九號，民國三十三年五月出版），今收在《方豪六十自定稿》，頁 2882。
〔註15〕劉虎如選注《徐霞客游記選注》，（台北：臺灣商務印書館印行，民國 57 年 1 月）。
〔註16〕同上，頁 8。
〔註17〕同上，頁 9。

能而可貴也〔註18〕。

三、大陸學界掀起「徐學」狂熱

　　大陸學界於 1983 年提出「徐學」這個名詞之後，獲得全國各地學術界的共識，掀起研究《徐霞客游記》的高潮，歸納朱惠榮教授的記錄：1985 年 12 月，在桂林召開「紀念徐霞客考察廣西 350 周年學術討論會」。1987 年 1 月，在江蘇江陰舉行「紀念徐霞客 400 周年紀念活動」。同年 11 月，在江蘇無錫舉行「紀念徐霞客誕辰 400 周年大會」。1991 年 10 月，又在桂林舉行「紀念徐霞客逝世 350 周年國際學術討論會」。1994 年 11 月，在雲南昆明舉行「94 中國雲南徐霞客旅游文化活動暨學術研討會」。1995 年 5 月，在浙江杭州舉行「浙江省徐霞客研究會成立大會暨首屆學術討論會」。接著又於 10 月，再舉行「徐霞客學術討論會暨江陰學術活動基地揭牌典禮」。1996 年 5 月，舉行「雁蕩山徐霞客旅游文化活動」。1996 年 10 月，在福建舉行「武夷山徐霞客文化旅游節」。同年 11 月，在南京舉行「江蘇省徐霞客研究會成立大會暨首屆學術討論會」。1997 年 6 月，舉行「金華蘭溪徐霞客旅游文化研討會」。同年 10 月，在江陰又舉行「徐霞客學術研討會」。1998 年 5 月，舉行「台州天台山徐霞客旅游文化研討會」。同年 9 月，在貴州盤縣，也舉行了「徐霞客旅游文化活動暨學術研討會」。1999 年 10 月，舉行「衢州——江山徐霞客旅游文化研討會」。2000 年 6 月，雲南保山師專舉辦「徐霞客與保山學術研討會」。同年 8 月，南京和江陰又舉行「徐霞客及其《游記》國際學術研討會」。2001 年 9 月，北京舉行「徐霞客逝世 360 周年紀念活動」〔註19〕。

　　上面所列各種紀念活動，各地學術界人士以各種角度研究徐霞客所提出的論文，多達千餘篇！

　　此外，朱惠榮教授還記錄下各地所成立專門研究徐霞客旅遊文化的機構，歸納約略如下：

　　早在 1987 年 5 月，首先出現「江陰市徐霞客研究會」，1988 年又成立了「無錫市徐霞客研究會」。直到 1993 年 7 月，北京成立全國性的「中國徐霞客研究會」。1994 年 11 月，成立「雲南徐霞客研究會」。1995 年 5 月，成立「浙江省徐霞客研究會」。1996 年 11 月，成立「江蘇省徐霞客研究會」。這種對近古時代一位「尋幽問奇」的作者，推崇評價為「偉大的時代先驅」，的確是前所未見的。

〔註18〕同上，頁 16。
〔註19〕朱惠榮《徐霞客與徐霞客游記》，（北京：中華書局，2003 年 1 月），頁 2～6。

第二節　對《游記》之批評

　　自《徐霞客游記》一書傳世後，引起後學廣範的討論與研究，下面分清代士林另類見解，與曖昧文辭誤導他人誇大詮釋兩點探討。

一、清代士林另類見解

　　清代士林貶抑徐霞客的，以清李慈銘〔註20〕最具代表性，他在其作品《越縵堂讀書記》中，有批評《游記》的專則，貶抑霞客：

　　　　閱《徐霞客游記》，霞客名宏祖，字振之，江陰人，明季布衣，記凡十冊。第一冊，游天台雁蕩、白岳黃山武夷、盧山九鯉湖嵩山、太和五台恆山諸記，第二冊浙游日記江右日記楚游日記。第三四冊粵西日記，第四冊下黔游日記，第五冊至第十冊皆滇游日記。前有楊文定公名時序，後附天台陳忠節函輝所撰墓志，霞客振奇之士，爲遊而負異稟，所至必窮其巔，同時如文文肅黃忠烈諸公，盛相推許，其記皆按日實書道里南北，同於甲乙帳簿，無所文飾，當日錢蒙叟已甚重其書，曾囑徐仲昭毛子晉等爲之校刊，此本乃其後人集鈔而成，稍有闕失，然山水之文，必資雕刻，登臨之興，所貴適性，霞客梯險絚虛，身試不測，徒標詭異之目，非實賞會之深。古人癖嗜烟霞，當不如是，而又筆舌冗漫，敘次疏拙，致令異境失奇，麗區掩采，記路程者無從知徑，討名勝者爲之不怡，且其注意頗在脈絡向背，同於青烏之術，尤爲無謂，至古今地理，絕未稽求，名勝留遺，多從忽略，固由明季士不讀書，不知考據爲何事也〔註21〕。

學術研究無疆界，有褒有貶則增加其可讀、可探討的空間！

二、曖昧文辭誤導他人誇大詮釋

　　《徐霞客游記》全書爲旅遊日記，皆「據景直書，不憚委悉煩密〔註22〕。」讀者多能肯定其對山水絢麗多姿的描寫，令「所未能至者，亦可以心知其概，如涉其境焉〔註23〕。」但是霞客所寫的專章〈溯江紀源〉及〈盤江考〉等，其內容有諸多

〔註20〕李慈銘（1830～1894）清道光年間的學者，生平博綜群籍，尤精於史日記中以逐日課記讀書心得者爲最有價值。

〔註21〕清李慈銘撰《越縵堂讀書記》，（台北：世界書局印行，民國64年），頁472。

〔註22〕明徐宏祖撰，諸紹唐、吳應壽整理《徐霞客游記》，（上海：上海古籍出版社，1987年10月），頁1273。

〔註23〕同上，頁1272。

曖昧不明的文辭，卻誤導了他的親朋好友，爲文大加誇飾其曾遠遊崑崙山、星宿海、積石、西番等，而引發學術界諸多質疑和爭論。徐霞客的〈溯江紀源〉專篇，題目是〈溯江紀源〉，令人想當然耳，霞客是親自溯了江、探了源，而記其發源之地，因其在內容又有一段曖昧不明的文辭，更支持他曾經溯江而紀其源的事實。例如，霞客自稱：

> 迨踰淮涉汴，而後睹河流如帶。……迨北歷三秦，南極五嶺，西出石門金沙，而後知中國入河之水〔註24〕。

也就是由於上列這段曖昧吊詭的文辭，誤導了霞客的親朋好友，誇大了他的旅遊行程！霞客的姻親吳國華，在〈徐霞客壙誌銘〉說：

> 最奇者，晚年流沙一行，登崑崙天柱，參西番法寶，往來雞足山中。單裝徒步，行十萬餘里，因得探江河發源〔註25〕。

陳函輝〈霞客徐先生墓誌銘〉稱：

> 由雞足而西出石門關數千里，至崑崙，窮星宿海。……望見方外黃金寶塔，又數千里遙矣。遂發願復策杖西番，參大寶法王〔註26〕。

又陳函輝〈高士霞客公傳〉更矛盾的誇大其辭：

> 晚年縣峨眉，過大渡河，出石門關，至崑崙，抵西番，躡唐三藏遊記，辨江源非始於岷山，直空蔡傳及桑經酈注所承譌〔註27〕。

錢謙益〈徐霞客傳〉更誇張：

> 由雞足而西，出石門關數千里，至崑崙山，窮星宿海，去中夏三萬四千三百里。登半山，風吹衣欲墮，望見方外黃金寶塔，又數千里，至西番，參大寶法王〔註28〕。

上列各項眾口一辭的說法，除係根據〈溯江紀源〉內容引伸而來之外，還有霞客自己的說辭爲證：

> 霞客嘗言曰：張騫鑿空，未睹崑崙，唐陳玄奘、元耶律楚材，銜人主之命，乃得西游，吾以老布衣，孤節雙屨，窮流沙、上崑崙、歷西域，與三人而爲四，死不恨矣〔註29〕！

〔註24〕明徐宏祖撰，褚紹唐、吳應壽整理《徐霞客游記》，（上海：上海古籍出版社，1987年10月），頁1127。
〔註25〕同上，頁1189。
〔註26〕同上，頁1195。
〔註27〕同上，頁1202。
〔註28〕同上，頁1200。
〔註29〕朱惠榮《徐霞客與徐霞客游記》，（北京：中華書局，2003年1月），頁1298。

這份自我膨脹、誇大其辭的言詞，也爲各代學者公正理性的評論所否定。最具代表性的潘耒《游記‧序》說：

> 往年錢牧齋奇霞客之爲人，特爲作傳，略悉其生平，然未見所撰《游記》，傳中語頗有失實者。余求得其書，知出玉門關、上崑崙、窮星宿海諸事，皆無之，足跡至雞足山而止〔註30〕。

至於霞客所撰〈盤江考〉，並非每一段流域，每一段轉折，霞客都親身經歷，但他自認：「今以余所身歷綜校之：南盤自霑益州炎方驛南下〔註31〕。」木免失之粗糙與繆誤，即以研究「徐學」最具心得，也最推崇霞客成就的朱惠榮教授，也對他的錯誤提出批判：

> 他又聽信龔起潛的誤說，誤認爲嘉利澤下霑益州爲可渡河，乃北盤江上流也。把源於嘉利澤的朱欄江說爲可渡河的上流，混淆了長江水系和珠江水系的界限，徐霞客又把東北合南盤江之水，認爲是泗城西北菁山所出，而以今紫雲、羅甸間的格凸河爲北盤經流，亦誤。其實，他在調查已涉及的蔗香，南北盤江就以合流。徐霞客仍沿明人舊說，認爲南盤江入廣西爲右江，他說始下舊安隆，出白隘，爲右江，舊安隆今稱舊州，在南盤江南岸，廣西田林縣西北隅，白隘即今雲南富寧縣東隅的剝隘，錯的關鍵就在這一段〔註32〕。

朱惠榮教授除在專著《徐霞客與徐霞客游記》中，作上述說明外，並在其《徐霞客游記校注》全集中，也以「注」的方式，逐條糾正其在《游記》中，「糾正《明一統志》錯誤」的錯誤如下：

> 注1，按：霞客訂正《明一統志》之說，把南盤江源上溯到炎方，是很大的功勞，但楊林的嘉利澤往北流入金沙江，與北盤將無涉〔註33〕。

又：

> 注2，霞客把東北合南盤之水，認爲是泗城西北菁山所出，而以今紫雲，羅甸間的格凸河爲北盤經流，亦誤〔註34〕。

又：

〔註30〕明徐宏祖撰，褚紹唐、吳應壽整理《徐霞客游記》，（上海：上海古籍出版社，1987年10月），頁1268。
〔註31〕同上，頁1125。
〔註32〕同註29，頁172。
〔註33〕朱惠榮《徐霞客與徐霞客游記》，（北京：中華書局，2003年1月），頁824。
〔註34〕同上，頁825（注1）。

注3，霞客訂正了《明一統志》的錯誤，弄清了北盤江下游注入今紅水河，
又是一大功勞，但仍沿明人舊說，認爲南盤江入廣西爲右江，往下
爲郁江。其實，右江源爲馱娘江和西洋江，與南盤江亦不相涉〔註
35〕！

由上列各點來看，可見朱教授研究徐霞客極爲深入，其有褒有貶，態度亦至爲客觀
而公允。

第三節　讀《徐霞客游記》的心得與體會

　　臺灣是個多山的美麗寶島，我是個業餘登山人，海拔三千公尺以上的「百岳」
大山，十餘年來，已遍歷了近七十座。徐霞客爲我國近古時代偉大的登山家和旅行
家，他的名著《徐霞客游記》令我十分嚮往，以往讀它的焦點，只是侷限在觀察他
是如何「高而爲鳥，險而爲猿，下而爲魚〔註36〕。」的攀登技術而已，直到恩師劉
兆祐教授及丁原基教授，耳提面命，指導我應從《徐霞客游記》研究領域，擴大視
野，多角度觀察其文獻內涵。因此，我一而再、再而三的鑽研《游記》全文，翔實
了解《游記》全貌，乃以《游記》原文爲基礎，忠實而客觀的整理出徐霞客的家世、
生平、遊蹤，及山水、史事、經濟、文化、宗教、社會等各方面的文獻，列敘於上
述各章外，並將個人讀《游記》及相關研究的幾點心得與體會，縷述如下列五點：
一、徐霞客人格特質，二、霞客迷信鬼神行程取決巫卜，三、大陸學者意識形態扭
曲《游記》本質，四、「地行仙人」等美譽有待商榷。

一、徐霞客人格特質

　　徐霞客出生於地主富裕家庭，鄉試落榜，絕緣於仕途後，即寄情山水，遍遊名
山大川，關於他的人格特質，黃道周稱頌他：「半肩行李，無疑，無怖，名王不足繫
也〔註37〕！」陳繼儒肯定霞客：「不謁貴，不借郵符，不覬地主金錢，清也；置萬
里道途於度外，置七尺形骸於死法外，任也；負笠懸瓢，惟恐駭漁樵而驚猿鳥，和

〔註35〕同上，頁826（注1）。
〔註36〕明徐宏祖撰，褚紹唐、吳應壽整理《徐霞客游記》，（上海：上海古籍出版社，1987年
　　　　10月），頁1189。
〔註37〕明徐宏祖撰，褚紹唐、吳應壽整理《徐霞客游記》，（上海：上海古籍出版社，1987年
　　　　10月），頁1162。

也〔註38〕。」但從其著作《游記》中,可以略窺梗概。首先,他不借郵符的「清」,便值得商榷;霞客訪黃道周於福建漳州,道周贈以七言古詩,武進人鄭鄤跋其〈詩〉云:「石齋過毗陵,爲余言霞客之奇,徒步三千里,訪之墓下,當事者假一郵符,卻弗納〔註39〕。」這件逸事,當時於士林傳爲美談,所以陳繼儒讚譽爲「清也」。但事實上,此說有待商榷,因爲霞客爲富家子,出門在外,自然盤纏豐厚,而且漳州到江陰交通便利,區區郵符,他不屑賠上清譽接納;可是他在萬里遐征途中,湘江遇盜,貲財盡失後,西遊路上,不但經常缺乏舟車資費,甚至有時三餐都無以爲繼。他在太平府壺關,結識了當地仕紳滕肯堂,代他尋找官方幫助他前往雲南,滕稱:「欲從歸順行,須得參戎一馬符方妙。明晨何不同小兒一叩之乎〔註40〕?」但霞客還自矜清高,忸怩作態說:「余謝不敏〔註41〕。」可是,滕君熱忱相助,繼續說:「無已,作一書可乎〔註42〕?」他口記上寫著似乎勉強答應:「余頷之。」終於,他還是接受了「參府中軍唐玉屏,以馬牌相畀〔註43〕。」不過,因爲他後來夜間作夢:「中夜余夢牆傾覆身,心惡之〔註44〕。」他也很迷信,在日記上記曰:「余恐妖夢是踐,遂決意返轅,東北取向武州道〔註45〕。」乃轉往鎮遠、隆安,返回南寧。沿途就倚仗在太平府所得參戎之馬牌,向地方政府征用伕役,而且不須付費,崇禎十年(丁丑,1637)十月三十日的日記:

> 下午夫至,止八名,少二名。及各夫又不賷蔬米,心知其爲短夫,然無可再待理,姑就之行〔註46〕。

由此文獻觀察,其所征用之夫役,都是短途,逐日向經過的地方政府征調。而夫役們連伙食都須自備,學者推崇他「不借郵符,清也。」令人存疑!錢謙益讚美霞客:

> 能徒步走數百里;凌絕壁,冒叢箐,攀援上下,懸度絚級,捷如青猿,健如黃犢〔註47〕。

可是,在陽關大道上,他卻憑馬牌特權征調伕役,乘坐竹轎,奴役平民。在十二月

〔註38〕同上,頁1183。
〔註39〕同上,頁1163。
〔註40〕同上,頁468。
〔註41〕同上,頁468。
〔註42〕同上,頁468。
〔註43〕同上,頁469。
〔註44〕同上,頁485。
〔註45〕同上,頁488。
〔註46〕明徐宏祖撰,褚紹唐、吳應壽整理《徐霞客游記》,(上海:上海古籍出版社,1987年10月),頁489。
〔註47〕同上,頁1199。

初七日的日記，如是寫下：

> 早起頗寒，雨止而雲甚濃郁。飯後夫至，始以竹椅縛輿，遂東行〔註48〕。

初八日的日記：「晨起，雨不止。飯而縛輿，久之，雨反甚，遂持傘登輿〔註49〕。」

十六日的日記：「晨起陰如故。夫自龍頭村來，始縛竹為輿，既而北行〔註50〕。」

丁文江先生在其所編《明徐霞客先生宏祖年譜》中，論此段行程謂：「以五十二歲之人，冒風雨寒暑，步行終日〔註51〕。」其實，這一路，霞客都以竹輿代步，悠閒的欣賞路旁景色，何嘗「步行終日」？這般溢美之辭，不免讓人為輿夫的辛勞叫屈！

不僅如此，霞客於往貴州途中，更是主動謀求馬牌特權的享受，其《游記》中寫道：

> 以一書畀吳守備，得其馬票，韋亦為余索夫票於戚揮使。以為馬與夫可必得〔註52〕。

果然其後的行程，有夫役與馬匹供應，而且「飯而候夫，久之乃紮竹為輿〔註53〕。」一路坐輿乘馬，直到貴州！在三里，又得參戎馬牌，在貴州境內，繼續享受特權！

霞客在是年二月十二日的日記，如是寫下：

> 是日，陸公（陸參戎）自餞余，且以厚贐為餽，並馬牌荐書相畀，極繾綣之意〔註54〕。

霞客利用馬牌、征用民夫，也許在窮困之中，出於不得已，尚情有可原。惟其中有一則極為不人道的虐童事件，霞客毫不在意，他在十一月初三日《游記》載稱：

> 天有陰雲而無雨。村夫昧爽即候行，而村小夫少，半以童子代輿，不及飯，遂行〔註55〕。

這一段山路勢甚險阻，到了前村又不換夫，直到向武才「換夫於路右村中〔註56〕。」霞客對童子輿夫之辛勞，文中無一字提及和撫慰，毫無矜恤之意；反而埋怨向武鋪

〔註48〕同上，頁 526。
〔註49〕同上，頁 526。
〔註50〕同上，頁 561。
〔註51〕丁文江《明徐霞客先生宏祖年譜》，（台北：臺灣商務印書館印行，民國 67 年 5 月），頁 34。
〔註52〕明徐宏祖撰，褚紹唐、吳應壽整理《徐霞客游記》，（上海：上海古籍出版社，1987 年 10 月），頁 580。
〔註53〕同上，頁 606。
〔註54〕同上，頁 543。
〔註55〕同上，頁 493。
〔註56〕同上，頁 493。

司云：「此州直隸於省，⋯⋯供應不給，刁頑殊甚〔註57〕。」

至此，霞客人格特質一向自持「清高」形象，已經爲之蕩然了。

二、霞客迷信鬼神行程取決巫卜

陳函輝〈霞客徐先生墓誌銘〉稱：「霞客不喜讖緯術數家言〔註58〕。」並不正確，徐霞客不但迷信鬼神，尤其迷信術數家言，其在西南半壁萬里遐征途中，對於行程方向，絕大多數取決於求神問卜，他也毫不忌諱，過程詳載於《游記》之中，略列如下：

在武功山石門寺：

> 時霧霾甚，四顧一無所見。念未即開霽，⋯⋯見籤板在案，因訣之大士。得七識，⋯⋯余曰：「大士知我且留我，晴必矣。」遂留寺中〔註59〕。

在衡山洪姓佛堂，拜求決定行程方向：

> 以從荊、從粵兩道請決於神，而從粵大吉。時余欲從粵西入滇，被劫後措資無所，或勸從荊州求資於奎之叔者。時奎之爲荊州別駕，從此至荊州，亦須半月程，而時事不可知，故決之神。以兩處貸金請決於神，而皆不能兩全。余亦欽服神鑒〔註60〕。

在廣西太平府，行程何去何從無法決定？乃求神問卜：

> 余以歸順、南丹二道未決，余欲走歸順至富州。⋯⋯蓋貴州遠而富州近。⋯⋯而歸順爲高平彝所阻也。趨班氏神廟求籤決之〔註61〕。

在廣西太平府下雷，又於觀音亭求籤，以卜凶吉：

> 余以前途艱阻，求大士決籤爲行止，而無從得籤詩，叨笅筶先與約，若通達無難，三笅俱陽、聖而無陰；有小阻而無性命之憂，三笅中，以一陰爲兆；有大害不可前，以二爲兆。初得一陰並聖、陽各一。又請決，得一聖二陽焉。歸館，使顧僕再以前約往懇，初得聖、陽、陰，又徼得聖一，陽與先所祈者大約相同，似有中阻，不識可免大難否〔註62〕？

霞客如此三番兩次求籤，於胡潤寨還未能決定行止，在《游記》中寫道：

〔註57〕同上，頁493。

〔註58〕同上，頁1194。

〔註59〕明徐宏祖撰，褚紹唐、吳應壽整理《徐霞客游記》，（上海：上海古籍出版社，1987年10月），頁167。

〔註60〕同上，頁207。

〔註61〕同上，頁467。

〔註62〕同上，頁486。

余為館人所惑，且恐妖夢是踐，是早，為三鬮請於天：一從歸順，一
返下雷，一趨向武〔註63〕。

從這兩段《游記》觀察徐霞客這位知識份子，神權思想迷信之深、之鉅，即可概見
當時一般社會大眾，對神權思想之根深柢固了！其後，他又晉見歸順使劉光漢，討
論行程後，又求神決：

晤歸順使劉光漢。言：「歸朝、富州路俱險阻，而交彝尤不可測。」
勸余無從此道。余惑之，復鬮於佛前，乃得南丹、獨山為吉〔註64〕。

從此他才死心，不走歸順，轉回南寧北上貴州。

霞客回到南寧後，因「瘡寒體憊」〔註65〕，是否帶靜聞骸骨去雲南雞足山還未
決定，所以仍然求神問卜：

時行道莫決，聞靜聞訣音，必窆骨雞足山，且問帶骸多阻，余心忡忡，
乃為二鬮請於天寧寺佛前，得帶去者〔註66〕。

由此段文獻觀察推衍：徐霞客帶靜聞往雞足山，如果不是凜於神鬮「得帶去者」，他
未必誠心帶靜聞骸骨，長途跋涉！況且他前在粵西，又如果不是於佛前拈鬮「得南
丹、獨山為吉」，就必從歸順赴滇，當然不再返回南寧，也就不為靜聞負骸雞足山了。
且因他早在衡陽時，就對靜聞不滿，他說：「以靜聞久留而不亟於從事，不免徵色發
聲焉〔註67〕。」又在旅途路上與靜聞爭吵，日記載：「因令追者先趨松柏要留劉，
而余同靜聞更相跌更相詬也〔註68〕。」離開南寧前，又與靜聞齟齬，心結已深，他
在《游記》寫道：

余展轉念靜聞索鞋、茶不已，蓋其意，猶望更生，便復向雞足，不欲
待予來也。若與其來而不遇，既非余心；若預期其必死，而來攜其骨，又
非靜聞心。不若以二物付之，遂與永別，不作轉念〔註69〕。

其實，霞客迷信鬮卜籤筮，也為他精神上帶來許多矛盾與困擾，如他在慶遠得到吳
守備與戚揮使的馬票、夫役，他還是不放心就道，在《游記》上寫著：

〔註63〕明徐宏祖撰，褚紹唐、吳應壽整理《徐霞客游記》，（上海：上海古籍出版社，1987年
10月），頁489。
〔註64〕同上，頁497。
〔註65〕同上，頁531。
〔註66〕同上，頁531。
〔註67〕同上，頁260。
〔註68〕同上，頁262。
〔註69〕同上，頁451～452。

是日齋戒而占，惟思恩可行，而南丹不吉〔註70〕。

又：

十四日，以月忌，姑緩陳君行。余卜之，則南丹吉而荔波有阻。及再

占，又取荔波。余惑終不解〔註71〕。

霞客自貴州進入雲南後，凶吉仍然以憑籤闓明示是從，在曲靖，《游記》上載述：

是日以麗江、嵩明二處，求兆於翠和靈籤，麗江得「貴人接引喜更新」；

嵩明得「枯木逢春欲放花」。皆吉兆也〔註72〕。

因得這兩籤吉兆，他才放心走嵩明西去。

三、大陸學者意識形態扭曲《游記》本質

徐霞客旅遊，所謂「馳騖數萬里，躑躅三十年。」本質原是單純的尋幽訪勝、披奇抉奧而已，可是由於明末清初，一般士人對其留下的《徐霞客游記》，認為是奇人奇書，大肆喧騰之後，引起學界競相討論研究，本篇上面各章，已多詳述。可是在上世紀（二十世紀）中葉，大陸學界研究領域的拓展和研究內容的深化，文章多達一千多篇，可惜此岸由於資料短缺，未能得窺全豹。經過多方蒐集，見到數十本專書和單篇論文，經過仔細研讀，感覺他們無論從哪個角度論述，但卻都有一個共同前題，或明說、或暗示，都是在社會主義教條的框架內著墨。即使「徐學」研究權威的朱惠榮教授，也不能例外！朱惠榮《徐霞客與徐霞客游記》一書中，如是說：

徐霞客研究之所以受到各地青睞，就因為他與各地的經濟開發和文化

繁榮緊密結合，為社會主義物質文明和精神文明服務〔註73〕。

吾人再看其他篇章的說法，除了地理學、地質學、水文學這類專業性的論述外，原本單純的探險尋幽，卻硬以「科學考察及為社會主義服務」的大帽，加在徐霞客頭上，未免扭曲了徐霞客「欲問奇於名山大川」的本質與目的，也與徐霞客的思想與旅遊精神根本不符合，再看下列數例，即所謂賦予「科學家考察」桂冠者。

上海古籍出版社，在出版褚紹唐、吳應壽兩位先生整理的《徐霞客游記》一書，卷首〈序〉上，首先搬出「馬克思」〔註74〕和「恩格斯」〔註75〕的教條，邏輯成霞

〔註70〕同上，頁 580。

〔註71〕同上，頁 599。

〔註72〕同上，頁 735。

〔註73〕朱惠榮《徐霞客與徐霞客游記》，（北京：中華書局，2003 年 1 月），頁 12。

〔註74〕明徐宏祖撰，褚紹唐、吳應壽整理《徐霞客游記》，（上海：上海古籍出版社，1987 年
　　　 10 月），〈前言〉頁 7。

〔註75〕同上，頁 15。

客是「在政治思想領域，代表勞動人民或新興市民階層利益，反映了手工業、商業發展要求的先進知識份子〔註76〕。」

蕪湖聯合大學經濟管理系副教授王聖寶〈試論徐霞客的叛逆精神〉單篇論文，把徐霞客單純的「欲問奇於名山大川」的旅遊活動，硬扯上是為商品經濟的活動！他說：

> 商品經濟的發展，資本主義的萌芽，是促成徐霞客人格主調，催化叛逆精神形成的根本性的外因，……商品經濟的繁榮，資本主義的萌芽，內在地也無情的提出了新的社會需求，要求人們擺脫傳統的束縛，背叛封建的綱常禮教〔註77〕。

陝西師大歷史系許文正先生著〈論徐霞客及其游記〉單篇論文，說：

> 徐霞客所處的明朝末年，……社會生產力有了相當高的發展，資本主義趨於萌芽，徐霞客家鄉江浙一帶，更是我國當時經濟文化發達的中心地區之一。……農業生產和經濟作物的高度發展，引起了手工業和商業的發展，……任何一種科學技術的不斷發展，要求對自然條件、自然資源進行詳細深入了解，探索其發展規律，以便進一步發展生產，適應時代要求的宏圖壯志的圓滿實現〔註78〕。

細檢《徐霞客游記》全文，實在看不出他在「厭棄塵俗，問奇於名山大川。」之餘，如何適應了「經濟與生產力發展」的時代要求？

上列各點，以社會主義導向研究《徐霞客游記》，的確扭曲了徐霞客旅遊探奇的本質和原意！

無錫教育學院呂錫生著〈略論徐霞客的歷史觀〉，也硬生生的為徐霞客套上一頂「唯物史觀」的論點。他說：

> 總之，正統史觀是徐霞客歷史觀中一個不可忽視的部份，它與其思想中的愛國史觀、進步史觀、唯物史觀緊密地聯繫在一起〔註79〕。

黃強更以社會主義教條框住徐霞客，他說：

> 而明代末年的徐霞客純粹以旅游、科學考察為目的。……他以樸素唯

〔註76〕同上，頁2。

〔註77〕王聖寶〈試論徐霞客的叛逆精神〉，《安徽師大學報》，（哲學社會科學版，1997年第二期），頁268。

〔註78〕許文正〈論徐霞客及其游記〉，《陰山學刊》，（社會科學版，1997年第一期），頁25。

〔註79〕呂錫生〈略論徐霞客的歷史觀〉，《無錫教育學院學報》，（第十三卷第二期，1999年6月）。

物論的思想爲指導，投身大自然的懷抱〔註80〕。

當然，在林林總總的鉅量單篇論文中，還是有不少學者，根據《徐霞客游記》原文，就其人其事的記載，不奉承、不曲解，從各個角度，加以評述的文章。例如：山東曲阜師範大學中文系劉振東教授著〈人格追求、文化追求與審美的實錄〉，雖然美化了徐霞客自主人格的強烈追求，但也對《游記》作了比較貼切公正的評價。他說：

> 徐霞客之許身山水，不是出于簡單的癖好，而是其人格追求、文化追求和審美追求的綜合體現，一部《徐霞客游記》正是實踐這種追求的眞實記錄。正因如此，就使得《游記》這部著作，既不同於一般純科學性的方輿地志，也不同於文人騷客的山水小品，而成爲既有科學價值又有文學價值的獨特作品。由於同樣的原因，也形成了這部作品獨有的文體特點、寫作風格、藝術成就〔註81〕。

此外，如：楊載田、熊紹華兩位合寫〈徐霞客考察九嶷山〉〔註82〕，陶犁著〈徐霞客與雲南喀斯特旅游資源〉〔註83〕，尹家正、朱紅林合寫〈欲窮壯觀、成一家之言〉〔註84〕等篇，都是就事論事、單一命題的討論，毫無意識形態穿插的八股氣，令讀者具有欣賞和參考價值的清新感！

四、「地行仙人」等美譽有待商榷

明末大儒文震孟〈寄徐霞客書〉推崇他爲「地行仙人」云：

> 從前涉歷，已大可觀。今又彙成紀述，以導後游，以傳千秋；使百世而下，知人間世固有地行仙人，不亦韻乎〔註85〕？

吳國華〈徐霞客壙誌銘〉強調霞客探尋成就、堅苦卓絕，稱：

> 單裝徒步，行十萬餘里，因得探江、河發源，尋三大龍脈；此又臺、黔所未經，桑、酈所未疏，直抉鴻濛來未鑿之竅，非有勝情勝具能之乎〔註86〕？

〔註80〕黃強〈徐霞客旅行考察與導游〉，《北京第二外國語學院報》，（1998 年第 5 期），頁19。

〔註81〕許文正〈論徐霞客及其游記〉，《齊魯學刊》，（1998 年，第 6 期），頁 21。

〔註82〕楊載田、熊紹華〈徐霞客考察九嶷山〉，《人文地埋》，第九卷第三期，（1994 年 9 月）。

〔註83〕陶犁〈徐霞客與雲南喀斯特旅游資源〉，《雲南教育學院學報》，第十一卷第二期，1995年 4 月。

〔註84〕尹家正、朱紅林〈欲窮壯觀、成一家之言〉，《保山師專學報》，（2002 年 2 月）。

〔註85〕明徐宏祖撰，褚紹唐、吳應壽整理《徐霞客游記》，（上海：上海古籍出版社，1987 年10 月），頁 1183。

〔註86〕同上，頁 1189。

陳函輝稱許霞客：

> 持數尺鐵作磴道，無險不披；能霜露下宿，能忍數日飢，能逢食即喫，
> 能襆被單夾耐寒暑。尤異者，天與雙趼，不假輿騎；
> 或叢菁懸崖，計程將百里，夜就破壁枯樹下，即然脂拾穗記之〔註87〕。

潘耒〈序〉讚霞客：

> 其出入粵西、貴筑、滇南諸土司蠻部間，沿溯瀾滄、金沙，窮南、北
> 盤江之源〔註88〕。

馮士仁在〈溯江紀源〉專篇上作序說：

> 談江源者，久沿〈禹貢〉岷山導江之說。近邑人徐弘祖，字霞客，夙
> 好遠游，欲討江源，崇禎丙子夏，辭家出流沙外，至庚辰秋歸，計程十萬，
> 計日四年。其所紀叢，從足與目互訂而得之〔註89〕。

近年的「徐學」權威朱惠榮教授，可能也是根據馮文，盛讚「敢於大膽否定視為聖經的〈禹貢〉岷山導江的傳統說法〔註90〕。」

另外，還有現代學者，更誇讚《徐霞客游記》勝過《水經注》說：

> 無論從篇幅、從作者付出的艱辛、從所涉及的地理範圍，《徐霞客游
> 記》都勝過《水經注》〔註91〕。

其他持上述相同論調的學人，多不勝數，不再一一枚舉。

上列種種華而不實的美譽，筆者不能全然接受，正如楊名時《游記·序》有言：

> 深山大澤，流峙終古，皆天地法象示人之至教，本人生所應窮歷；特
> 以手足之力有限，百年之期若瞬，勢弗能親至而目見〔註92〕。

人的體力有限、時間有限，古代交通設施有限，酈道元《水經注》雖然共記了大小河流一千三百八十九條〔註93〕。有的來源，是親身經歷，有的是參考歷史文獻記載，有的是訪問當地土著傳述，而徐霞客旅遊雖「躑躅三十年」，但前面二十多年，不過是在中原地區，循著前人行跡尋幽探勝而已。

〔註87〕同上，頁1193。

〔註88〕同上，頁1268～1269。

〔註89〕同上，頁1126～1127。

〔註90〕朱惠榮《徐霞客與徐霞客游記》，（北京：中華書局，2003年1月），頁87。

〔註91〕段江麗《奇人奇書－徐霞客游記》，（昆明：雲南人民出版社，2002年1月），頁86。

〔註92〕明徐宏祖撰，褚紹唐、吳應壽整理《徐霞客游記》，（上海：上海古籍出版社，1987年10月），頁1272。

〔註93〕譚家健等選注校訂《水經注選注》，（台北：建宏出版社印行，1994年8月），頁18。〈前言〉注1：「水經注所見水數，一般均作1252條，現據辛志賢《水經注》所記水數考實際數字應是1389條。」見《北京師範大學學報》，第四期，1982年。

　　前面十七篇《游記》，並無任何新奇事物突顯，難給讀者留下較深的印象。而後面西南半壁遐征，二十多篇《游記》，才是霞客全部旅遊文獻的精華所在。但從崇禎九年（丙子，1636）秋九月中，放舟赴浙起，至崇禎十年（庚辰，1640）三月，修《雞足山志》〔註94〕畢，「麗江木太守，待餱糧具笋輿以歸〔註95〕。」共計三年多不滿四年，據丁文江《明徐霞客先生宏祖年譜》推算，霞客由黔入滇，爲崇禎十一年（戊寅，1638）五月，至庚辰三月歸，也只在滇境旅遊不足三年。而霞客哪有時間和能力，親身溯江紀源？探金沙、溯瀾滄？況且否定〈禹貢〉導岷於江之說，霞客並非第一人，他也是參考歷史文獻《漢書·地理志》的〈越雋郡〉記載：

　　　　繩水出徼外，東至僰道入江，過郡二，行千四百里〔註96〕。

「僰道」〔註97〕古縣名，即今四川省宜賓縣。「繩水」〔註98〕即今金沙江，《清一統志》〔註99〕繩水東至僰道入江，故古人早知道金沙江爲長江上源，至於〈盤江考〉錯誤甚多，也證明霞客對源頭、流向，並非親身目歷。他一方面參考圖籍方志，一方面徵諸當地土人，所謂「地行仙人」、所謂「計程十萬」、所謂「出流沙外」，都未免過份矯飾誇張了！

〔註94〕雞足山，在雲南省賓川西北，山頂有迦葉石門洞天，俗附會爲佛弟子迦葉守佛衣以俟彌勒處。見嘉慶《清一統志》四七八〈大理府·山川〉。

〔註95〕同註100，頁1201。

〔註96〕漢班固《漢書·地理志》卷二十八上，（台北：鼎文書局印行，民國75年10月六版），頁1600。

〔註97〕僰，古代我國西南地區少數民族名，《呂氏春秋·恃君》：「離水之西，僰人……多無君。」僰道，漢代的縣名，屬四川犍爲縣（今宜賓縣西南境），接慶符縣。爲僰人所居，故名。《地理風俗記》：「僰於夷中最仁，有人道，故字從人。」

〔註98〕繩水，即今之金沙江，水流經遂久縣（今四川鹽源縣西）繩水東至僰道入江。

〔註99〕《清一統志》記全國地理之書。於康熙、乾隆、嘉慶年間，屢經修輯。通行的爲乾隆四十九年所修之本，五百卷。嘉慶補纂本，至道光二十二年完成，五百六十卷，僅有進呈寫本。1934年由商務印書館影印刊入《四部叢刊》三編。清紀昀等編《四庫全書簡明目錄》卷七，史部十一地理類《大清一統志五百卷》中載：「乾隆二十九年奉敕撰。初於乾隆八年纂輯成書，嗣以天威震疊，戡定西域，拓地二萬餘里，而府州縣併省改隸，與舊制亦有異同，乃特詔重修。迨削平兩金川之後，版章益廓，亦並載焉。體例雖仍其舊，而蒐羅彌廣，考證彌詳，允足昭大同之盛。」（台北：世界書局印行，1975年），頁260。

第八章 結 論

　　《徐霞客游記》是明末儒生徐宏祖的作品。他從萬曆四十一年（癸丑，1613）三月，首篇〈游天台山日記〉開始，至崇禎十二年（己卯，1639）九月，最後一篇〈滇游日記十三〉爲止，共計長達二十六年，以日記體裁，記述了許多名勝、古蹟、水流、地貌、溶洞、人文、社會，以及政經、宗教、民俗等，約六十多萬字的旅遊文獻。除文學價值外，也具有很眞實的歷史和文獻價值。

　　《游記》流傳於世的版本甚多，最原始的版本，應是季夢良所整理完成。陸續有徐建極抄本、李寄訂正本、曹俊甫藏抄本、史夏隆抄訂本、楊名時抄本及奚又浦手抄本等，多達數十種版本。筆者愼重選定近代上海古籍出版社出版褚紹唐、吳應壽整理校訂本，雲南人民出版社出版的朱惠榮校注本，及丁文江編《明徐霞客先生宏祖年譜》等爲藍本，本於登山人的知識與經驗，再三探索、多方推敲，儘量遵循原文原意，從《徐霞客游記》中，文獻學的觀察出發，整理出山水、史實、經濟、文物、宗教及傳說與社會文化等項目，客觀的研究其文獻價值與貢獻。其中，以山水文獻爲主軸。徐霞客記錄了許多山形地貌、水文江源，爲後世地理學者，提供了「有系統的觀察自然，描述自然的新方向。……系統研究和系統描述的科學方法〔註1〕。」

　　霞客旅遊，涉獵廣泛，《游記》文獻對於西南地區的政治腐敗、吏治黑暗、土司制度紊亂及軍衛廢弛、危害國安等，多有批判，這些也都是重要的文獻，可以補《明史》的不足。只有經濟文獻較少敘及，因西南地區居民，多屬僰彝人，除小型手工業，及少許農作礦產外，並無大規模經濟活動之故！

　　《游記》中，另一種記述較多的文獻，則爲文物與宗教，霞客大量記載了碑碣、古蹟、辭區、書院、私塾、廟宇、道場等，顯示出儒、釋、道三教，在西南邊區的

〔註 1〕朱惠榮《徐霞客與徐霞客游記》，（北京：中華書局，2003 年 1 月），頁 11。

普遍發展和深化。而且霞客非常重視碑碣文物的收集，在桂林，他花費甚多金錢與時間，拓印了范成大、陸游、元祐黨人碑等碑刻，記錄了許多政治人物遭貶謫邊疆的事蹟。

　　至於，西南邊區種族的分佈，與民情、風俗、傳說等，霞客在《游記》中時有提及外，對有特殊影響世事的，還以專篇論述，如〈隨筆〉二則、〈麗江紀略〉、〈法王緣起〉等，都有一定的文獻價值。

　　除了文獻價值的討論為重點外，本篇對《徐霞客游記》的真實性，也做了詳盡的考證。

　　對《徐霞客游記》真實性最先質疑的應是錢謙益的說辭。錢氏在〈徐霞客傳〉有一段轉述：

　　　　霞客還滇南，足不良行。……語問疾者曰：「張騫〔註2〕鑿空，未觀崑崙；唐玄奘〔註3〕、元耶律楚材〔註4〕，銜人主之命，乃得西游。吾以老布衣，孤筇雙屨，窮河沙，上崑崙，歷西域，題名絕國，與三人而為四，死不恨矣〔註5〕！

這段話，是否為霞客本人發言？殊堪討論。蓋霞客所寫《游記》上，無論哪個版本，從來沒有這類「與三人而為四」大言不慚的論調，錢謙益與霞客雖是同一年代的人物，從錢謙益〈徐霞客傳〉內的幾句話，證明兩人沒有直接面對面的交往和互動。錢稱：

　　　　余之識霞客也，因漳人劉履丁。履丁為余言：霞客西歸，氣息支綴，……

〔註2〕張騫，公元前？～前114年。漢代漢中成固人。建元二年以郎應募出使月支，經匈奴，被拘留十多年，後逃回；又以校尉從大將軍衛青擊匈奴，因騫知沙漠中水草所在，使軍隊不致困乏，有功封博望侯。元鼎二年又以中郎將出使烏孫，分遣副使使大宛、康居、月支、大夏等國，烏孫報謝，西北諸國始通於漢，使中原鐵器、絲織品等傳入西域，西域的音樂、葡萄等傳入中原。《漢書》有傳。

〔註3〕玄奘，公元602～664年，唐高僧，通稱三藏法師，民間呼為唐僧。本姓陳，名褘，洛陽緱氏人。年十三出家，博涉經論。貞觀元年自長安西行求法，歷經艱苦，抵五印度，入戒賢法師門，學梵書，鑽研諸部。在印十七年，至貞觀十九年返抵長安。攜回經論六百五十七部。奉詔於弘法寺、大慈恩寺從事譯經，十年之間與弟子共譯七十三部，總一千三百三十卷。並據求法所經諸國見聞，撰成《大唐西域記》十二卷。玄奘深究法相唯識義旨，成為佛教法相宗（唯識宗、慈恩宗）的創宗人。

〔註4〕耶律楚材，公元1190～1244年。字晉卿，遼皇族。博覽群書，善詩文。初仕金，蒙古鐵木真（成吉思汗、元太祖）取燕，常居左右，諮詢軍國大事，事鐵木真窩闊台（太宗）三十餘年，官至中書令，於制度多所興革，元王朝立國規模多由其制定。卒諡文正。著有《湛藍居士集》十四卷。元史有傳。

〔註5〕明徐宏祖撰，褚紹唐、吳應壽整理《徐霞客游記》，（上海：上海古籍出版社，1987年10月），頁1201。

霞客游記之書，高可隱几〔註6〕。

所以，錢謙益把徐霞客行誼擴大申引爲虛擬的「上崑崙、歷西域」雖然失眞，尚可理解他崇拜霞客的心情，但「與三人而爲四」那番說辭，如果眞是出於霞客之口，則殊堪商榷。張騫出使西域，爲我國古代傑出的外交家，《漢書》卷六十一：

漢方欲事滅胡，……乃募能使者。騫以郎應募，……徑匈奴，匈奴得之，……留騫十餘歲，予妻，有子，然騫持漢節不失〔註7〕。

這種天朝大使氣節，彪炳千古！又：「騫身所至者，大宛、大月氏、大夏、康居，而傳聞其旁大國五六〔註8〕。」又：「騫以校尉從大將軍擊匈奴，…乃封騫爲博望侯〔註9〕。」又：「騫即分遣副使使大宛、康居、月氏、大夏。烏孫發譯道送騫。……其後，烏孫竟與漢結婚〔註10〕。」又：「然騫鑿空〔註11〕。」雖「未覩崑崙」，但取得崑崙財貨。《漢書》云：

而大宛諸國發使隨漢使來，……以大鳥卵及犂軒眩人獻於漢，……而漢使窮河源，其山多玉石，采來，天子案古圖書，名河所出山曰昆侖云〔註12〕。

張騫這份不世之功，對崑崙何須親臨目睹？

霞客稱「唐玄奘、元耶律楚材，銜人主之命，乃得西游〔註13〕。」這與史實不盡相符，玄奘欲西遊印度取經，朝廷並未允許，據《大慈恩寺三藏法師傳》記載：「……乃誓遊西方以問所惑，……於是結侶陳表，有詔不許，諸人咸退，唯法師不屈〔註14〕。」他乃私自西出玉門關，並非「銜人主之命」，玄奘旅遊數十國是有使命感、有目標、有理想的。他歷經無數危難，諸如：「……是時四顧茫然，人鳥俱絕，夜則妖魑舉火，爛若繁星，晝則驚風擁沙，散如時雨。……是時四夜五日無一滴沾喉，口腹乾焦，

〔註6〕同上，頁 1201～1202。
〔註7〕漢班固《漢書》卷六十一〈張騫李廣利傳〉第三十一，（台北：鼎文書局印行，民國75年10月六版），頁 2687。
〔註8〕同上，頁 2689。
〔註9〕同上，頁 2691。
〔註10〕同上，頁 2692～2693。
〔註11〕同上，頁 2693。
〔註12〕同上，頁 2696。
〔註13〕明徐宏祖撰，褚紹唐、吳應壽整理《徐霞客游記》，（上海：上海古籍出版社，1987年10月），頁 1201。
〔註14〕唐玄奘《大慈恩寺三藏法師傳》，（台北：錦繡出版事業股份有限公司印行，民國81年7月），頁 29。

幾時殞絕〔註15〕。」在這種「絕命西域」環境下，艱苦抵達印度，取得佛經、律、論六百五十七部〔註16〕，對佛教的發揚，具有空前的成就與貢獻。

至於耶律楚材乃元代開國名相，其澄清吏治、建立典章，為大元帝國立下統治基礎〔註17〕！徐霞客只不過是旅遊國內西南半壁一隅，一些窮鄉僻壤自由自在旅遊，純粹是個人興趣與愛好，如果自詡「與三人而為四」，則未免自視過高了。

以霞客《游記》的形式與筆調觀察，他無疑是受了古代遊記文學的影響，諸如著名的範本：酈道元《水經注》、范成大《驂鸞錄》、陸游《入蜀記》等，尤其是明代另一部遊記《帝京景物略》〔註18〕，可能給他更大的啓示，創作了旅遊日記。

徐霞客的旅遊時間，雖長達三十年，佔他畢生歲月達二分之一，但其旅遊的高潮期，及《游記》文獻的精湛點，卻落在他最後三年多，在西南半壁遨遊於窮鄉僻壤，所謂「黔滇荒遠，輿志多疏〔註19〕。」的荒山野谷。尤其是溶洞地穴，他的觀察力和記述，最為人稱道，給後代研究地質專家們，一些靈感和啓示，且硬把探奇尋幽的旅行家徐霞客，推上研究自然的科學家寶座！

綜觀《徐霞客游記》全書，其對旅遊過程、事物論述，除所謂「秉筆直書，如甲乙帳簿。」用詞平淡、重疊、瑣碎外，而其描寫山川景觀，卻非常刻意為文，而且極多處採用駢四儷六的句式，不但整齊對稱，而且洗煉簡潔，既精巧雋永又流暢自然。

一部《徐霞客游記》寫作手法，形成駢散交互運用的特殊風格，徐霞客不但是自古以來，一位傑出的大旅行家；在文學上，也有其了不起的成就與貢獻，如果一定要推尊徐霞客是「地理學家」、「科學家」，筆者還是再重複守白先生所撰文〈明末奇人徐霞客〉結尾語：

> 徐霞客已成了在無意中闖入地理學界的奇才，是不以專家自任的專家〔註20〕。

〔註15〕同上，頁38。
〔註16〕唐玄奘《大慈恩寺三藏法師傳》，（台北：錦繡出版事業股份有限公司印行，民國81年7月），頁218。
〔註17〕宋濂、王禕等奉敕撰《元史》卷一百四十六，〈列傳·耶律楚材〉第三十三，（台北：鼎文書局印行，民國79年2月四版），頁3455～3464。
〔註18〕《帝京景物略》，明劉侗、于奕正合撰。于奕正搜集材料，劉侗整理文字，八卷，分一百三十目。記北京城郊風土景物，名勝古蹟，間及人物故事。清紀昀刻本刪去各條所附詩文及不合體例之處。見清永瑢、紀昀《四庫全書總目提要》卷七十七，（台北：臺灣商務印書館印行，民國72年），頁629。
〔註19〕同上，頁629。
〔註20〕守白〈明末奇人徐霞客〉，《中國文選》第106期，（民國65年2月），頁53。

筆者研讀《徐霞客游記》文獻，在心得論述方面，與大部份作者高論多有落差；不過，霞客躑躅三十年光陰，爲西南窮鄉僻壤、嘔心煉句、撮錄成篇，備極辛勞。正如清王先謙〈校水經注自序〉所云：「酈氏爲書之旨，在因水以證地，即地以存古〔註21〕。」而霞客《游記》也有相同的啓發與功效，也如明朱之臣〈水經注刪敘〉所言「讀之古香光氣，如在見聞〔註22〕。」所以，筆者對《徐霞客游記》雖提出一些質疑，但還是認爲値得研究與參考。

〔註21〕清王先謙〈校水經注自序〉，見譚家健等編《水經注選注》，（台北：建宏出版社印行，1994年），頁524。
〔註22〕同上，明朱之臣〈水經注刪敘〉，頁512。

附錄一　徐霞客年譜簡編 [註1]

年　代	西元	年　齡	經　歷　事　蹟
萬曆十四年丙戌	1586	歲	父有勉，母王孺人均年四十一歲，兄宏祚已二十歲。族兄應震（雷門）亦生於是年，族兄遵湯（仲昭）先數年生。霞客之友，華亭陳繼儒（眉公）二十九歲、江陰繆昌期（西溪）二十五歲、山陰王思任（季重）十五歲、長洲文震孟（湛持）十三歲、長洲陳仁錫（明卿）六歲、樟浦黃道周（石齋）兩歲。當時名士，崑山張大復（元長）三十三歲、華亭董其昌（思白）三十二歲、候官曹學佺（能始）十三歲、嘉定李流芳（茂宰）十二歲、常熟錢謙益（牧齋）五歲。
萬曆十七年己丑	1589	四歲	友人臨海陳函輝（木叔）生。
萬曆二十一年癸巳	1593	八歲	兄宏祚子亮采生。陳函輝〈墓誌銘〉云：「童時出，就師塾，矢口即成誦，搦管即成章，而膝下孺慕依依，其天性也。」
萬曆二十二年乙未	1595	十歲	兄宏祚子亮工生。
萬曆二十八年庚子	1600	十五歲	叔有及卒。陳函輝墓誌云：「特好奇書，喜博覽古今史籍，及輿地志，山海圖經，以及一切沖舉高蹈之蹟，每私覆經書下潛玩，神栩栩動，特恐違兩尊人意，勉就鉛槧，應括帖藻芹之業，雅非其所好。……搜古人逸事，與丹臺石室之藏，靡不旁覽，遇酒人詞客，與親故過從，觸詠流連，動輒達旦，而又朝夕溫溫，小物克謹，所言皆準忠孝。……裘馬之習，秉心恥之。」霞客遊嵩山日記云：「余髫年蓄五岳志，而元岳出五岳上，慕尤切。」
萬曆三十一年癸卯	1603	十八歲	父有勉與霞客弟宏禔居冶坊橋之別墅，遇盜受傷，霞客奔赴侍父疾。

〔註1〕丁文江《明徐霞客先生宏祖年譜》，（台北：臺灣商務印書館印行，民國67年5月）。

萬曆三十二年甲辰	1604	十九歲	父有勉卒。陳繼儒（眉公）爲有勉作傳云：「自負亢直，齟齪於群豪，病氣厥病舌。」陳函輝〈墓誌銘〉云：「畢喪後外侮疊來，視之如白衣蒼狗，愈復厭棄塵俗，欲問奇於名山大川。」霞客雖出於世族，其父以布衣起家致富，爲群豪所欺。
萬曆三十五年丁未	1607	二十二歲	婚於許氏，許氏爲江陰望族。父歿時，霞客未婚，是年服闋，故初婚當在是年。遊太湖（洞庭湖），母王孺人爲其製遠遊冠，以壯其行。陳函輝〈墓誌銘〉云：「萬曆丁未，始汎舟太湖，登眺東西洞庭兩山，訪靈威丈人遺跡。」
萬曆三十七年己酉	1609	二十四歲	是年「歷齊、魯、燕、冀，間上泰岱，拜孔林，謁孟廟三遷故里，嶧山弔枯桐。」陳函輝作〈墓誌銘〉。
萬曆四十一年癸丑	1613	二十八歲	叔有登卒。霞客入浙，從曹娥江獨走寧波，訪族兄仲昭，渡海遊落迦山，返趨天台、雁蕩。今存《游記》自是年三月晦日始，時霞客已在寧海，按陳函輝作〈墓誌銘〉言：「南渡大士落迦山，還過此中（天台），涉華頂萬八千丈之顛，東以大小龍湫，以及石門仙都，是在癸丑。」又〈墓誌銘〉述壬申年族兄仲昭言：「猶憶余在西陵，霞客從曹娥江獨走四明，五日赤足提朱蘭來，誇我以山心石窗之勝。」故知霞客由紹興至寧波，渡海遊落迦山。錢謙益（牧齋）嘗序其詩，今散見於《澄江詩選》及《明詩選》中。霞客與江陰僧人蓮舟（靜聞和尚之師）同行。靜聞和尚相隨同赴滇，歿於南寧。
萬曆四十二年甲寅	1614	二十九歲	冬遊金陵。陳函輝〈墓誌銘〉云：「甲乙之間，私念家在吳中，安得近捨四郡，秣稜爲六朝佳麗，高皇帝所定鼎也。二十四橋明月三十六曲濁河，豈可交臂失之。」金陵之遊當在是年之冬。
萬曆四十三年乙卯	1615	三十歲	叔有敬卒，霞客長子屺生。遊南京。
萬曆四十四年丙辰	1616	三十一歲	偕潯陽叔翁遊白岳、黃山、武夷、九曲。潯陽叔翁不知何人，觀遊記則潯陽乃其號，叔翁疑即叔岳之稱，先生元配許氏，然則潯陽當姓許。

萬曆四十五年丁巳	1617	三十二歲	家居，妻許氏卒（據陳眉公壽王孺人序）。
萬曆四十六年戊午	1618	三十三歲	族兄遵湯（仲昭）中應天副車，霞客與族兄雷門、白夫遊廬山，再遊黃山。續娶羅氏（羅濟之女）。家譜僅載原配許氏，生子岮，然陳函輝載：「琴瑟再調無異情」。陳眉公壽王孺人序稱：「卯孫三歲背母。」陳仁錫云，先生為羅濟之快婿，故知霞客又嘗婚於羅氏。家譜必有遺漏，至於繼娶之年，家譜傳誌均不詳，惟陳仁錫王孺人墓誌言：「繼羅事姑孝。」是年繼娶為可信。
萬曆四十七年己未	1619	三十四歲	家居，次子峴生。家譜載次子峴生卒失考，又言子峴、屺均妾金氏所生。然據陳函輝〈墓誌銘〉云：「三子次第成立，出異乳，無異育。」則屺與峴非同母可知。霞客長子岮（生於1615年）、三子屺（生於1624年），亦均於霞客家居年生，自萬曆三十五年以來，霞客幾無歲不出遊。
泰昌元年庚申	1620	三十五歲	遊福建仙游縣九鯉湖。《游記》言：「浙閩之游舊矣，余志在蜀之峨眉，粵之桂林及太華恆岳諸山，若羅浮衡岳次也。至越之五泄，閩之九漈，又次也。然蜀、廣、關中，母老道遠，未能卒游，衡湘可以假道，不必專游，計其近者，奚若由江郎三石抵九漈。」足見霞客之遊，計畫均數年前預定。其論九漈文，辭意俱絕佳。「不刻迹而求」是霞客之天真，「目不能移，足不能前。」可見霞客之興賞，非真能遊者，不足以語此也。母王孺人病疽幾殆，癒後，為母建「晴山堂」，取「晴轉南山」之義。四方求得之詩文，統為之刻石，是為「晴山堂帖」。
天啓元年辛酉	1621	三十六歲	家居。
天啓二年壬戌	1622	三十七歲	家居。陳函輝〈墓誌銘〉云：「以辛酉壬戌兩歲，歷覽嵩華元三岳。」今觀《游記》，遊三岳皆在次年，是年友人文震孟〔註2〕、陳仁

〔註2〕文震孟，公元1574～1636年。明吳縣人。字文起，文徵明的曾孫。天啓殿試第一名，受修撰。以忤魏忠賢廷仗調外，遂歸，旋斥為民。崇禎中召充日講官。擢禮部左侍郎，兼東閣大學士，入閣預政，與溫體仁不協，被劾落職，卒歸。

			錫、曹學佺〔註3〕、黃道周〔註4〕、黃景昉、鄭之玄、謝德溥、文安之等成進士。
天啓三年癸亥	1623	三十八歲	遊嵩山、太華山、太和山。《游記》云:「華山四面皆石壁,故峰麓無喬枝異幹,直至峰頂,則松柏多合三人圍者。松悉五鬣,實大如蓮,間有未墮者,採食之,鮮香殊絕,太和則四山環抱,百里內密樹森羅,蔽日參天,至近山數十里內。則異杉老柏,合三人抱者,連絡山塢,蓋國禁也,嵩山之間,平麓上至絕頂,樵伐無遺,獨三將軍樹巍然傑出耳。」霞客富於觀察力,巨細靡遺的記錄親眼所見所聞。而近來外國人言森林者,妄謂北方舊有森林,至近代始遭採伐,其固陋誠可笑也。
天啓四年甲子	1624	三十九歲	母王孺人八十歲,奉母遊荊溪、勾曲。因閩人王琦海介紹,認識陳繼儒(眉公)乞壽文。眉公壽序云:「王琦海先生攜一客見訪,墨顴雪齒,長六尺,望之如枯道人,有寢處山澤間儀,而實內腴多膽骨。」可想見霞客豐采。蘇州張靈石、無錫陳伯符,為王孺人繪「秋圃晨機圖」。京山李維楨〔註5〕作引,邑人夏樹芳〔註6〕作賦,同時名人題詠甚眾。如長

〔註3〕曹學佺,明福建侯官人,公元 1574～1647 年。字能始,號石倉。萬曆二十三年進士,官至四川按察使。以私撰《野史紀略》被劾削職。家居二十年。唐王在閩中稱帝,授禮部尚書,嗜書,丹鉛滿卷,枕籍沉酣,採擷四庫之書,十年有餘,而未能卒業。清兵入閩,自縊山中。藏書甚富,著有《易經通論》、《石倉詩文集蜀中廣記》、《石倉十二代詩選》、《石倉歷代詩》千餘卷等。

〔註4〕黃道周,公元 1585～1646 年。明福建漳浦人,字幼平,號石齋。天啓二年進士。忠鯁負氣節,崇禎中任右中允時,因上疏指斥大臣楊嗣昌被貶謫,屢廷爭不屈,又因上疏刺大學士周延儒、溫體仁,被斥為民。福王時,官禮部尚書。南都亡,與鄭芝龍等在福建擁立唐王,拜武英殿大學士。率師出衢州,在婺源與清兵遇,戰敗被俘至南京,不屈死。道周學問弘博、工書法、繪畫,學問淹貫,長霞客一歲,為霞客最崇敬的人。著有《易象正》、《石齋集》等書。

〔註5〕李維楨,字本寧,著有《大泌山房集》。

〔註6〕夏樹芳,字茂卿,著有《消暍集》、《冰蓮集》。

			洲文震孟〔註7〕、餘姚姜逢元〔註8〕、關中米萬鍾〔註9〕之七律，無錫高攀龍〔註10〕，夷陵文安之〔註11〕，武進沈應奎〔註12〕，晉江何喬遠〔註13〕，華亭楊汝成〔註14〕之七古，與邑人張育葵〔註15〕之長歌。均作於是年，詳見晴山堂帖中。三子屺出生（妾金氏出）。霞客奉母命置祭田，並重修名宦張宗璉廟於君山，乞董其昌爲之書碑，何喬遠作紀序。
天啓五年乙丑	1625	四十歲	九月母王孺人卒。霞客祖父以來，家幾中落，賴王孺人勤儉居積，家始復振。陳眉公壽文載其嘗語子孫云：「吾初嫁時，太翁臨子舍，吾投龍眼於茗碗中，太翁不懌曰：『田畯家何用此爲。』余愧謝，謹裹而藏之，今兩核俱在，可念也。」足見其是非常婦人。霞客事母至孝。喪母後，毀幾滅性，山陰王思任〔註16〕爲霞客作徐氏三可傳，言：「予殮宏祖時，適薦豆，宏祖淚下，至不能勝。」其族叔日升及何楷、楊汝成爲進士。
天啓六年丙寅	1626	四十一歲	家居。魏忠賢用事，高攀龍〔註17〕自投水死，繆昌期死於獄中。高攀龍與霞客往來事

〔註7〕文震孟，字文起，號湛持，生於1574年，卒於1636年。長洲（今江蘇蘇州）人，著名畫家文徵明的曾孫，天啓二年（1622）殿試第一，崇禎中官至禮部左侍郎，兼東閣大學士，參預朝政。年長霞客十三歲。

〔註8〕姜逢元，字仲初，官國子司業，忤魏忠賢而罷官。

〔註9〕米萬鍾，字石友，書畫與董其昌齊名。

〔註10〕高攀龍，字存之，生於1562年，卒於1626年，東林黨魁。

〔註11〕文安之，字鐵庵，著有《易傭鐵庵稿》。

〔註12〕沈應奎，字伯和，任南京光祿寺卿。

〔註13〕何喬遠，字穉孝，萬曆進士，南京工部侍郎。

〔註14〕楊汝成，天啓年間進士。

〔註15〕張育葵，字午卿，有《露園詩文稿》。

〔註16〕王思任，字季重，以善詩能文名。

〔註17〕高攀龍，公元1562～1626年。明無錫人。字存之，又字景逸、雲從。萬曆十七年進士，授行人。以忤當局，謫揭陽典史。去官居家近三十年。熹宗時累官至左都御史。發魏忠賢黨崔呈秀罪，爲忠賢所惡，削籍歸，復矯旨逮問，被迫引退。崔呈秀欲捕殺之，攀龍投池死。攀龍嘗與同里顧憲成吳無錫東林書院講學，世稱高顧。憲成、攀龍主講席，同爲東林黨領袖。著有《周易孔義》、《春秋孔義》、《就正錄》等及門人陳龍正編《高子遺書》十二卷。

			蹟，僅有題〈秋圃晨機圖〉一詩，文貞與霞客同邑，霞客長子婦，即文貞孫女，陳函輝爲霞客作〈墓誌銘〉亦云：「先生生平至交，若眉公，明卿（陳仁錫字）、西奚（繆昌期字）諸君子，皆先書玉樓。」則霞客與文貞交誼當不亞於二陳，惟著從《野堂集》，霞客家譜及晴山堂帖中，均無可考。張大復〔註18〕爲其補作〈秋圃晨機圖記〉。
天啓七年丁卯	1627	四十二歲	家居。
崇禎元年戊辰	1628	四十三歲	遊閩、南至羅浮。訪黃道周（石齋）於漳浦墓次，又爲賣書赴羅浮訪鄭鄤。陳函輝〈墓誌銘〉言：「自江上走閩訪石齋於墓次，又爲賣手束抵粵，登羅浮，攜山中梅樹歸。」按《明史・黃道周傳》，道周於天啓二年爲進士，授編修，未幾丁內艱歸。崇禎二年起故官，進右中允，故是年石齋應守制於家。又崇禎三年，先生追石齋於丹陽，石齋贈以七言古，鄭鄤〔註19〕跋其後云：「石齋過毗陵，爲余言霞客之奇，徒步三千里，訪之墓下，當事者假一郵符，卻勿納，時聞余在羅浮，則又徒步訪余於羅浮。」故知陳〈誌〉之非誣。「當事者假一郵符，卻勿納。」足見霞客之人品，當日之郵符，猶今日之免票也。四子寄〔註20〕生。徐氏家譜載徐敬承高士介立先生傳：「霞客自滇南歸，妾懷孕數月而霞客歿，及生介立，不容於嫡改嫁李氏。」按霞客歿於崇禎十四年春，則介立應生於是年。
崇禎二年己巳	1629	四十四歲	遊北京、盤山。盤山之遊亦不見《游記》，然觀陳仁錫跋黃道周丹陽道中贈霞客詩言：「霞客游之奇無如盤山一游，余歸自宣錦，憩山海，奇永平山水甚，駐釣臺，俯危石，一過崆峒訪道之處，有盤山焉竟數日不能去，所見古松百株，半掛藤蘿半星斗，疑野僧，疑詩鬼，歸示霞客，霞客踵及燕山，劍及雲中，

〔註18〕張大復，字元長，崑山人，生於1554年，卒於1630年，著有《梅花草堂集》。
〔註19〕鄭鄤，武進人，字奎陽，石齋之友，與文震孟同年。崇禎中溫體仁誣以杖母磔於市。
〔註20〕李寄，《江陰縣志》及徐鎮所作〈傳〉云：「霞客妾周氏不容於嫡，孕而被逐，育於李氏，故自名寄，以介兩姓而歷兩朝，故字介立。不仕不娶，年七十二卒。」著作甚富，然皆不言周氏被逐之年。

			無何而勇至。嗟乎！將吏如君，半肩行李，無疑無畏，名王不足繫也。」黃景昉題〈秋圃晨機圖詩〉。霞客爲族兄雷門題〈小香山梅花堂詩〉。詩凡五首，有序而無年月。考霞客〈游梅花澗詩〉序云：「澗去梅花堂一里，……予兄既種梅以關山，復置松以存澗，余兩游俱從，……庚午春季，乘雨躡屐。」則〈梅花堂詩〉，或即作於是年。
崇禎三年庚午	1630	四十五歲	二月訪鄭鄤於常州，聞黃道周過此，操小舟追之，及於丹陽。按《明史·黃道周傳》，道周於崇禎二年服闋，起故官，旋進右中允。道周贈霞客七言古一首，跋云：「徐霞客攜小舟追予至丹陽，感念昔日萬里造膝，今復依然得陳宿諾爲之道故，不覺成篇，同時陳仁錫在座，爲書跋云：『霞客著屐破帉裘，石齋落筆驚風雨，故宜兩絕。』」詩跋均在晴山堂帖中，此外，尚有文震孟、鄭鄤、項煜〔註21〕等跋。鄭、項之跋不知作於何時，文震孟〈跋〉則在次年，〈跋〉云：「霞客生平無他事，無他嗜，日皇皇游天下名山，真古今第一奇人也。常徒步萬里，訪石齋墓次，石齋北上，又衝寒追及於雲陽道中，沽酒對飲，且飲且題詩，詩成而酒未盡，文不加點，沉鬱激壯，遂成絕調，蓋以奇人遇奇人，當奇境而成奇文，固宜也。」可見其推崇如此。再遊閩。《游記》云：「……興不可遏，……即迂道且趨之。」想霞客遊興之濃，赤日當天亦不顧也。友張大復卒。
崇禎四年辛未	1631	四十六歲	家居。五月訪文震孟於清瑤嶼，文震孟爲霞客〈跋〉黃道周贈詩。
崇禎五年壬申	1632	四十七歲	偕族兄仲昭再遊天台山、雁蕩山。訪陳函輝〔註22〕於小寒山；陳贈霞客詩：「尋山如訪友，遠游如致身。」黃石齋盛讚之。是年秋七月十五日，與黃道周「泛舟洞庭，還宿楞

〔註21〕項煜，字水心，吳縣人，崇禎進士，官至詹事，李自成陷京師，謀死節不果，後以從賊爲人殺於寧波。

〔註22〕陳函輝，字木叔，臨海人，生於1589年，卒於1646年。崇禎七年進士，崇禎九年爲靖江令，有惠政，順治三年，丙戌五月，清兵入天台，自經於雲峰山寺，陳喜交游，能文章，霞客墓誌即出其手。

			伽山。」以孤雲獨往返爲韻，各作五律五首，黃爲書帖。並云：「振之詩先成，喜其詞意高妙，備極諸長，因錄於上，方知余作之不逮。」按霞客崇禎十年前，似未曾至湖南，是年黃因言事得罪，被斥爲民，此洞庭當指太湖，蓋黃是時正自京南回也。黃道周年譜云：「出都以來，自春徂秋，亦隨意放浪山水。」黃又有辭洞庭詩有：「縹渺亦佳山，爲高無不極」之句。縹渺峰在太湖西洞庭，足見洞庭係指太湖。
崇禎六年癸酉	1633	四十八歲	霞客北上，自京赴五台山、恆山。道出南京時，謝德浦〔註23〕爲追題〈秋圃晨機圖詩〉：「序云，爲徐孺人賦，並贈霞客北游。」詩中復有「祇今更赴恆山約」之句。故知是年晴山堂帖黃詩之下，復有方拱乾〔註24〕、朱大受〔註25〕題詩，疑皆作於是年。自北回，三遊漳州。此次赴漳，《游記》和〈墓誌銘〉均無記載，但黃道周贈霞客五古四首〈跋〉云：「右四章，百韻，千字，值徐振之行，潦草成篇，聊存遠證。……癸酉（崇禎六年），長秋，丹霞僑次弟黃道周書。」兄子亮工中亞魁。
崇禎七年甲戌	1634	四十九歲	家居，長子屺年二十歲，娶繆昌期孫女。
崇禎八年乙亥	1635	五十歲	家居，孫（屺之子）建樞生。次子峴年十七歲，娶妻黃氏。
崇禎九年丙子	1636	五十一歲	與江陰迎福寺僧人靜聞和尚放舟遊浙江、江西、湖南、廣西、貴州、雲南。直至崇禎十三年夏，庚辰（1640）方歸，在途幾達四年，爲霞客最後之遊。三子峋年十二歲，長孫建樞年三歲。家有遺產，衣食足以自給，百年已過其半，五岳已遊其四，文章受知於時人，道德見推於鄉里，常人處此，必將弄孫課子，悠遊林下以卒歲矣。但霞客奮然西行，經苗猺異族之鄉，極人所不堪之苦，遇盜者再，

〔註23〕謝德浦，江西，東鄉縣人，天啓二年進士，時官南京國子祭酒。
〔註24〕方拱乾，字坦庵，桐城人。崇禎戊辰進士，官侍讀，入清官少詹事，以科場事流寧古塔。
〔註25〕朱大受，崑山人，崇禎戊辰進士。

			絕糧者三，百折不回，至死無悔。靜聞乃江陰迎福寺僧，霞客舊友蓮舟的弟子，嘗刺血寫法華經，願供之於雞足山，故隨霞客行。同行者尚有顧僕、王奴，王奴於十月五日遁去，僅顧僕相隨。是年友陳仁錫、文震孟卒。
崇禎十年丁丑	1637	五十二歲	由湖南入廣西，於三里城度歲。正月九日至路江，與靜聞會，舟行抵芳子樹下，十一日復與靜聞別，與顧僕陸行遊茶陵東之雲嵝山，遂至靈巖，《游記》云：「山皆不甚高，俱石崖盤桓，堆環成壑，為玦、為門、為巖、為洞，往往而是，紅石質粗而色赤，無通漏潤澤觀。」蓋山皆第三紀赤色砂岩所成也。十一日泊新塘，遇盜舟焚，靜聞、顧僕〔註26〕受傷，行李盡失。靜聞病久不癒，依其遺言所託，攜靜聞骨千里行，埋於雞足山。霞客哭靜聞詩共六首，引云：「靜上人與予矢志名山，來朝雞足，萬里至此，一病不痊，寄榻南寧崇善寺，分袂未幾，遂成永訣，死生之痛，情見乎詞。」《游記》所載文字精闢，如「江流擊山，山削成壁，流迴沙轉，雲根迸出。」即近世地質學者所謂河流侵蝕的原理。霞客常作「三誤三返」的堅持與耐力，是年所記多為有系統的記錄。
崇禎十一年戊寅	1638	五十三歲	遊廣西、貴州、雲南。由黔入滇，窮探南盤江源流，於雞足度歲。於十月一日反省，於四日舟行赴晉寧，別州守唐元鶴與唐大來，賓朋歡聚凡二十日始去。元鶴「餽棉襖、夾袴、具厚贐焉。」唐大來「亦以青蚨為贐。」十二月下旬，霞客自省城至雞足，大抵皆坦途，又得諸友資助，故霞客無所苦。然自省由臨安達廣西，州縣新為普名勝〔註27〕所殘破，盜賊塞途，霞客自廣西至師宗，自箐口赴石堡，皆幾不免於盜，至於宿舍之陋，飲食之惡，又每日之常事也。《游記》九月一日宿碧硐云：「余見雨勢不止，憚於往返，乃掃

〔註26〕顧僕，名行。跟隨霞客西南旅行時的僕人。
〔註27〕普名勝，《明史・雲南土司傳》作「普名聲」，《泉州府志・蔡侃傳》作「普明升」，霞客有〈隨筆〉記載整個事件及起兵始末。普酋兵變，普酋指普名勝，阿迷州土司，崇禎中起兵，朝廷派兵鎮壓不利，后被毒殺。霞客有〈隨筆〉記其事。見《徐霞客游記》卷十下〈附編〉。

			剔片地，拭木板爲几，惟坐敝茅中，冷則與彝婦同就溼焰。蓋一茅之中，東半畜馬，西半則主人之榻，榻前就地煨溼薪，以爲爨，爨北即所置几地也。與其榻相隔止一火，夜則鋪茅以臥，日則傍火隱几。」非親嘗玀玀風味者，不能眞知此中之苦況。是年黃道周因忤旨下獄。
崇禎十二年己卯	1639	五十四歲	由雞足赴麗江，謁木知府；返遊大理、永昌、騰越，謀入緬不果；返永昌，遂赴順寧、雲州，由蒙化返雞足。留雞足爲木土府修《志》云：「麗江之游，雖應木守之聘，霞客藉是得知金沙江之北源，又遍歷鶴慶、鄧川、大理，知洱海周圍之山水。永昌、騰越、順寧、雲州之行，與霞客以瀾滄、潞江、龍川、大盈之眞相，其重要發現，有可得而言者。」霞客觀察之精確，錄不勝錄，如騰越之打鷹山，原爲火山，石皆浮石，山頂有潭，所謂 Crater 湖也。霞客《游記》云：「連日夜火，大樹深箐，燎無孑遺，而潭亦成陸，今山下有出水之穴，俱從山根分逗云。山頂之石，峽赭赤而質輕浮，狀如蜂房，爲浮沫結成者，雖大至合抱，而兩指可攜，然其質甚堅，眞劫灰之餘也。」八月顧僕逃，霞客以「所有盡去」而不追足見其雅量。九月十五日以後無日記，霞客奉麗江木公命，修《雞山志》。《游記》附有志目，共計八卷：（一）眞形統彙，記山名、山脈、山形、山界、開闢、鼎盛。（二）名勝分標，記峰、巖、洞、臺、石、嶺、梯、谷、峽、箐、坪、林、泉、瀑、潭、澗、溫泉。（三）至（五）化宇隨支，記刹舍，及坊、亭、橋、聚。（六）神跡原始，記傳法正宗。古德垂芬，記名宿、高隱。（七）宰官護法，記名宦、鄉賢、檀越信施。勝事記錄，記靈異、景致、物產、臨蒞、朝參、市集、塔墓。（八）藝苑集成，錄集詩、集文。是年陳繼儒卒。
崇禎十三年庚辰	1640	五十五歲	陳函輝〈墓誌銘〉云：「病足不良于行，留修《雞足山志》，三月而成；麗江木守爲飭輿從送歸，轉側筍輿者百五十日。至楚江，困甚，黃岡侯大令爲具舟楫，六日而達京口，遂得生還，是庚辰夏間是也。」錢牧齋〈傳〉云：「足不良行，修雞足山志，三月而畢，麗江

			木太守待餽糧，具筍輿以歸。」〈江源考〉當即作於是年，此文與〈盤江考〉同爲霞客生平最有系統之文。霞客之患足疾，見於《游記》者，僅有二處。去年正月十一日《游記》云：「飯後覺左足拇指不良，爲皮鞋所窘也。」然此後登山涉水，初未嘗言及足病，直至八月二十九日在雞山浴溫泉，始云：「余先以久涉瘴地，頭面四肢俱發疹塊，累累叢膚理間，左耳左足，時時有蠕動狀，半月前以爲蝨也。索之無有，至是知爲風，而苦於無藥。茲湯池水深，俱煎以藥草，乃久浸而薰蒸之，汗出如雨。此治風妙法，忽幸而值之，知疾有瘳機也。」然觀陳〈墓誌銘〉云：「既歸不能肅客。」則知霞客疾固未瘳。霞客遣長子屺走京師，探視黃道周於獄中，贈以衣裘；並乞生壙誌於吳國華。霞客生平最崇拜黃道周，嘗告麗江木守：「至人惟一石齋，其字畫爲館閣第一，文章爲國朝第一，人品爲海內第一，其學問直接周孔，爲古今第一。」去年六月八日，在永昌閃太史家，始聞道周削職，故歸後亟遣子候之，石齋復書有云：「翺翔以來，俛視吾輩，眞雞鶩之在庖俎矣。」（見《游記》附錄）兄之子亮工成進士。
崇禎十四年辛巳	1641	五十六歲	正月，卒於家。卒之前數日，遣長子屺致書陳函輝（木叔）於靖江（陳當時爲靖江令）；二月九日，葬於江陰之馬灣，陳函輝爲之作〈墓誌銘〉。第二年四月，黃石齋遣奠於家，遺書霞客長子屺云：「縉紳傾蓋白頭者多矣，要於翛然物表，死生不易，割肝相視者，獨有尊公。」黃道周獄中答霞客書「賢郎遠來，甚可念，中絪翁重惠寒裘。」當即指王，殆霞客之友，而季之前輩，其言果信，則原稿十二年九月十五日以下，本無遊記，足見霞客東歸，未經西藏，否則絕無不記錄之理也。《游記》爲霞客一生精力所聚，惜今本頗殘缺。錢牧齋又有囑毛子晉刻《游記》書云：「徐霞客千古奇人，《游記》乃千古奇書，惜其殘缺僅存數本，仲老（即仲昭）攜來，思傳之不朽，幸爲鑒定流通，使此等奇人奇書，不沒於後世，則汲古之功偉矣。」此書不知作於何年，然日：「殘缺僅存數本。」知當在乙酉之後。

神州萬里烟霞客·華夏千古第一人

東嶽泰山石刻‧五嶽獨尊

福建武夷山九曲溪・玉女峰

黃河・壺口瀑布

黃山始信峰‧雲海蒸騰

桂林蘆笛岩‧鐘乳石

鐘乳石

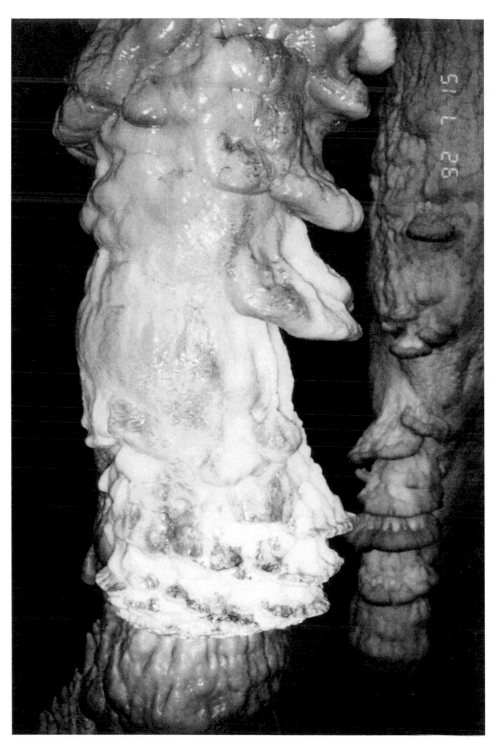

貴州黃果樹大瀑布旁布衣族婦女

雲南石林

雲南滇池・龍門崖壁

麗江古城‧街景

中甸‧噶丹松贊林寺

大理・洱海・搖櫓

麗江・納西古樂

歷代皇帝登泰山・祈福

盤山頂・八十七神仙卷

山少林寺・有三頭：光頭・饅頭・石頭

黃山迎客松・天都峰

黃山石筍峰・奇石

蘆山上的湖與亭

滕王閣

湖南桃花源・竹廊

華山西峰‧蒼龍嶺‧韓愈敢上不敢下‧寫遺書處

桂林‧桂海碑林

桂林・風光迷濛

桂林漓江・天光山水映連天

桂林・山秀水明淨

貴州・田園風光

貴州山水田園曲流

岷江上游‧民居聚落

石林・劍石擎天

雲南昆明・翠池

昆明翠池・海鷗比翼雙飛

雲南・玉龍大雪山終年積雪

雲南・哈巴大雪山

麗江・披星戴月納西女

無城牆的‧麗江古城

雲南‧大理‧古城門

大理・三白塔・永鎭山川

大理・蝴蝶泉・郭沫若手書

蘆沽湖‧摩梭風情園‧木楞房

蘆沽湖‧豬槽船‧泛舟

昆明大觀樓‧拔浪千層

納西文字是活的象形文字‧以青蛙圖騰為主

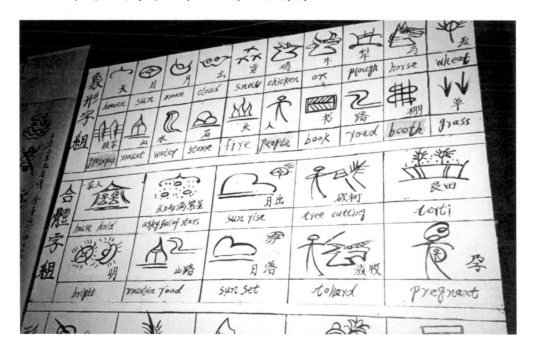

納西族象形文字

金沙江上游‧山川形勢險要

金沙江上游・長江第一灣的石鼓鎮

香格里拉中甸・鬱金香花圃

參考書目

一、專 著

1：（清）徐文靖撰，《禹貢會箋》，（台北：臺灣商務印書館影印清文淵閣四庫全書本，1968 年）。

2：（清）王先謙撰，《釋名疏證補》，（台北：臺灣商務印書館印行，1968 年）。

3：屈萬里撰，《尚書釋義》，（台北：中國文化大學出版部印行，1970 年 6 月）。

4：王恢撰，《禹貢釋地》，（台北：臺灣商務印書館印行，1971 年）。

5：謝冰瑩等編，《四書讀本》，（台北：三民書局印行，1986 年）。

6：王夢鷗註譯，《禮記今註今譯》，（台北：臺灣商務印書館印行，1987 年三版）。

7：蔡狄秋編著，《書經讀本》，（台南：文國書局印行，1988 年 5 月）。

    （以上經部）

8：（漢）班固撰，《漢書》，（台北：鼎文書局印行，1979 年 2 月二版）。

9：（漢）司馬遷撰，《（劉宋）裴駰，新校史記三家注》，（台北：世界書局印行，1993 年 12 月 6 版 2 刷）。

10：（唐）玄奘撰，《大慈恩寺三藏法師傳》，（台北：錦繡出版事業股份有限公司，1992 年 7 月）。

11：（宋）沈括撰，《夢溪筆談校證》，（台北：世界書局印行，1978 年）。

12：（宋）歐陽修、宋祁撰，《新唐書》，（台北：鼎文書局印行，1979 年）。

13：（梁）沈約撰，《宋書》，（台北：鼎文書局印行，1980 年 8 月三版）。

14：（梁）沙門慧皎撰，《高僧傳》，（台北：廣文書局印行，1986 年 1 月再版）。

15：（元）馬端臨撰，《文獻通考》，（台北：新興書局印行，1955 年）。

16：（元）脫脫等撰，《新校本宋史》，（台北：鼎文書局印行，1970 年）。

17：（元）脫脫等修，《宋史》，（台北：鼎文書局印行，1980 年 5 月再版）。

18：（明）王圻撰，《續文獻通考》，（台北：臺灣學生書局印行，1965 年 10 月）。

19：（明）陳邦瞻撰，《元史紀事本末》，（台北：臺灣學生書局印行，1968 年）。

20：（明）曹學佺撰，《蜀中名勝記》，（台北：學海出版社印行，1969 年 2 月）。

21：（明）李賢撰，四庫全書珍本，《明一統志》，（台北：臺灣商務印書館印行，1978 年）。

22：（明）宋濂、王禕等奉敕撰，《元史》，（台北：鼎文書局印行，1979 年 3 月再版）。

23：（明）徐宏祖撰，褚紹唐、吳應壽整理，《徐霞客游記》，（上海：上海古籍出版社，1987 年 10 月）。

24：（明）黃宗羲撰，《明夷待訪錄》，（台北：時報文化出版事業有限公司，1982 年 12 月）。

25：（明）徐宏祖撰，《朱惠榮校注，徐霞客游記校注》，（昆明：雲南人民出版社，1994 年 4 月）。

26：（明）徐宏祖撰，《徐霞客游記》，（湖南：岳麓書社印行，1999 年）。

27：（清）高宗敕撰殿本，《續文獻通考》，（台北：新興書局印行，1965 年 10 月）。

28：（清）高宗敕撰殿本，《續通典》，（台北：新興書局印行，1965 年 10 月）。

29：（清）紀昀等撰，《四庫全書簡明目錄》，（台北：世界書局印行，1975 年）。

30：（清）張廷玉等奉敕撰，《明史》，（台北：鼎文書局印行，1980 年 1 月三版）。

31：（清）畢沅撰，《釋名疏證》，（台北：廣文書局印行，1979 年 4 月）。

32：（清）李慈銘撰，《越縵堂讀書記》，（台北：世界書局印行，1975 年）。

33：（清）顧實撰，《漢書藝文志講疏》，（台北：臺灣商務印書館印行，1980 年 12 月）。

34：（清）永瑢、紀昀等撰，《四庫全書總目提要》，（台北：臺灣商務印書館印行，1983 年）。

35：（清）張廷玉等撰，《明史》，（台北：錦繡出版事業有限公司印行，1993 年）。

36：（清）趙爾巽等編纂，《清史稿》，（台北：鼎文書局印行，1981 年 9 月）。

37：朱拙存撰，《歷代名人傳》，（台南：經緯書局印行，1959 年）。

38：劉虎如選注，《徐霞客游記》，（台北：臺灣商務印書館印行，1968 年 1 月）。

39：余貽澤等撰，《明代土司制度》，（台北：臺灣學生書局印行，1968 年 2 月）。

40：孟森等撰，《明代邊防》，（台北：臺灣學生書局印行，1968 年 4 月）。

41：錢穆等撰，《明代政治》，（台北：臺灣學生書局印行，1968 年 8 月）。

42：孫媛貞等撰，《明代經濟》，（台北：臺灣學生書局印行，1968 年）。

43：黃眉雲等撰，《明史編纂考》，（台北：臺灣學生書局印行，1968 年）。

44：陶希聖撰，《明代宗教》，（台北：臺灣學生書局印行，1968 年）。

45：洪北江撰，《歷代州域形勢》，（台北：樂天出版社印行，1973 年 10 月）。

46：丁文江撰，《明徐霞客先生宏祖年譜》，（台北：臺灣商務印書館印行，1978 年）。

47：方國瑜撰，《中國西南歷史地理考釋》，（台北：臺灣商務印書館印行，1980 年 6 月）。

48：宋晞撰，《方志學研究論》，（台北：臺灣商務印書館印行，1980 年 9 月）。

49：李豐楙撰，《山海經：神話的故鄉》，（台北：時報出版公司印行，1981 年）。

50：石璋如等著，《中國歷史地理》，（台北：中國文化大學出版部印行，1983 年 6 月）。

51：學萃探原之八，《中國宗教思想史大綱》，（台北：新文豐出版公司印行，1984 年 2 月）。

52：林藜等編，《江山萬里叢書》，（台北：錦繡出版股份有限公司印行，1984 年 2 月）。

53：王恢撰，《中國歷史地理——歷代疆域形勢》，（台北：臺灣學生書局印行，1984 年 8 月）。

54：辛法春撰，《明木氏與中國雲南之開發》，（台北：文史哲出版社印行，1985 年 1 月）。

55：徐兆奎撰，《徐霞客名山游記選注》，（北京：中國旅游出版社，1985 年 2 月）。

56：張劍霞撰，《范成大研究》，（台北：臺灣學生書局印行，1985 年）。

57：孔凡禮撰，《范成大年譜》，（山東：齊魯書社，1985 年）。

58：倪其心等編，《中國古代游記選》，（北京：中國旅游出版社，1985 年）。

59：陳茂材注釋，《徐霞客游記選讀》，（上海：上海教育出版社，1985 年）。

60：《明代江南市民經濟試探》，（台北：古風出版社印行，1986 年 9 月）。

61：《中國古代宗教初探》，（台北：古風出版社印行，1986 年 10 月）。

62：李光壁撰，《明朝史略》，（台北：臺北市弘光館出版社印行，1986 年）。

63：褚紹唐撰，《徐霞客滇游歸程及〈游記〉源流考》，（江蘇：江蘇古籍出版社，1986 年）。

64：朱沛蓮撰，《江蘇省及六十四縣市志略》，（台北：國史館印行，1987 年 6 月）。

65：唐錫仁、楊文衡等撰，《徐霞客及其游記研究》，（北京：中國社會科學出版社，1987 年 8 月）。

66：《徐霞客研究》，（南京：南京大學出版社，1987 年）。

67：劉國城撰，《徐霞客評傳》，（山東：東北林業大學出版社，1987 年）。

68：周村撰，《江蘇風物志》，（台北：明文書局印行，1988 年 8 月）。

69：吳應壽撰，《徐霞客游記導讀》，（成都：巴蜀書社，1988 年 11 月）。

70：呂錫生撰，《徐霞客家傳》，（吉林：吉林文史出版社，1988 年）。

71：李伯齊撰，《中國古代紀游文學史》，（山東：友誼出版社，1989 年 1 月）。

72：蒙默、劉琳、唐光沛等編，《四川古代史稿》，（四川：人民出版社，1989 年 4 月）。

73：褚紹唐主編，《徐霞客旅行路線考察圖籍》，（北京：中國地圖出版社印行，1991 年）。

74：陳文石撰，《明清政治社會史論》，（台北：臺灣學生書局印行，1991 年）。

75：劉鴻喜撰，《中國地理》，（台北：五南圖書出版有限公司印行，1991 年初版五刷）。

76：酈道元撰，趙望秦等譯注，《水經注》，（台北：錦繡出版事業股份有限公司印行，1992 年 4 月）。

77：鄭祖安、蔣明宏等撰，《徐霞客與山水文化》，（上海：上海文化出版社，1992 年）。

78：歐陽玄、淮沛等譯注，《宋史：中國名著選譯叢書》，（台北：錦繡出版事業有限公司印行，1992 年）。

79：李曉實撰，《中國道教洞天福地攬勝》，（香港：海峰出版社印行，1993 年 7 月）。

80：馮菊年、蕭琪撰，《徐霞客遊記人名地名索引》，（上海：上海古籍出版社，1993 年）。

81：周迅撰，《中國的地方志》，（台北：臺灣商務印書館印行，1994 年）。

82：譚家健等編，《水經注譯注》，（台北：建宏出版社印行，1994 年）。

83：張發明、李玉輝等撰，《喀斯特與洞穴風景旅游資源研究》，（雲南：地震出版社，1994 年）。

84：馬力主編，《千古奇人徐霞客的故事》，（昆明：雲南教育出版社，1996 年）。

85：王立群撰，《中國古代山水游記研究》，（河南：河南大學出版社，1996 年）。

86：李致忠撰，《中國古代書籍史話》，（北京：商務印書館，1996 年）。

87：王燕玉撰，《中國文獻學綜說》，（貴州：貴州人民出版社，1997 年 6 月）。

88：中華書局編輯部，《古代旅行家的故事》，（北京：中華書局印行，1997 年 11 月第 3 次印刷）。

89：朱惠榮等譯注，《徐霞客游記全譯》，（貴州：貴州人民出版社，1997 年）。

90：劉兆祐撰，《認識古籍版刻與藏書家》，（中華民國中山學術文化基金會中山文庫），（台北：臺灣書局印行，1997 年）。

91：劉兆祐撰，《治學方法》，（台北：三民書局出版印行，1999 年 9 月）。

92：王錦貴撰，《中國歷史文獻目錄學》，（北京：北京大學出版社，2001 年 7 月第三次印刷）。

93：王焰激撰，《山海經：中國神話故事 1》，（台北：漢湘文化出版公司印行，2001 年）。

94：王焰激撰，《山海經：中國神話故事 2》，（台北：漢湘文化出版公司印行，2001 年）。

95：段江麗撰，《奇人奇書──徐霞客游記》，（昆明：雲南人民出版社，2002 年 1 月）。

96：劉兆祐撰，《中國目錄學》，（台北：五南圖書出版股份有限公司印行，2002 年二版）。

97：杜澤遜撰，《文獻學概要》，（北京：中華書局，2002 年 4 月）。

98：朱惠榮撰，《徐霞客與徐霞客游記》，（北京：中華書局，2003 年 1 月）。

（以上史部）

99：（梁）陶弘景撰，《真誥》，（台北：臺灣商務印書館印行，1965 年 12 月）。

100：（宋）李昉等撰，《太平廣記》，（台北：新興書局印行，1969 年）。

101：（宋）沈括撰，李文澤譯注，《夢溪筆談》，（台北：錦繡出版事業股份有限公司印行，1993 年）。

102：（明）李時珍撰，張紹堂編，《本草綱目》，（台北：臺灣商務印書館印行，1968 年）。

103：葉玉麟編譯，《莊子新釋》，（台北：大夏出版社印行，1988 年 6 月）。

104：蔣維喬撰，《佛學概論》，（高雄：佛光出版社印行，1990 年）。

105：朱鈞侃、倪紹祥等撰，《徐學概論》，（江蘇：江蘇教育出版社，1999 年）。

106：孫迎春撰，《徐霞客學術思想探微》，（台北：學海出版社印行，1999 年 1 月）。

（以上子部）

107：李霖燦撰，《玉龍大雪山──霖燦西南遊記》，（台北：聯經出版事業公司，野外雜誌社印行，1960 年）。

108：（宋）范成大撰，《石湖居士詩集》，（上海商務印書館縮印，愛汝堂刊本四部叢刊初編集部，1965 年）。

109：（宋）范成大撰，《石湖居士詩集》，（台北：臺灣商務印書館印行，1968 年 9 月）。

110：（宋）陸游撰，《陸放翁全集》，（台北：河洛圖書出版社印行，1975 年 5 月）。

111：（宋）范成大著，孔凡禮輯，《范成大佚著輯存》，（北京：中華書局，1983 年）。

112：（梁）劉勰撰，《文心雕龍》，（台北：綜合出版社印行，1980 年）。

113：（梁）劉勰撰，周振甫譯注，《文心雕龍註》，（台北：錦繡出版事業有限公司印行，1992 年）。

114：謝冰瑩等編，《新譯古文觀止》，（台北：三民書局印行，1971 年 4 月）。

115：（清）浦起龍撰，《讀杜心解》，（台北：古新書局印行，1976 年）。

116：于非撰，《古代風景散文譯釋》，（遼寧：黑龍江人民出版社，1982 年）。

117：《徐霞客研究文集》，（江蘇：江蘇教育出版社，1987 年）。

118：高海夫、金性堯編，《楚辭》，（台北：地球出版社印行，1993 年）。

119：陳宏天等編，《昭明文選》，（台北：建宏出版社印行，1994 年 11 月）。

120：朱德發撰，《中國山水詩論稿》，（山東：友誼出版社，1994 年）。

121：藏維熙撰，《中國山水的藝術精神》，（上海：學林出版社，1994 年

122：薛仲良編纂，《徐霞客家集》，（北京：新華出版社，1995 年）。

123：鍾嶸撰，汪中選注，《詩品注》，（台北：正中書局印行，1997 年 2 月）。

124：周啓成等編，《新譯昭明文選》，（台北：三民書局印行，1997 年）。

125：吳承學撰，《晚明小品研究》，（江蘇：江蘇古籍出版社，1998 年 7 月）。

126：傑佛瑞・寇特勒撰，黎雅麗譯，《旅行，重新打造自己》，（台北：天下遠見出版股份有限公司印行，1998 年 6 月）。

127：趙伯陶撰，《明清小品：個性天趣的顯現》，（桂林：廣西師範大學出版社，1999 年 6 月）。

128：鮑康健撰，《歷代山水詩文名篇賞析》，（合肥：安徽文藝出版社，2000 年 9 月）。

129：吳國清撰，《中國旅游地理》，（上海：上海人民出版社，2001 年 3 月）。

130：張文撰，《旅游與文化》，（北京：旅游教育出版社，2001 年 7 月）。

（以上集部）

二、單篇論文

1：徐慎緘撰，〈現代徐霞客——丁文江之 3〉，（台北：《中外雜誌》第 10 卷第 2 期，1971 年 8 月）。

2：徐慎緘撰，〈現代徐霞客——丁文江之 4〉，（台北：《中外雜誌》第 10 卷第 3 期，1971 年 9 月）。

3：華振之撰，〈談徐霞客和他的遊記〉，（台北：《新文藝》第 202 期，1973 年 1 月）。

4：祝秀霞撰，〈千古奇人徐霞客〉，（台北：《中國文選》第 106 期，1976 年 2 月）。

5：守白撰，〈明末奇人徐霞客〉，（台北：《華文世界》第 20 期，1980 年 7 月）。

6：陳勝崑撰，〈徐霞客在好山好水間做學問〉，（台北：《綜合月刊》第 158 期，1982 年 1 月）。

7：蕭璠撰，〈徐霞客旅遊途中所見到的環境破壞〉，（台北：《歷史月刊》第 22 期，1989 年 11 月）。

8：蕭之華撰，〈風雨一杯酒，江山萬里心——談徐宏祖及其《徐霞客游記》〉，（台

北：《文藝月刊》第 246 期，1989 年 12 月）。

9：陳永孝撰，〈徐霞客對地理學的貢獻〉，（貴州：《貴州大學學報》1992 年 3 月）。

10：傅貴撰，〈千古奇人——徐霞客〉，（台北：《歷史月刊》第 62 期，1993 年 3 月）。

11：方麗娜撰，〈《徐霞客游記》之文學特色研究〉，（台南：《臺南師院學報》第 26 卷，1993 年 6 月）。

12：陳淑惠撰，〈現代徐霞客——陳淑惠的鄉情與旅情〉，（台北：《綠生活雜誌》第 60 期，1994 年 4 月）。

13：方豪撰，〈方豪六十自定稿：中國偉大旅行家徐霞客〉，（重慶：《東方雜誌》第 41 卷第 9 號 1944 年 5 月）。

14：楊載田撰，〈徐霞客考察九嶷山〉，（湖南：《衡陽師範學院學報》第 5 期，1994 年）。

15：王東鴻撰，〈余純順：當代徐霞客〉，（中國期刊方陣：《民族團結》第 6 期，1994 年）。

16：楊載田、熊紹華撰，〈徐霞客考察九嶷山〉，（湖南：《人文地理》第 3 期，1994 年）。

17：〈從《徐霞客游記》看明代雲南的道教〉，（雲南：《雲南民族學院學報》「哲學社會科學版」第 4 期，1994 年）。

18：李迎春撰，〈徐霞客和木僧友好交往述論〉，（雲南：《雲南社會科學》第 4 期，1994 年）。

19：朱惠榮撰，〈徐霞客與雲南〉，（雲南：《雲南社會科學》第 6 期，1994 年）。

20：陳一撰，94 中國雲南徐霞客研究學術討論會在昆明隆重召開〉，（雲南：《雲南社會科學》第 6 期，1994 年）。

21：朱亞宗撰，〈徐霞客：科學主義的奇人〉，（河北：《自然辨証法研究》第 3 期，1994 年）。

22：張國儒撰，〈鶴影萍蹤終莫憑，浮生誰爲證三生——試爲千古奇人徐霞客解讀〉，（雲南：《保山師專學報》第 1 期，1994 年）。

23：劉英撰，〈莽莽踏勘六萬里，浩浩釋記百萬字——在中國徐霞客研究會成立大會學術討論會上的發言〉，（江蘇：《無錫教育學院學報》第 1 期，1994 年）。

24：蔣明宏撰，〈徐霞客游蹤獻疑二題〉，（江蘇：《無錫教育學院學報》第 1 期，1994 年）。

25：徐建春撰，〈徐霞客與王士性〉，（浙江：《東南文化》第 2 期，1994 年）。

26：鄧輝、朱競海、李新峰等撰，〈從徐霞客游記研究三百多年來茈碧湖的演變〉，（北京：《地理研究》第 1 期，1995 年）。

27：王業隆撰，〈香港當代"徐霞客"孫重貴〉，（貴州：《文史天地》第 2 期，1995 年）。

28：朱睦卿撰，〈劈開渾沌天　騎鶴崆峒游——徐霞客詩歌及其思想簡評〉，（浙江：《杭州師範學院學報》「社會科學版」第 5 期，1995 年）。

29：劉惕之撰，〈徐霞客滇游與雲南少數民族〉，（湖南：《衡陽師範學院學報》第 1 期，1995 年）。

30：侯沖撰，〈徐霞客《雞足山志》初考〉，（雲南：《民族藝術研究》第 1 期，1995 年）。

31：夏咸淳撰，〈論明代徐霞客現象〉，（上海：《學術季刊》第 3 期，1995 年）。

32：司國良撰，〈徐霞客考辨長江源〉，（安徽：《水利天地》第 4 期，1995 年）。

33：王安庭撰，〈徐霞客西南游旅費雜考〉，（山西：《山西師大學報》「社會科學版」第 1 期，1995 年）。

34：夏咸淳撰，〈論洞穴美——《徐霞客游記》研究〉，（上海：《天府新論》第 5 期，1995 年）。

35：陶犂撰，〈徐霞客與雲南喀斯特旅游資源〉，（雲南：《雲南教育學院學報》第 2 期，1995 年）。

36：謝家放撰，〈《徐霞客游記》的史學價值及其對現代史學的啟示〉，（雲南：《雲南教育學院學報》第 4 期，1995 年）。

37：李壽、呂淑梅撰，〈繼承徐霞客精神　搞好雲南史地研究〉，（雲南：《雲南師範大學學報》「哲學社會科學版」第 1 期，1995 年）。

38：文明元撰，〈雲南旅游資源的拓荒者徐霞客〉，（雲南：《雲南民族學院學報》「哲學社會科學版」第 3 期，1995 年）。

39：陳友康撰，〈徐霞客與佛教〉，（雲南：《學術探索》第 1 期，1995 年）。

40：石在撰，〈浙江省徐霞客研究會正式建立〉，（浙江：《浙江學刊》第三期，1995 年）。

41：宋達撰，〈浙江省徐霞客研究會首屆學術研討會綜述〉，（浙江：《浙江學刊》第 5 期，1995 年）。

42：李曉岑撰，〈徐霞客的地理學思想及其未來意義〉，（雲南：《自然辨証法通訊》第 3 期，1995 年）。

43：白屯撰，〈徐霞客地學哲學思想述評〉，（河北：《自然辨証法研究》第 7 期，1995 年）。

44：余小華撰，〈滇西北旅游資源的保護性開發——重讀《徐霞客游記》〉，（中文核心期刊：《思想戰線》第 4 期，1995 年）。

45：馮鏡吾撰，〈《徐霞客游記》與晚明交通的研究〉，（中文核心期刊：《文博》第 2 期，1995 年）。

46：徐建麗撰，〈《徐霞客游記》方言的初步研究〉，（中文核心期刊：《文博》第 2 期，1995 年）。

47：蔣明宏撰，〈徐霞客旅行路線研究獻疑（二題）〉，（中文核心期刊：《文博》第2期，1995年）。

48：楊時鐸撰，〈徐霞客與木生白〉，（江蘇：《無錫教育學院學報》第1期，1995年）。

49：唐仁洪撰，〈徐霞客的母親〉，（中文核心期刊：《大學英語》第9期，1995年）。

50：朱惠榮撰，〈偉大的時代先驅徐霞客〉，（中文核心期刊：《思想戰線》第2期，1995年）。

51：田里撰，〈徐霞客與雲南旅游資源的開拓——從《徐霞客游記》看雲南旅游資源及其地域類型〉，（中文核心期刊：《思想戰線》第2期，1995年）。

52：木鏡湖、葉向東等撰，〈《徐霞客游記》中的雲南明末社會生活〉，（中文核心期刊：《思想戰線》第2期，1995年）。

53：蔣芹撰，〈好一個杜？萍！——影片《徐霞客》導演印象記〉，（中文核心期刊：《電影評介》第4期，1995年）。

54：盧善慶撰，〈徐霞客旅游美學思想歷史定位和評價〉，（廈門：中國期刊方陣《東南學術》第4期，1996年）。

55：葉文皓撰，〈關於徐霞客三游雁蕩的兩點辨証〉，（浙江：《杭州師範學院學報》「社會科學版」第5期，1996年）。

56：馮乃康撰，〈《徐霞客游記》的動態審美〉，（北京：《北京第二外語學院學報》第二期，1996年）。

57：王安庭撰，〈徐霞客滇游游資來源考略〉，（山西：《山西師大學報》「社會科學版」第1期，1996年）。

58：張智輝撰，〈論《徐霞客游記》的美學特質〉，（陝西：《陝西師範大學學報》「哲學社會科學版」第2期，1996年）。

59：文明元撰，〈獨辟蹊徑 頗具特點——《徐霞客游記通論》評介〉，（中文核心期刊：《文博》第2期，1996年）。

60：陳雁谷撰，〈脫口而出的詩辭 沁人心脾的摯情——徐霞客〈哭靜聞禪侶〉詩的情和藝〉，（江蘇：《無錫教育學院學報》第1期，1996年）。

61：呂錫生撰，〈略論徐霞客的閩游情結〉，（江蘇：《無錫教育學院學報》第2期，1996年）。

62：李水海撰，〈《徐霞客游記》載錄建文帝遺跡述考〉，（江蘇：《無錫教育學院學報》第3期，1996年）。

63：靳生禾撰，〈評《徐霞客游記》通論〉，（山西：《西北大學學報》「哲學社會科學版」第4期，1996年）。

64：盧永康撰，〈論徐霞客寫於雲南的詩〉，（雲南：《雲南師範大學學報》「哲學社會科學版」第1期，1996年）。

65：段世琳撰，〈淺論徐霞客在臨滄區境地的考察及其貢獻〉，（雲南：《雲南師範大學學報》「哲學社會科學版」第 3 期，1996 年）。

66：周如漢撰，〈略論徐霞客與地方志〉，《中國地方志》第 1 期，1996 年）。

67：周舸岷撰，〈金華北山之游——徐霞客後期旅游探險生活的序幕〉，（浙江：《浙江師大學報》「社會科學版」第 1 期，1996 年）。

68：吳浩然撰，〈徐霞客與黃道周交游鎮江〉，（江蘇：《鎮江高專學報》第 1 期，1996 年 3 月）。

69：于得水撰，〈銀屏上的千古奇人——徐霞客〉，《電影評介》第 6 期，1996 年。

70：王聖寶撰，〈試論徐霞客的叛逆精神〉，（蕪湖：《安徽師大學報》「哲學社會科學版」第 25 卷第 2 期，1997 年）。

71：王紹鴻撰，〈徐霞客精神與福建旅游資源開發〉，（福建：《福建地理》第 1 期，1997 年）。

72：張清河撰，〈《徐霞客游記》敘事風貌舉隅〉，（貴州：《貴陽師專學報》「社會科學版」第 3 期，1997 年）。

73：張清河撰，〈徐霞客同黃道周及其他巨卿名流〉，（貴州：《貴陽師專學報》「社會科學版」第 4 期，1997 年）。

74：馮乃康撰，〈古代游記的山水意識與《徐霞客游記》〉，（北京：《北京第二外國語學院學報》第 2 期，1997 年）。

75：沈武飛撰，〈徐霞客旅途奇遇〉，《旅游》第 12 期，1997 年。

76：狄松撰，〈徐霞客文化性格探微〉，（福建：《中共福建省委黨校學報》第 10 期，1997 年）。

77：王安庭撰，〈徐霞客思想淵源新論〉，（山西：《山西師大學報》「社會科學版」第 2 期，1997 年）。

78：謝筱梅撰，〈著「千古奇書」的「千古奇人」徐霞客〉，《炎黃春秋》第 6 期，1997 年。

79：盧永康撰，〈徐霞客《雞山志》是雲南最傑出的山川志〉，（雲南：《雲南師範大學學報》「哲學社會科學版」第 5 期，1997 年）。

80：許正文撰，〈論徐霞客及其游記〉，（陝西《陰山學刊》第 1 期，1997 年）。

81：鄔秋龍撰，〈對《徐霞客年譜》幾個史實問題的考訂〉，（江蘇：《無錫教育學院學報》第 1 期，1997 年）。

82：楊載田、謝莉等撰，〈徐霞客滇游與大理風光資源及其開發〉，（江蘇：《無錫教育學院學報》第 1 期，1997 年）。

83：祁亞玲撰，〈《徐霞客游記》與雲南人文旅游資源〉，（雲南：《雲南檔案》第 5 期，1997 年）。

84：〈《徐霞客傳奇》獲表彰〉，（北京：《電影評介》第 1 期，1997 年）。

85：黃麗霞撰，〈《徐霞客游記》版本研究〉，（江蘇：《江蘇圖書館學報》第 93 期，1997 年）。

86：王文進撰，〈中國自然山水文學的三部曲——以南朝「山水詩」到《徐霞客游記》的觀察〉，（台北：《中外文學》第 26 卷第 6 期，1997 年 11 月）。

87：吳必虎撰，〈徐霞客的生命路徑（life path）及其區域景觀多樣性背景〉，（北京：《北京大學學報》「哲學社會科學版」第 3 期，1998 年）。

88：黃強撰，〈簡論徐霞客廬山地理考察的成就〉，（江西：《江西師範大學學報》「自然科學版」第 1 期，1998 年）。

89：黃強撰，〈對徐霞客〈游廬山日記〉若干問題的思考〉，（江西：《江西師範大學學報》「自然科學版」第 2 期，1998 年）。

90：張清河撰，〈《徐霞客游記》中作者的自我形象〉，（貴陽：《貴陽師專學報》「社會科學版」第 2 期，1998 年）。

91：黃強撰，〈徐霞客旅行考察與導游〉，（北京：《北京第二外國語學院學報》第 5 期，1998 年）。

92：劉振東撰，〈人格追求、文化追求與審美追求的實錄——論《徐霞客游記》的文體特點及其形成原因〉，（山東：《齊魯學刊》第 6 期，1998 年）。

93：曾俊偉撰，〈堪稱世界近代地理學先驅的徐霞客〉，《炎黃春秋》第 2 期，1998 年。

94：馮歲平撰，〈《徐霞客游記》記述的王士性〉，（中文核心期刊：《中國歷史地理論叢》第 4 期，1998 年）。

95：黃作章撰，〈徐霞客也有一身功夫〉，《中華武術》第 4 期，1998 年。

96：〈中國江陰徐霞客文化旅游節〉，《中外文化交流》第 5 期，1998 年。

97：呂錫生撰，〈徐霞客的婚姻悲劇〉，（江蘇：《江南論壇》第 10 期，1998 年）。

98：田柳撰，〈淺論許學夷其人及對徐霞客的影響〉，（江蘇：《無錫教育學院學報》第 3 期，1998 年）。

99：鄭祖安撰，〈關於徐霞客的拜佛、占卜和求籤等〉，（江蘇：《無錫教育學院學報》第 2 期，1998 年）。

100：王紹鴻撰，〈徐霞客對福建旅游的貢獻〉，（福建：《福建地理》第 1 期，1999 年）。

101：田雨澤撰，〈徐霞客鄂西北之行路線考〉，（湖北：《十堰職業技術學院學報》第 4 期，1999 年）。

102：劉明撰，〈徐霞客西南遠行述評〉，（江蘇：《蘇州大學學報》「哲學社會科學版」第 1 期，1999 年）。

103：戈春源撰，〈試論《徐霞客游記》的民俗學價值〉，（蘇州：《鐵道師院學報》

第 2 期，1999）。

104：呂錫生撰，〈略論徐霞客的歷史觀〉，（江蘇：《無錫教育學院學報》第 2 期，1999 年）。

105：邵淼撰，〈征事考實、唯實求真的認識方法──徐霞客樸素的唯物辯證思想試論〉，（江蘇：《無錫教育學院學報》第 4 期，1999 年）。

106：楊載田撰，〈徐霞客閩游與福建丹霞地貌風景名勝區〉，（江蘇：《無錫教育學院學報》第 4 期，1999 年）。

107：孫迎春撰，〈徐霞客學術思想探微〉，（南京：《學海》第 1 期，1999 年）。

108：呂洪年撰，〈徐霞客〈游天台山日記〉所涉的地方風物〉，（浙江：《遠程教育雜誌》第 1 期，1999 年）。

109：張國儒撰，〈試論徐霞客及其游記對保山文明史的貢獻和影響〉，（雲南：《保山師專學報》第 3 期，2000 年）。

110：劉春明撰，〈徐霞客騰沖之旅〉，（雲南：《保山師專學報》第 3 期，2000 年）。

111：李生富撰，〈《徐霞客游記》中的永昌風土〉，（雲南：《保山師專學報》第 19 卷第 3 期，2000 年 9 月）。

112：高鎮仁撰，〈徐霞客居住李虎變家遺址考〉，（雲南：《保山師專學報》第 3 期，2000 年）。

113：呂錫生撰，〈《徐霞客游記》中的婦女形象〉，（江蘇：《江南論壇》第 8 期，2000 年）。

114：鄭祖安撰，〈徐霞客的樂觀性格和健康體質〉，（上海：《史林》第 3 期，2000 年）。

115：〈當代徐霞客──傅宗科〉，（河南：《商業文化》第 1 期，2000 年）。

116：孫興勤撰，〈一位將科學和文學緊密結合的人兼述《徐霞客游記》散失原因〉，（雲南：《雲南科技管理》第 1 期，2000 年）。

117：鄔秋龍撰，〈徐霞客出游考述〉，（江蘇：《無錫教育學院學報》第 1 期，2000 年）。

118：朱睦卿撰，〈小品中的大品──《徐霞客游記》與晚明小品〉，（江蘇：《無錫教育學院學報》第 1 期，2000 年）。

119：尹家正撰，〈當重其責以弭變──雛解徐霞客〈近騰諸彝說略〉的治騰觀〉，（雲南：《保山師專學報》第 3 期，2001 年）。

120：陳述彭撰，〈開拓西部旅游新天地──紀念徐霞客逝世 360 周年〉，（北京：《地球信息科學》第 2 期，2001 年）。

121：劉玉嬌、楊載田等撰，〈徐霞客〈楚游日記〉與湘南經濟地理──紀念徐霞客逝世 360 周年〉，（湖南：《經濟地理》第 5 期，2001 年）。

122：楊載田撰，〈徐霞客閩游與福建丹霞風景名勝及其開發〉，（衡陽，《熱帶地理》

第 1 期，2001 年）。

123：鄔秋龍撰，〈關於幾種徐霞客年譜若干史實的考訂〉，（江蘇：《無錫輕工大學學報》「社會科學版」第 4 期，2001 年）。

124：張喜貴撰，〈山川條理　臚列目前──論《徐霞客游記》的文學價值〉，（江蘇：《無錫教育學院學報》第 4 期，2001 年）。

125：高正黎撰，〈徐霞客在保山的考察旅行〉，（雲南：《雲南檔案》第 1 期，2001 年）。

126：朱彤撰，〈《徐霞客游記》與雲南鄉土地理教育──以徐霞客對珠江水系源流的科考徒步游爲例〉，（雲南：《雲南地理環境研究》第 1 期，2001 年）。

127：呂洪年撰，〈徐霞客〈浙游日記〉所涉的民情風俗〉，（浙江：《浙江大學學報》「人文社會科學版」第 4 期，2001 年）。

128：楊仲倫撰，〈徐霞客的嵩山情結〉，（河南：《中州今古》第 5 期，2001 年）。

129：尹家正、朱紅林等撰，〈欲窮壯觀　成一家之言──淺析《徐霞客游記》保山部分的求實價值〉，（雲南：《保山師專學報》第 1 期，2002 年）。

130：金實秋撰，〈霞客擔當　山水爲馨──擔當其人以及與徐霞客的交誼〉，（南京：《東南文化》第 9 期，2002 年）。

131：楊載田撰，〈〈楚游日記〉與湘南丹霞地貌風景名勝資源──紀念徐霞客逝世 360 周年〉，（福建：《福建地理》第 1 期，2002 年）。

132：婁清撰，〈徐霞客〈黔游日記〉中的橋文化〉，（貴州：《貴州文史叢刊》第 3 期，2002 年）。

133：施鐵靖撰，〈《徐霞客游記》明代宜州交通地理研究〉，（廣西：《河池師專學報》第 3 期，2002 年）。

134：黃強、舒曉波、王軍等撰，〈徐霞客江右信江紅色盆地丹霞地貌考察研究〉，（江西：《江西科學》第 2 期，2002 年）。

135：王雅紅撰，〈《徐霞客游記》所見晚明湘贛山區社區〉，（江西：《江西社會科學》第 4 期，2002 年）。

136：楊載田、鐘順清等撰，〈從《徐霞客游記》看西南民族地區衣食住行、民俗〉，（湖南：《嘉應大學學報》第 2 期，2002 年）。

137：周曉薇撰，〈論徐霞客與僧人的交往〉，（陝西：《陝西師範大學學報》「哲學社會科學版」第 1 期，2002 年）。

138：田雨澤等撰，〈徐霞客〈游太和山日記〉的寫作藝術〉，（湖北：《十堰職業技術學院學報》，第 3 期，2002 年）。

139：周永光撰，〈徐霞客粵西游述略〉，（廣西：《廣西地方志》第 2 期，2002 年）。

140：艾若撰，〈辛巳年的啓示──紀念徐霞客逝世 360 周年〉，《炎黃春秋》第 1 期，2002 年。

141：徐夷、余嘉華撰，〈徐霞客的〈滇游日記〉〉，（中文核心期刊，《檔案與建設》第 10 期，2002 年）。

142：朱惠榮撰，〈徐霞客萬里西游行跡考辨〉，（雲南：《中國歷史地理論叢》第 4 期，2002 年）。

143：呂錫生撰，〈鄭和與徐霞客——明代兩大探險活動之異同〉，（江蘇：《無錫教育學院學報》第 4 期，2002 年）。

144：蔣明宏撰，〈徐霞客「無所爲而爲」含義辨析〉，（江蘇：《無錫教育學院學報》第 4 期，2002 年）。

145：廉紅紅撰，〈試探徐霞客窮山水奧秘的外在驅動力〉，（安徽：《財貿研究》第 2 期，2002 年）。

146：楊懷祖、李正昌等撰，〈徐霞客家世——江陰市檔案館藏〈梧塍徐氏宗譜〉〉，（中文核心期刊，《檔案與建設》第 155 期，2002 年 5 月）。

147：陳友冰（安徽省社科院文學所所長），〈徐霞客及其遊黃山記〉，（台北：國語日報社，第四、十三版〈書和人〉，2002 年 9 月 28 日）。

148：〈徐霞客的「滇游日記」〉，（中文核心期刊，《檔案與建設》第 160 期，2002 年 10 月）。

149：褚紹唐撰，〈千古奇人徐霞客〉，（中文核心期刊，《地圖》第 2 期，2003 年）。

150：余方德撰，〈徐霞客的最後足跡〉，（台北：《歷史月刊》第 184 期，2003 年 5 月）。

151：周志文撰，《屠隆文學研究》，（台北：國立臺灣大學中文研究所博士論文，1981 年）。

152：梁秀鴻撰，《《徐霞客游記》文學研究》，（台北：國立政治大學中文研究所碩士論文，1986 年 5 月）。

153：徐霞客逝世 350 周年國際紀念活動籌備委員會編輯，〈千古奇人徐霞客——徐霞客逝世 350 周年國際紀念活動文集〉，（科學出版社，1991 年）。

154：簡秀娟，〈錢謙益藏書研究〉，（台北：《圖書館學與資訊科學論文叢刊》第二輯，1991 年）。